文史集刊

朱金城著

白居易年譜

文史哲出版社印行

國立中央圖書館出版品預行編目資料

白居易年譜 / 朱金城著. -- 初版. -- 臺北市 :
文史哲, 民80
面 ; 公分. -- (文史集刊 ;12)
ISBN 957-547-095-8 (平裝)

1. (唐) 白居易 . 年表

782.9417 ○ 80004748

文史集刊 ⑫

白居易年譜

著　者：朱金城
出版者：文史哲出版社
登記證字號：行政院新聞局局版臺業字〇七五五號
原出版者：上海古籍出版社
發行所：文史哲出版社
台北市羅斯福路一段七十二巷四號
郵撥〇五一二八八一二彭正雄帳戶
電話：三五一一〇二八

實價新台幣三五〇元

中華民國八十年十二月台一版

ISBN 957-547-095-8

序例

白居易是我國唐代地位僅次於李白、杜甫的偉大詩人，他的作品，不僅是我國優秀的文學遺產，也是世界文學的藝術珍品。

《白氏長慶集》原七十五卷，現存七十一卷，係白居易生前所自編，除極少數篇章亡佚外，首尾比較完整。它不但具有較高的文學價値，而且保存了豐富的第一手唐代史料。

綜觀白居易的一生，與唐代貞元至會昌間的文學、史事都有牽連。如文學上的古文運動及新樂府運動；政治上王叔文集團與宦官的對立，李紳、元稹與李逢吉的對立，李德裕與牛僧孺、李宗閔的對立，以及宋申錫、漳王之獄，李訓、鄭注甘露之變。這一時期的重要政治和文學人物，幾乎都與白居易有牽涉或有交遊往還。所以白居易生平和作品、交遊的編年考訂是白居易研究中的重要工作，年譜的編撰就是其中一個方面，而完整的白氏詩文集的本身却又爲編撰一部詳細的年譜提供了有利的條件。不但可以由此糾補歷來唐史及有關典籍的闕誤，而且可以進一步考證與他同時的文學家和政治家、思想家的生平，有助於解決學術上所存在的一些問題。

像白居易這樣一位重要的詩人和文學家，歷來却沒有一部記載較翔實的年譜。現存最早的是宋陳振孫《白文公年譜》，後來較爲流行的有清汪立名《白香山年譜》，這兩種年譜都比較簡陋，而且錯誤很多。如《陳譜》誤以居易長慶二年除杭州刺史爲嚴休復的後任，《汪譜》承《陳譜》之誤以居易元和十五年冬離忠州任等，尤其是陳、汪兩譜疏於白氏人事交遊的考證，更是一個缺憾。據陳振孫《直齋書錄解題》記載，在他以前，還有李璜和何友諒所寫的兩種《年譜》，現在都已經失傳了，只有計有功《唐詩紀事》裏還保存着一個非常簡略的《年譜》。但可以肯定，這些《年譜》的質量還不如《陳譜》好。直到今天，一些整理《白氏文集》及選注本中所附的《白居易簡譜》，有不少仍承襲陳、汪兩氏疏誤，未加訂正。

我在二十多年前卽開始《白氏長慶集》的箋校工作，這部《白居易年譜》就是我多年箋校《白集》所積累的成果。它的編寫，也就是企圖在整理資料方面，爲學術界貢獻一份力量，以節省文史研究工作者翻檢和考訂的時間。現將本譜的編寫體例分述於下：

一、本譜體制：每年之下，先列譜文，再列可編年的詩文。詩文之後單獨另列元稹與劉禹錫的簡歷。其次則簡述有關時事及白氏交遊人物的生平。

二、每年之末，均另列「箋證」一項，凡屬白氏生平及作品的考證資料，分納於有關白氏詩文之後。

三、本譜的編寫，曾參考日本花房英樹《白氏文集の批判的研究》、《白居易研究》第一章《白居易年譜》，並考訂糾正其失誤之處。

四、本譜箋證部份所引白氏詩文均加注卷數，主要係據文學古籍刊行社影印宋紹興本《白氏文集》（明馬元調刊本卷次相同），除以上刊本外，并參校《四部叢刊》影印日本那波道圓翻宋本《白氏長慶集》、清汪立名一隅草堂刊本《白香山詩集》及《唐文粹》、《文苑英華》、《全唐文》、《全唐詩》等，擇善而從。

五、本譜較多引用的資料，於第一次出現時引全稱，以後則代擬簡稱。如陳振孫《白文公年譜》簡稱《陳譜》，汪立名《白香山年譜》簡稱《汪譜》，馬元調刊本《白氏長慶集》簡稱馬本，汪立名刊本《白香山詩集》簡稱汪本，日本那波道圓翻宋本《白氏長慶集》簡稱那波本，《文苑英華》簡稱《英華》等。

六、本對於所引文獻中可肯定的錯字（如「大和」年誤作「太和」之類），本譜均逕加校正，不一一注明。

由於本人水平所限，繆誤之處，仍所不免，殷切地希望得到專家和讀者的指正。

本書承老友戚叔玉先生題簽，謹此致謝。

一九八〇年六月，朱金城于上海。

著者　朱金城

一九九一年十月

白居易年譜

唐代宗大曆七年壬子（公元七七二），白居易生，一歲。

白居易正月二十日生於鄭州新鄭縣東郭宅。生六七月，默識「之」、「無」二字。（見《與元九書》）時父季庚年四十四歲，母陳氏年十八歲。

劉禹錫生。崔羣生。李紳生。韓愈五歲。令狐楚五歲。李建八歲，張籍約七八歲。杜甫前二年卒，年五十九。李白前十年卒，年六十二。

七月，盧龍經略副使朱泚自立爲留後。十月，以朱泚爲盧龍節度使。

【箋證】

白氏《醉吟先生墓誌銘》（卷七一）：「大曆六年正月二十日生於鄭州新鄭縣東郭宅，以會昌六年月日終於東都履道里私第，春秋七十有五。」按：《醉吟先生墓誌銘》見宋紹興本、馬元調本卷七一、《文苑英華》卷九四五，那波本未收，岑仲勉《白集醉吟先生墓誌銘存疑》一文疑爲僞撰。又《寶刻叢編》四洛陽縣下引《復齋碑錄》：「《唐醉吟先生白公西北巖石碣》，樂天自著墓碣也，白敏中書，會昌六年十一月立。」岑氏《存疑》

謂碣樹墓上，且在洛陽，與此誌藏穴中者非同一本。

陳振孫《白文公年譜》(後簡稱《陳譜》)代宗大曆七年壬子：「正月二十日，公始生於鄭州新鄭縣東郭宅，見公自爲《墓誌》。新鄭，公祖鞏縣府君所居也。杭、蘇集本皆作『六年』，歲在辛亥。而公嘗有詩云：『何事同生壬子歲，老於崔相及劉郎。』謂崔羣、劉禹錫皆同庚，則非辛亥明矣。集本誤也。」按：陳氏說是，岑氏《存疑》說同，如由大曆六年辛未計至會昌六年丙寅，亦不合「七十五」之數。

羅振玉《貞松老人遺稿》甲集之一《後丁戊稿》：「《唐書·宰相世系表》白氏，載白樂天一系，稱士通生志善，志善生溫，溫生鍠，鍠生季庚，季庚生幼文、居易、行簡，校以香山《長慶集》所載《白氏之殤》、《醉吟先生》及《溧水令季康府君》、《鞏縣令鍠》四墓誌及《襄州別駕府君事狀》所敍世系均合。惟集中又有《故坊州鄜城尉陳府君夫人白氏墓誌》，稱夫人爲延安令鍠之女、襄州別駕季庚之姑，前京兆府戶曹參軍翰林學士白居易、前秘書郎行簡之外祖母，則與諸誌及表不合。陳夫人爲鍠女，季庚爲鍠子，則陳夫人與鍠爲男女兄弟，不得云夫人爲季庚之姑，亦不得爲樂天兄弟之外祖母。然《季庚事狀》稱夫人潁川陳氏，考坊州鄜城令、妣太原白氏，則樂天之母確爲陳氏，且白氏所出。又考樂天父季庚以貞元十年五月終，年六十六。陳夫人以元和六年沒，年五十七。又《陳府君夫人白氏誌》稱夫人以貞元十六年沒，年七十。是季庚生於開元十七年，陳夫人白氏生於開元十九年，樂天母潁川縣君生於天寶十四年，陳夫人白氏少於季庚三歲，乃季庚之妹。潁川縣君少於季庚二十六歲，則季庚所取乃妹女。樂天稱陳夫人爲季庚之姑乃諱言，而非其實矣。唐人取甥爲婦，可駭聽聞，其出自樂天先人，尤可駭也。」按：陳寅恪《元白詩箋證稿》附論《白樂天之先祖及後嗣》云：「《貞松老人（羅振玉）遺稿》《後丁戊稿・白氏長慶集書後》一文中，論及樂天之父母以親舅甥爲婚配事。其說雖簡，然甚確。」岑仲勉《隋唐史》（四一五頁）則獨持異議云：「其（羅、陳兩氏）據點在居易所撰外祖母陳白氏墓誌，誌云：『夫人，太原白氏，其出昌黎韓氏。……唐利州都督諱士通之曾孫，尙衣奉御諱志善之玄孫，都官郎中諱溫之孫，延安令諱鍠之弟（陳引訛作「第」）某女，韓城令諱欽之外孫，……故潁川縣君之母，故大理少卿襄州別駕白諱季庚之姑。』（《叢刊》本《長慶集》二五，潁川縣君卽居易之母。）此文非加以校正，則於事理不通，是衆所公認。陳以爲應『曾』、『玄』二字互易，又羅、陳均認『姑』字是居易諱言；殊不知陳校假如不誤，則陳白氏爲季庚姊妹，已和盤托出，居易何必尙效鴕鳥埋首沙中，作一字之諱飾，其解釋實異常脫離現實！我廿餘年前手頭校本，則衍去『玄』、『某』兩字，改『之孫』爲『之女』，乙『弟女』爲『女弟』。（《李公夫人姚氏誌》：「相州臨河縣令、贈太子右庶子府君之季女也，祕書監、贈禮部尙書我府君之女弟也。」見拙著《唐集質疑》七七頁。）如是，則陳白氏確爲季庚之姑，季庚與潁川縣君不過中表結婚，絕非舅甥聯婚，如果依羅、陳說，陳白氏是鍠之女，則鍠娶『河東薛氏，夫人之父諱儆，河南縣尉』（據《白集》二九《白鍠事狀》），陳白氏誌應云，『其出河東薛氏，……河南縣尉諱儆之外孫。』今乃云『其出昌黎韓氏，……韓城令諱欽之外孫』，此爲陳白氏非鍠女而爲溫女，亦卽季庚非舅甥聯婚之鐵證，抑文家替外人作碑誌，不審其雁行，故稿內有用『第某女』字樣；若陳白氏爲居易尊屬，排行應自知之，蓋傳本《白集》既倒『女弟』爲『弟女』，妄人又強插『某』字於其間，痕迹尙可覆按也。惟陳既加季庚以刑事罪名，又重誣大詩人之家風浮薄，故不得不詳爲昭雪之。陳振孫《年譜》云：『有陳府君夫人白氏……墓誌，夫人，公之祖姑，且外祖母也。』必其所見本墓誌尙未傳訛。」岑氏之說亦可並存，姑迻錄於此，俟考。

《舊唐書》卷一六六《白居易傳》：「白居易字樂天，太原人。北齊五兵尙書建之仍孫。建生士通，皇朝利州都督。士通生志善，尙衣奉御。志善生溫，檢校都官郎中。溫生鍠，歷酸棗、鞏二縣令。鍠生季庚，建中初爲彭城令。……歷衢州、襄州別駕。自鍠至季庚，世敦儒業，皆以明經出身。季庚生居易。初，建立功於高齊，賜田於韓城，子孫家焉。遂移籍同州。至溫徙於下邽，今爲下邽人焉。」《新唐書》卷一一九《白居易傳》：「白居易字樂天，其先蓋太原人。北齊五兵尙書建，有功於時，賜田韓城，子孫家焉。又徙下邽。」按：居易自謂乃北齊五兵尙書白建之後裔，蓋出於附會，陳寅恪《唐代政治史述論稿》已詳辨之，茲不贅。太原乃郡望，實際爲下邽人，則無疑也。又按：白氏《故鞏縣令白府君事狀》（卷四六）謂其遠祖出於楚熊居太子建子白勝，時代久遠，亦不可信。《陳譜》：「《新史·宰相世系表》及公所述《鞏縣府君事狀》，其不同者，《表》稱虞公族百里奚媵秦穆姬，生孟明視。視生二子曰西乞術、白乙丙，其後以爲氏。而《事狀》稱楚太子建之子勝，號白公，其子奔秦，代爲秦將，白乙以降是也。如《表》言，則白出姬姓，如《狀》言，則出芈姓。按《左氏傳》晉敗秦於殽，獲百里孟明視、西乞術、白乙丙。孟明氏百里，謂爲奚之子可也。術、丙與孟明號爲三帥，烏知其爲孟明之子邪？且萬無父子三人並將之理，此其爲說固已疎矣。若《事狀》則又合白乙、白勝爲一族，白乙爲秦繆將，去白勝幾二百年，而云白乙以降，則反以爲白勝之後裔，又何其考之不詳也。《元和姓纂》載《風俗通》以白乙爲嬴姓，蓋亦以其爲秦人意之爾。《姓纂》復泛舉秦白起、楚白勝、周白圭、漢白生等數人，而皆不能言其自出。大抵世祀綿邈，譜諜散亡，惟當用《春秋》見聞傳聞之義，斷自近始，若必遠推古音，傅會本支，則固不能亡抵捂矣。」汪立名《白香山年譜》（後簡稱《汪譜》）：「按《唐宰相世系表》，白氏出自姬姓。周太王五世孫虞仲，封於虞，爲晉所滅。虞之公族井伯奚，媵伯姬於秦，受邑於百里，因號百里奚。奚生視，字孟明，古人皆先字後名，故稱爲孟明視。孟明視二子，一曰西乞術，二曰白乙丙。其後以爲氏，裔孫武安君起，賜死杜郵。始皇思其功，封其子仲於太原，故子孫世爲太原人。二十三世孫後魏太原太守邕，邕五世孫建。《白氏家狀》則曰『楚殺白公，其子奔秦，代爲名將，乙丙已降是也』。未嘗作虞人及百里奚媵秦語。《表》又以建爲後周弘農郡守，與《家狀》北齊五兵尙書贈司空不合。白敏中大父名鏻，與鍠同爲溫之子，乃以鏻爲潾，凡此皆誤也。洪景盧《容齋隨筆》謂《新唐書·宰相世系表》承用逐家譜牒，多所繆誤。歐陽公略不刊筆，恐未可據，信哉。」顧亭林《日知錄》、俞樾《九九消夏錄》所考俱與直齋同。

大曆八年癸丑（七七三），二歲。

五月三日，祖父鍠卒於長安（《陳譜》作新鄭，誤。），年六十八歲。以其年權厝於下邽縣下邑里。（《故鞏縣令白府君事狀》）

柳宗元生。

九月，循州刺史哥舒晃叛，殺嶺南節度使呂崇賁。

【箋證】白氏《故鞏縣令白府君事狀》（卷四六）：「大曆八年五月三日，遇疾歿於長安，春秋六十八。……夫人河東薛氏。……公有子五人：長子諱季庚，襄州別駕，事具後狀。次諱季般，徐州沛縣令。次諱季軫，許州許昌縣令。次諱季寧，河南府參軍。次諱季平，鄉貢進士。元和六年十月八日，孫居易等始發護靈櫬，遷葬於下邽縣北義津鄉北原而合祔焉。」按：唐人撰誌狀，初不避父諱。顧成志《課餘偶筆》：「唐世最重諱名，然爲先人誌狀，初無所避。如：陳子昂、穆員爲其父墓誌，獨孤及爲其父墓表，皆書父名，第曰諱而已。白居易爲祖鞏縣府君行狀亦然，末云『長子季庚』，則居易父也，幷不云諱。誌父及自撰墓誌敘及並未避名，蓋古人所爲諱，第不敢稱於語言，非幷不見諸筆墨。」

大曆九年甲寅（七七四），三歲。

大曆十年乙卯（七七五），四歲。

大曆十一年丙辰（七七六），五歲。

五、六歲便學爲詩。（《與元九書》）弟行簡生。

五月，汴宋軍亂，汴將李靈耀叛。

【箋證】

白氏《聞行簡恩賜章服，喜成長句寄之》詩（卷二四）云：「吾年五十加朝散，爾亦今年賜服章。齒髮恰同知命歲，官銜俱是客曹郎。榮傳錦帳花聯萼，彩動綾袍雁趁行。大抵著緋宜老大，莫嫌秋鬢數莖霜。」按：此詩寶曆元年作於蘇州，居易五十四歲，行簡五十歲，據以推算，當生於本年。

大曆十二年丁巳（七七七），六歲。

六月十九日，祖母薛氏歿於新鄭縣私第，年七十歲。（《故鞏縣令白府君事狀》）

八月，顏眞卿爲刑部尚書。九月，吐蕃寇坊州。

【箋證】

白氏《故鞏縣令白府君事狀》（卷四六）：「夫人河東薛氏。……大曆十二年六月十九日，歿於新鄭縣私第，享年七十，以其年權窆厝於新鄭縣臨洧里。」

大曆十三年戊午（七七八），七歲。

是年前後，猶居滎陽。滎陽謂鄭州。《宿滎陽》詩云：「生長在滎陽，少小辭鄉曲。」楊汝士生。《以詩代書酬慕巢尙書見寄》云：「不知待得心期否，老校於君六七年。」慕巢，楊汝士字。

正月，回紇入侵太原。四月，吐蕃寇靈州。

大曆十四年己未（七七九），八歲。

元稹生。（《河南元公墓誌銘》）

三月，汴宋將李希烈逐其節度使李忠臣，自稱留後。五月，代宗（李豫）卒。德宗（李适）即位。

【箋證】

白氏《河南元公墓誌銘》（卷七〇）：「大和五年七月二十二日遇暴疾，一日薨於位，春秋五十三。」據以推算，元稹當生於本年。

德宗建中元年庚申（七八〇），九歲。

諳識聲韻。（《與元九書》）父季庚由宋州司戶參軍授徐州彭城縣令。母陳氏封潁川縣君。（《襄州別駕府君事狀》）牛僧孺生。

正月，改元。廢「租庸調」法，改行「兩稅法」。六月，築奉天城。

【箋證】

白氏《襄州別駕府君事狀》(卷四六)：「公諱季庚，字某，鞏縣府君之長子。天寶末明經出身，解褐授蕭山縣尉，歷左武衞兵曹參軍，宋州司戶參軍。建中元年，授彭城縣令。……夫人潁川陳氏；……建中初，以府君彭城之功，封潁川縣君。」

建中二年辛酉(七八一)，十歲。

解讀書。《朱陳村》詩云：「十歲解讀書，十五能屬文。」父季庚與徐州刺史李洧堅守徐州拒李納，以功授徐州別駕。(《襄州別駕府君事狀》)

正月，唐發兵討成德軍節度使李惟岳、魏博節度使田悅。六月，討襄陽節度使梁崇義。八月，梁崇義伏誅。平盧留後李納以軍助田悅。九月，討李納。李納將李洧以徐州降。是歲，楊炎罷，貶爲崖州司馬，被殺。

建中三年壬戌(七八二)，十一歲。

去滎陽，從父季庚徐州別駕任所，寄家符離。按：《汪譜》云：「《宿滎陽》詩：『去時十一二，今年五十六。』時兩河用兵，公避難越中，當在是年。」後又有《江樓望歸》詩云：「悠悠滄海畔，十載避黃巾。」云十載者，謂成數耳。居易貞元七年在符離，則寄家符離當自是年始，次年再避難越中也。

閏正月，王武俊殺李惟岳，代領其衆。四月，盧龍朱滔（朱泚弟）叛唐。六月，王武俊叛唐。十月，李希烈叛唐。十一月，朱滔，田悅，王武俊、李納皆自稱王。十二月，李希烈自稱天下都元帥。唐發諸道軍往討。

建中四年癸亥（七八三），十二歲。

時兩河用兵，逃難於越中，約始於本年。正月，李希烈陷汝州，東都震恐。

六月，初行稅間架、除陌錢。十月，涇原軍五千增援襄城，經長安兵變。德宗逃往奉天。朱泚據長安稱帝，圍奉天。十二月，李希烈陷汴州。是年武元衡進士及第。

興元元年甲子（七八四），十三歲。

幼弟白幼美（金剛奴）生。（《唐太原白氏之殤墓誌銘》）

楊虞卿生。楊嗣復生。

正月，改元。李希烈、田悅、王武俊、李納皆去王號，復受唐職。二月，行營副元帥李懷光叛唐。德宗逃往梁州。六月，李晟收復長安，朱泚敗走，被殺。七月，德宗還長安。是年秋，關中大飢，民蒸蝗蟲而食之。

【箋證】

白氏《唐太原白氏之殤墓誌銘》（卷四二）：「白氏下殤曰幼美，小字金剛奴。……九歲不幸遇疾，夭徐州苻離縣私第。貞元八年九月，權窆於縣南原。元和八年春二月二十五日改葬於華州下邽縣義津鄉北岡，祔於先府君宅兆之東三十步。」則幼美卒於貞元八年，據以推算，當生於興元元年。

貞元元年乙丑（七八五），十四歲。

父季庚加檢校大理少卿，依前徐州別駕，仍知州事。（《襄州別駕府君事狀》）

正月，改元。六月，朱滔死。七月，李懷光兵敗，死。是年麴信陵、錢徽進士及第。

貞元二年丙寅（七八六），十五歲。

仍在江南。始知有進士，苦節讀書。（《與元九書》）能屬文。（《朱陳村》）有《江南送北客因憑寄徐州兄弟書》詩自注云：「時年十五。」旅蘇、杭二郡。寶曆元年作《吳郡詩石記》云：「貞元初，韋應物爲蘇州牧，房孺復爲杭州牧，皆豪人也。……時予始年十四五，旅二郡，以幼賤不得與遊宴，尤覺其才調高而郡守尊。……前後相去三十七年，江山是而齒髮非，又可嗟矣。」按：居易寶曆元年（八二五）除蘇州刺史，上溯三十七年，當爲貞元四年（七八八）。考《舊唐書·德宗紀》：「(貞元四年秋七月)，乙亥，以蘇州刺史孫晟爲桂州刺史、桂管觀察使。」如應物爲孫晟之前任，其罷郡至遲不能逾貞元三年(七八七)之末。則距寶曆元年應爲三十八年，而居易是年爲十六歲，非「十四五」，疑白氏此文所記有誤。據傅璇琮《韋應物系年考證》(《文史》第五輯)，應物爲孫晟之後任。元稹父寬卒，母鄭氏自敎之。

四月，李希烈爲部將所殺。至此各地戰亂暫息。

貞元三年丁卯(七八七)，十六歲。

《陳譜》：「舊史云：年十五六時，袖詩謁顧況。況迎門禮謁曰：『吾謂斯文遂絕，今復得子矣。』《摭言》云：況謔公曰：『長安物貴，居大不易。』及讀《原上草》詩『野火燒不盡，春風吹又生』，乃曰：『有句如此，居亦何難！』」按：《摭言》記事多誤。貞元四年(七八八)以前，居易無赴長安之可能。貞元五年後，顧況卽因嘲謔貶官饒州司戶(其知交李泌卒於貞元五年)，復至蘇州，與蘇州刺史韋應物、信州刺史劉太眞相往還。如謂居易有謁顧況之事，或相遇於饒州及蘇州也。

李德裕生。

【箋證】

《幽閑鼓吹》：「白尚書應舉，以詩謁顧著作。顧睹姓名，熟視白公，曰：『米價方貴，居亦弗易！』乃披卷，首篇曰:『離離原上草,一歲一枯榮。……』卽嗟賞曰:『道得個語,居卽易矣!』因爲之延譽,聲名大振。」《唐摭言》卷七:「白樂天初舉,名未振,以歌詩謁顧況。況謔之曰:『長安百物貴,居大不易。』及讀至《賦得原上草送友人》詩曰:『野火燒不盡,春風吹又生。』況歎之曰:『有句如此,居天下有甚難!老夫前言戲之耳。』」後此如《唐語林》、《北夢瑣言》、《能改齋漫錄》、《全唐詩話》、《詩話總龜》、《堯山堂外紀》均載此事。按:《幽閑鼓吹》、《摭言》均未載樂天謁顧況時之年歲,《陳譜》及《汪譜》所引「年十五六」當係承《舊唐書·白居易傳》之誤。

貞元四年戊辰(七八八),十七歲。

父季庚任滿,改除大理少卿、衢州別駕。從父衢州任所。有《王昭君》詩二首,自注云:「時年十七。」

元稹年十歲,居鳳翔,知勉學。

是年吐蕃屢入寇。六月,陽城爲諫議大夫。

【箋證】

白氏《襄州別駕府君事狀》(卷四六):「貞元初,朝廷念公前功,加檢校大理少卿,依前徐州別駕、當道團練判官,仍知州事。……秩滿,又除檢校大理少卿、兼衢州別駕。」按:據白氏此文,則季庚中經三考或四考,除衢州別駕時約爲貞元四年。

貞元五年己巳（七八九），十八歲。

仍在江南。《汪譜》：「時在京師，見《中和節頌》。」《陳譜》：「是歲初置中和節。集有《中和節頌》，未及第時所作。而序云『臣某忝就賓貢之列』，則未必作於是年也。」按：《汪譜》據《中和節頌》序中有「皇帝握符之十載」語，遂謂居易是年在長安，不知「十載」語乃指初置節之年耳。《與元九書》云：「二十七方從鄉賦」，則《中和節頌》之作，不得早於貞元十五年（七九九）。

正月，定中和節。三月，中書侍郎、同平章事李泌卒。

【箋證】

《國史補》卷下：「貞元五年，初置中和節。御製詩，朝臣奉和，詔寫本賜戴叔倫於容州，天下榮之。」《舊唐書·德宗紀》：「（貞元五年正月）乙卯，詔：『四序嘉辰，歷代增置，漢崇上巳，晉紀重陽。或說禳除，雖因舊俗，與衆共樂，咸合當時。朕以春方發生，候及仲月，勾萌畢達，天地和同，俾其昭蘇，宜助暢茂。自今宜以二月一日爲中和節，以代正月晦日，備三令節數，内外官司休假一日。』」

貞元六年庚午（七九〇），十九歲。

李賀生。

八月，鮑防卒。是歲，吐蕃陷安西。

貞元七年辛未（七九一），二十歲。

在符離縣。與張徹、賈餗等共勉學。晝課賦，夜課書，間又課詩。（《醉後走筆酬劉五主簿長句之贈兼簡張大賈二十四先輩昆季》及《與元九書》）是年，父季庚除襄州別駕。

令狐楚登進士第。

【箋證】

白氏《襄州別駕府君事狀》（卷四六）：「秩滿，本道觀察使皇甫政以公政績聞薦，又除檢校大理少卿、兼襄州別駕。貞元十年五月二十八日，終於襄陽官舍，享年六十六。」按：季庚貞元四年除衢州別駕，中經三考或四考，則移任襄州別駕，約爲貞元七年。《唐方鎮年表》亦系於貞元七年，近似。

貞元八年壬申（七九二），二十一歲。

弟幼美夭，權窆於符離縣南原。（《唐太原白氏之殤墓誌銘序》）

四月，陸贄同中書門下平章事。是年，李絳、王涯、崔羣、馮宿、韓愈登進士第。

貞元九年癸酉（七九三），二十二歲。

元稹十五歲，明經登第。劉禹錫二十二歲，進士登第。是年，顧少連知貢舉，穆員、盧景亮、柳宗元等三十二人同登第。

元稹移家長安。

貞元十年甲戌(七九四)，二十三歲。

在襄陽。五月二十八日，檢校大理少卿，襄州別駕父季庚卒於襄陽官舍，年六十六歲。權窆於襄陽縣東津鄉南原。(《襄州別駕府君事狀》)《遊襄陽懷孟浩然》詩約作於是年。

李逢吉、王播、席夔進士登第。韋夏卿爲蘇州刺史。

【箋證】

按：貞元九、十年間，居易隨侍襄州任所，作《遊襄陽懷孟浩然》詩(卷九)云：「楚山碧巖巖，漢水碧湯湯。秀氣結成象，孟氏之文章。今我諷遺文，思人至其鄉。清風無人繼，日暮空襄陽。南望鹿門山，藹若有餘芳。舊隱不知處，雲深樹蒼蒼！」其於孟氏仰慕之情可以想見。至元和十年，白氏由長安至江州途中，復作《再到襄陽訪問舊居》詩(卷十)云：「昔到襄陽日，髯髯初有髭。今過襄陽日，髭鬢半成絲。舊遊都似夢，乍到忽如歸。東郭蓬蒿宅，荒涼今屬誰？故知多零落，閭井亦遷移。獨有秋江水，煙波似舊時。」

貞元十一年乙亥(七九五)，二十四歲。

元稹仍寓居長安。

七月，右諫議大夫陽城爲國子司業。八月，馬燧卒。

貞元十二年丙子(七九六),二十五歲。
劉禹錫爲太子校書。父緒卒於揚州。
七月,宣武軍亂,董晉爲宣武軍節度使。八月,崔衍爲宣歙池觀察使。陸長源爲宣武軍行軍司馬。九月,裴延齡卒。孟郊、張仲方、李程進士登第。
貞元十三年丁丑(七九七),二十六歲。
父喪服滿後,仍居符離。(《將之饒州江浦夜泊》詩)
貞元十四年戊寅(七九八),二十七歲。
兄幼文約於本年春赴任饒州浮梁縣主簿。居易約是年夏自符離赴浮梁,而移家洛陽。故本年所作《將之饒州江浦夜泊》詩云:「明月滿深浦,愁人臥孤舟。煩寃寢不得,夏夜長於秋。苦乏衣食資,遠爲江海游。光陰坐遲暮,鄉國行阻修。身病向鄱陽,家貧寄徐州。……」並參見《傷遠行賦》。
始置神策統軍。王起、李翺、呂溫、獨孤郁進士登第。
貞元十五年己卯(七九九),二十八歲。
春,自兄幼文浮梁主簿任所返洛陽省母。有《傷遠行賦》云:「貞元十五年春,吾兄吏於浮梁，分微祿以歸養，命予負米而還鄉。……自鄱陽而歸洛陽，……」秋，應鄉試於宣州，試《射中正鵠賦》、《窗中列遠岫詩》，爲宣歙觀察使崔衍所貢，往長安應進士試。《中和節頌》約作於是年。《自河南經亂，關內阻饑，兄弟離散，各在一處，因望月有感，聊書所懷，寄上浮梁大兄於潛七兄烏江十五兄，兼示符離及下邽弟妹》詩或亦在本年作於洛陽。又居易在宣州時與楊虞卿相識。（《與楊虞卿書》）

夏，旱，京畿飢。二月，宣武軍節度使董晉卒。宣武軍亂，殺行軍司馬陸長源。三月，彰義節度使吳少誠據蔡州反，與唐軍相持。明年，赦吳少誠，復其官爵。張籍、李景儉進士登第。

【箋證】

《自河南經亂，關內阻饑，兄弟離散，各在一處，因望月有感，聊書所懷，寄上浮梁大兄於潛七兄烏江十五兄，兼示符離及下邽弟妹》詩（卷十三）云：「時難年荒世業空，弟兄羈旅各西東。田園寥落干戈後，骨肉流離道路中。弔影分爲千里雁，辭根散作九秋蓬。共看明月應垂淚，一夜鄉心五處同。」按：白氏此詩或當作於貞元十五年，洛陽。白氏《傷遠行賦》（卷三八）云：「貞元十五年春，吾兄吏於浮梁，分微祿以歸養，命予負米而還鄉。……茫茫兮二千五百里，自鄱陽而洛陽。」可知題中之「浮梁大兄」指居易之長兄幼文，貞元十四、五年間爲饒州浮梁主簿。「於潛七兄」爲居易之從兄，白季康之長子，時爲於潛尉。白氏《唐故溧水縣令太原白府君墓誌銘》(卷七〇)：「前夫人河東薛氏，先公若干年而歿，生二子一女。女號鑒虛，未笄出家。長子某，杭州於潛尉。次子某，睦州遂安尉。」「烏江十五兄」爲居易之從兄白逸，時爲烏江主簿，卒於貞元十七年。白氏《祭烏江十五兄文》(卷四〇)：「維貞元十七年七月七日，從祖弟居易謹以清酌庶羞之奠敬祭於故烏江主簿十五兄之靈。……」乾隆《江南通志》卷四一《輿地志・壇廟》：「白逸墓在寧國府城西，居易之兄也。居易有《祭十五兄文》。」又居易有從兄任符離縣主簿，見《祭符離六兄文》(卷四〇)。「一夜鄉心五處同」蓋指浮梁、於潛、烏江、符離、洛陽等五處，而下邽乃白氏之故鄉，居易自身則在洛陽也。考唐德宗建中三年十月，李希烈叛。四年正月，陷汝州，東都震恐。同年十月，長安涇原兵變，德宗奔奉天，涇原兵擁朱泚爲帝。十二月，李希烈攻陷汴州。興元元年秋，關中大饑，民蒸蝗蟲而食之。見《舊唐書・德宗紀》及《新唐書・德宗紀》。居易全家約於建中三年左右，自新鄭避難遷符離，旋又往江南。詩題所謂「自河南經亂關內阻飢」，蓋居易追憶建中、興元時事也。岑仲勉《文苑英華辨證校白氏詩文附按》一文，據《舊紀》謂指貞元十四年九月吳少誠亂及十月「歲凶穀貴」事，疑非是。又按：下邽乃居易之祖籍，始於其曾祖白溫，其父祖等均自他處遷葬於此。據白氏此詩，可知其弟妹等貞元前已居下邽。白氏《汎渭賦》所謂貞元二十年「始徙家秦中，卜居渭上」，蓋指其自身之移居。

白氏《與楊虞卿書》(卷四四)：「且與師皐，始於宣城相識，迨於今十七八年，可謂故矣。又僕之妻，即足下從父妹，可謂親矣。」按：此文作於元和十一年，逆數十七八年，當爲貞元十五年。師皐乃楊虞卿字。

貞元十六年庚辰（八〇〇），二十九歲。

正月，在長安。（見本年作《長安正月十五日》、《長安早春旅懷》詩。）二月十四日，於中書侍郎高郢主試下，試《性習相近遠賦》、《玉水記方流詩》、策五道，以第四人及第，十七人中年最少。及第後，歸洛陽。暮春南遊，至浮梁。（《祭符離六兄文》）九月，至符離。外祖母陳氏卒，十一月，權窆於符離縣之南偏。（《唐故坊州鄜城縣尉陳府君夫人白氏墓誌銘》）有《與陳給事書》、《箴言》及《及第後歸覲留別諸同年》、《社日關路作》、《重到毓村宅有感》、（按：毓材，馬元調本、那波道圓本、《全唐詩》俱訛作毓村。）《敍德書情四十韻上宣歙崔中丞》、《亂後過流溝寺》等詩。

劉禹錫爲淮南節度使杜佑掌書記。

五月，徐泗濠節度使張建封卒，徐州軍亂，不納行軍司馬韋夏卿，迫建封子愔爲留後。六月，淮南節度使杜佑加同平章事，兼領徐泗濠節度使，委以討伐。九月，以張愔爲留後。是年，崔玄亮、杜元穎、吳丹、鄭俞、王鑑、陳昌言、戴叔倫、李□、陸□等同登進士第。

【箋證】

白氏《與陳給事書》(卷四四)云：「正月日，鄉貢進士白居易謹遣家僮奉書獻於給事閤下，……」按：此文作於貞元十六年正月，居易應進士試尚未中第。陳給事乃陳京，字慶復。德宗時擢左補闕，自考功員外郎再遷給事中。見柳宗元《唐故祕書少監陳公行狀》、《新唐書》卷二〇〇《儒學傳》。

《敍德書情四十韻上宣歙崔中丞》詩(卷十三)云：「晴野霞飛綺，春郊柳宛絲。」當作於是年春暮。按：《陳譜》及花房英樹俱繫此詩於貞元十七年，非是。「崔中丞」爲宣歙觀察使崔衍。《舊唐書》卷一八八、《新唐書》卷一六四俱有傳。《舊唐書・德宗紀》：「(貞元十二年八月) 癸酉，以虢州刺史崔衍爲宣歙池觀察使。」又同書《憲宗紀》：「(永貞元年)八月甲寅，……以前宣歙觀察使崔衍爲工部尙書。」《舊唐書》卷一八八本傳：「(衍)居宣州十年，頗勤儉，府庫盈溢。」白氏《送侯權秀才序》(卷四三)云：「貞元十五年秋，予始舉進士，與侯生俱爲宣城守所貢。明年春，予中春官第。」又據此詩，則崔衍貞元十六年仍在宣州任。《舊唐書》、《新唐書》本傳俱未言衍官御史中丞，據此詩則衍官宣歙時必帶有御史中丞之憲銜也。

《亂後過流溝寺》詩(卷十三)云：「九月徐州新戰後，悲風殺氣滿山河。唯有流溝山下寺，門前依舊白雲多。」按：流溝寺當在符離流溝山。白氏《醉後走筆酬劉五主簿長句之贈兼簡張大賈二十四先輩昆季》詩(卷十二)云：「武里村花落復開，流溝山色應如故。」又有《題流溝寺古松》詩(卷十三)。「九月徐州新戰後」，蓋指貞元十六年五月，徐泗濠節度使張建封卒，徐州軍亂，迫建封子愔爲留後。請於朝，德宗不許。詔淮南節度使杜佑討之，不克引還。是年九月，詔以徐州授愔。見《舊唐書・德宗紀》、《舊唐書》卷一四〇《張建封傳》、卷一四七《杜佑傳》。《舊唐書·杜佑傳》謂建封卒於貞元十三年，誤。

貞元十七年辛巳（八〇一），三十歲。

春，在符離。七月，在宣州。秋，歸洛陽。符離六兄葬。烏江十五兄葬。有《祭符離六兄文》、《祭烏江十五兄文》、《歎髮落》、《花下自勸酒》、《和鄭方及第後秋歸洛下閑居》、《與諸同年賀座主侍郎新拜太常同宴蕭尚書亭子》、《東都冬日會諸同年宴鄭家林亭》等詩。《春村》、《題施山人野居》等詩，約作於貞元十六年至貞元十七年之間。

劉禹錫仍爲淮南節度使掌書記。

十月，杜佑《通典》二百卷編成。

【箋證】

《和鄭方及第後秋歸洛下閑居》詩（卷十三）作於貞元十七年。按：花房英樹《白氏文集の批判的研究》繫此詩於貞元十八年，非是。考鄭方進士及第在貞元十七年，《登科記考》卷十五貞元十七年：「蓋高郢連放三榜，樂天在十六年第二榜，鄭方在十七年第三榜。」故詩云：「玉憐同匠琢，桂恨隔年攀。」此詩自注亦云：「同高侍郎下隔年及第。」又按：此詩題「鄭方」，馬本、汪本、那波本俱作「鄭元」，非。考鄭元，《舊唐書》卷一四六有傳，元和二年已爲戶部侍郎、御史大夫，如在貞元末始進士及第，則升遷必不能如是之速也。徐松《登科記考》卷十五貞元十七年亦引作「鄭方」。今據宋紹興本、《英華》改正。

《與諸同年賀座主侍郎新拜太常，同宴蕭尚書亭子》詩（卷十三）云：「寵新卿典禮，會盛客徵文。不失遷鶯侶，因成賀燕羣。池臺晴間雪，冠蓋暮和雲。共仰曾攀處，年深桂尚薰。」按：「座主侍郎」乃高郢。郢知貢舉時官禮部侍郎。見《舊唐書》卷一四七、《新唐書》卷一六五本傳。居易貞元十六年在高郢放第二榜時進士及第。見《登科記考》卷十五。白氏《與陳給事書》（卷四四）：「今禮部高侍郎爲主司，則至公矣。」《舊唐書》卷一六六《白居易傳》：「貞元十四年，始以進士就試，禮部侍郎高郢擢升甲科，吏部判入等，授祕書省校書郎。」白氏貞元十五年就試禮部，十六年春中第。《舊唐書》本傳誤作「貞元十四年」。「蕭尚書」爲蕭昕。《舊唐書》卷一四六本傳：「貞元初，兼禮部尚書。尋復知貢舉。五年，致仕。」此詩原注云：「座主於蕭尚書下及第，得羣字韻。」蕭昕曾兩知貢舉：一在寶應二年，一在貞元三年。《新唐書》卷一六五《高郢傳》：「寶應初，及進士第。」洪邁《容齋五筆》卷七：「予考《登科記》：樂天以貞元十六年庚辰中書舍人高郢下第四人登科，郢以寶應二年癸卯禮部侍郎蕭昕下第九人登科，迨郢拜太常時，幾四十年矣。昕自癸卯放進士之後二十四年丁卯，又以禮部尚書再知貢舉，可謂壽俊。觀白公所賦，益可見唐世舉子之尊尚主司也。」則知郢中進士第在寶應二年癸卯，昕初次知貢舉時也。又《舊唐書·德宗紀》：「（貞元十六年十一月）戊申，以太府卿韋渠牟爲太常寺卿。……（貞元十九年）庚申，以太常卿高郢爲中書侍郎、同中書門下平章事。」又據《舊唐書·韋渠牟傳》，韋渠牟卒於貞元十七年，則高郢初除太常卿必在是年，乃韋渠牟之後任。白氏此詩當作於貞元十七年，《陳譜》繫於貞元十六年，非。花房英樹亦襲陳氏之誤。

貞元十八年壬午（八〇二），三十一歲。

在長安。冬，於吏部侍郎鄭珣瑜主試下，試書判拔萃科。（唐代選制以十一月爲期，至三月畢。）春，叔父白季軫自徐州士曹掾移許昌縣令。見《許昌縣令新廳壁記》。有百道判及《秋雨中贈元九》、《秋思》等詩。

元稹二十四歲。元白訂交約始於是年或稍前。

劉禹錫調補京兆府渭南縣主簿。

正月，韋皐既破吐蕃，以所擒蕃相論莽熱來獻。九月，太常少卿楊憑爲潭州刺史、湖南觀察使。十月，刑部尙書王鍔爲淮南節度副使兼行軍司馬。十一月，同州刺史劉公濟爲鄜州刺史、鄜坊丹延節度使。是年韋夏卿仍爲京兆尹。

【箋證】

《許昌縣令新廳壁記》（卷四三）：「去年春，叔父自徐州士曹掾選署厥邑令。……時貞元十九年冬十月一日記。」按：此文中之「叔父」乃居易祖父白鍠之第三子白季軫。

《秋雨中贈元九》詩（卷十三）云：「不堪紅葉青苔地，又是涼風暮雨天。莫怪獨吟秋思苦，比君校近二毛年。」按：此詩作於貞元十八年，居易三十一歲，元、白當訂交於是年之前。《陳譜》謂相識於貞元十九年，非是。白氏元和五年所作《酬元九對新栽竹有懷見寄》詩（卷一）亦云：「昔我十年前，與君始相識。」以時間逆數，亦爲十八年之前。又白氏《祭微之文》（卷六九）云：「嗚呼微之！貞元季年，始定交分。」

貞元十九年癸未（八〇三），三十二歲。

春，與元稹、李復禮、呂穎（《登科記考》卷十五謂《文苑英華》呂頻作呂穎誤，非是。此據岑仲勉《登科記考訂補》）、哥舒恒、崔玄亮同以書判拔萃科登第，王起、呂炅同以博學宏辭科登第。授祕書省校書郎。始假居故宰相關播亭園居住。與李建訂交約始於是年。秋冬之交，遊許昌。時叔父季軫仍爲許昌縣令。有《許昌縣令新廳壁記》、《養竹記》、《記畫》及《常樂里閑居偶題十六韻兼寄劉十五公輿王十一起呂二炅呂四穎崔十八玄亮元九稹劉三十二敦質張十五仲元時爲校書郎》、《思歸》、《留別吳七正字》、《早春獨遊曲江》、《和渭北劉大夫借便秋遮虜寄朝中親友》等詩。

元稹以書判拔萃科登第，授祕書省校書郎，娶韋夏卿女韋叢爲妻。冬，劉禹錫爲監察御史。十月，太子賓客韋夏卿爲東都留守。十二月，高郢、鄭珣瑜同中書門下平章事。同年，韓愈因諫罷宮市貶連州陽山令。賈餗進士登第。杜牧生。

【箋證】

按：元稹授祕書省校書郎在貞元十九年春，據韓愈《韋叢墓誌》，則知婚於韋氏亦必在是年春間之後。白氏《答謝家最小偏憐女》詩（卷十四）云：「嫁得梁鴻六七年，躭書愛酒日高眠。」以貞元十九年推算，至元和四年適爲七年。如提前一年至貞元十八年，則爲八年，與白詩所記不合。陳寅恪《元白詩箋證稿》第一章云：「《白氏長慶集》六一《河南元公墓誌銘》云：『（貞元十八年），年二十四，試判入四等，署祕省校書。』是又必在貞元十八年微之婚於韋氏之後。」考唐代選制以十一月爲期，至次年三月畢，元、白貞元十八年十一月同應書判拔萃科試，至次年春始登第同授校書郎。故白氏《養竹記》（卷四三）云：「貞元十九年春，居易以拔萃選及第，授校書郎。」可證《河南元公墓誌銘》所記有誤。《侯鯖錄》卷五《微之年譜》亦誤繫於貞元十八年。陳氏承白文及《侯鯖錄》之誤，亦失考。又按：顧學頡《白居易年譜簡編》（一九七九年十月中華書局版《白居易集》附錄）貞元二十年甲申（八〇四）：「元稹娶韋夏卿女叢爲妻。」亦非。

《留別吳七正字》詩（卷十三）：「成名共記甲科上，署吏同登芸閣間。唯是塵心殊道性，秋蓬常轉水長閑。」

按：「吳七正字」爲吳丹，貞元十六年白居易同年進士，歷官正字、監察殿中侍御史、水部庫部員外郎、駕部郎中、饒州刺史。卒於寶曆元年六月。見白氏《故饒州刺史吳府君神道碑銘》（卷六九）及《登科記考》卷十四。

白氏又有《酬吳七見寄》(卷六)、《吳七郎中山人待制班中偶贈絕句》(卷十九)、《七言十二句贈駕部吳郎中七兄》(卷十九)等詩,均係酬吳丹之作。

《和渭北劉大夫借便秋遮虜寄朝中親友》詩(卷十三):「亘鎮爲邦屛,全材作國楨。韜鈐漢上將,文墨魯諸生。約虎關西卒,金湯渭北城。……」按:「渭北劉大夫」爲渭北節度使劉公濟。《舊唐書·德宗紀》:「(貞元十八年)十一月丙辰,以同州刺史劉公濟爲鄜州刺史、鄜坊丹延節度使。」「(二十年正月),己亥,以鄜坊丹延節度使劉公濟爲工部尙書。」鄜坊節度卽渭北節度。上元元年置,貞元三年復置。柳宗元《先友記》(《河東集》卷十二)云:「劉公濟,河間人,寬厚碩大,與物無忤,爲渭北節度,入爲工部尙書,卒。」權德輿《哭劉四尙書》詩中之「劉四尙書」,劉禹錫《許給事見示哭工部劉尙書詩因命同作》詩中之「劉尙書」,均指公濟。禹錫詩自注云:「從叔自渭北節度以疾歸朝,比及拜尙書,竟不克中謝。」則公濟卒於貞元二十年春間,白氏此詩蓋作於貞元十九年無疑。

貞元二十年甲申(八〇四),三十三歲。

在長安。爲校書郞。春,旅遊洛陽、徐州。是年,始徙家於秦中,卜居下邽縣義津鄉金氏村(地在渭河北岸,近蔡渡)。有《汎渭賦》、《八漸偈》及《哭劉敦質》、《酬哥舒大見贈》、《下邽莊南桃花》、《除夜宿洺州》等詩。遊徐州時,曾預節度使張愔(張建封子)之宴,有贈關盼盼詩句。（見《燕子樓三首》詩序）又在滑州李翺家識唐衢，約在本年前後。

元稹旅遊洛陽，歸長安。劉禹錫在監察御史任。八月，盧從史授昭義節度使。

【箋證】

白氏《汎渭賦》（卷三八）云：「右丞相高公之掌貢舉也，予以鄉貢進士舉及第。左丞相鄭公之領選部也，予以書判拔萃選登科。十九年，天子並命二公對掌鈞軸，朝野無事，人物甚安。明年春，予爲校書郎，始徙家秦中，卜居於渭上。」按：此蓋指居易自身之移家，下邽乃白氏之祖籍，在此之前，早已定居。見本書貞元十五年「箋證」。

《哭劉敦質》詩（卷一）：「小樹兩株柏，新土三尺墳。蒼蒼白露草，此地哭劉君。哭君豈無辭，辭云君子人。如何天不弔，窮悴至終身！愚者多貴壽，賢者獨賤迍。龍亢彼無悔，蠖屈此不伸。哭罷持此辭，吾將詰羲文。」按：劉敦質，字太白，晛之孫，淶之子。見岑仲勉《元和姓纂四校記》四六七頁。白氏《感化寺見元九劉三十二題名處》詩（卷十四）：「太白無來十一年。」又據白氏《常樂里閑居偶題十六韻，兼寄劉十五公輿王十一起呂二炅呂四穎崔玄亮十八元九稹劉三十二敦質張十五仲元，時爲校書郎》詩，知劉敦質貞元十九年猶健在，以時間逆數，當卒於貞元二十年。故《哭劉敦質》詩亦當作於是年。

《燕子樓三首》詩（卷十五）序云：「徐州故張尚書有愛妓曰眄眄，善歌舞，雅多風態。予爲校書郎時，遊徐泗間，張尚書宴予。酒酣，出眄眄以佐歡，歡甚。予因贈詩云：『醉嬌勝不得，風嫋牡丹花。』盡歡而去。邇後絕不相聞，迨茲僅一紀矣。昨日司勳員外郎張仲素繢之訪予，因吟新詩，有《燕子樓三首》，詞甚婉麗。詰其由，爲眄眄作也。繢之從事武寧軍累年，頗知眄眄始末。云尚書既歿，歸葬東洛，而彭城有張氏舊第，第中有小樓名燕子。眄眄念舊愛而不嫁，居是樓十餘年，幽獨塊然，於今尚在。予愛繢之新詠，感彭城舊遊，因同其題作三絕句。」詩云：「滿窗明月滿簾霜，被冷燈殘拂臥牀。燕子樓中霜月夜，秋來只爲一人長。」「鈿暈羅衫色似煙，幾迴欲著卽潸然。自從不舞《霓裳曲》，疊在空箱十一年。」「今春有客洛陽迴，曾到尚書墓上來。見說白楊堪作柱，爭教紅粉不成灰？」按：《明統志．徐州府》：「燕子樓在州城西北隅，唐貞元中尚書張建封鎭徐州，有妾曰盼盼，爲築此樓以居之。建封旣卒，盼盼樓居十餘年不嫁。」《淸統志．徐州府二》：「燕子樓在銅山縣西北隅。」歷來記載謂盼盼爲建封家妓之誤沿襲已久。宋皇都風月主人《綠窗新話》引《麗媚記》，宋曾慥《類說》引《麗情集》均誤盼盼爲張建封僕射家妓。《全唐詩話》卷六載此詩及序，題曰張建封妓。《施注蘇詩》卷十二《和趙郎中見戲》詩注引白氏《燕子樓詩序》亦誤作張建封。郎瑛《七修類稿》卷三六亦謂「今始知樓在徐州西北水滸，至今猶有迹焉。盼盼念建封而不下樓者十年」，此與《明統志》及《淸統志》均係歷來相傳之誤。《全唐詩》卷八〇二關盼盼小傳云：「徐州妓也，張建封納之。」其誤亦同。考此誤，宋陳振孫《白文公年譜》早已辨正云：「燕子樓事，世傳爲張建封。按建封死在貞元十六年，且其官爲司空，非尚書也。尙書乃其子愔，《麗情集》誤以爲建封耳。此雖細事，亦可以正千載傳聞之謬。」陳氏之說良是。故乾隆《江南通志》卷三三《古蹟·徐州府》亦據以正《明統志》及《淸統志》之謬云：「燕子樓，《明一統志》云在城西北隅。《南畿志》云在州廨中，唐貞元中徐州節度使張愔妾關盼盼所居。」淸張宗泰《質疑刪存》亦云：「汪立名《白公年譜》辨《麗情集》以爲張建封有誤，良是。然謂建封未爲尙書，亦非。《唐書·張建封傳》，建封於貞元七年進位檢校禮部尙書，十二年加檢校右僕射，不過加僕射後不可仍稱尙書耳。不若據貞元二十年斷之，建封卒於貞元十六年，則二十年非愔而何？」張氏所云之「汪立名《白公年譜》」，實即陳振孫《白文公年譜》，而非汪氏新譜，似亦微誤。又按：張仲素《燕子樓詩三首》原作云：「樓上殘燈伴曉霜，獨眠人起合歡牀。相思一夜情多少？地角天涯不是長。」「北邙松柏鎖愁煙，燕子樓人思悄然。自埋劍履歌塵散，紅袖香銷已十年。」「適看鴻雁岳陽回，又覩玄禽逼社來。瑤瑟玉簫無意緒，任從蛛網任從灰。」汪立名《白香山詩集》卷十五承郎瑛《七修類稿》之誤，引此詩謂係關盼盼作，《全唐詩》卷八〇二誤同。白氏和詩原序云：「昨日司勳員外郎張仲素繢之訪予，因吟新詩，有《燕子樓三首》，詞甚婉麗，詰其由，爲盼盼作也。」據此則可斷言必非盼盼之作。又考《七修類稿》所引盼盼和詩云：「自守空樓斂恨眉，形同春後牡丹枝。舍人不會人深意，訝道泉臺不去隨。」又云：「兒童不識沖天物，謾把靑泥汚雪毫。」（《全唐詩》卷八〇二亦誤載爲盼盼作）此兩詩當係出於明人僞作。故《質疑刪存》復辨正云：「世所傳盼盼所答之詩，其第三句云：『舍人不會人深意』，按：白公之爲中書舍人在長慶元年。今按《燕子樓詩序》云：『予爲校書郎時，遊徐、泗間，張尚書宴予。酒酣，出盼盼以佐歡，因贈詩云云。邇後絕不相聞，迨茲僅一紀矣。』又考白公《泛渭賦序》，白公於高郢『掌貢舉，以鄉貢進士舉及第；鄭珣瑜領選部，以書判拔萃登科。十九年，天子命二公對掌鈞軸。明年予爲校書郎。』證之兩《唐書》，高、鄭並以貞元十九年同中書門下平章事，與賦序同。白公之爲校書郎在二公作相之明年，則貞元二十年矣。是年歲在甲申，迨長慶元年則歲在辛丑，相距前後十八年。按：張愔於元和二年被疾請代，徵爲兵部尚書，未出界而卒。《燕子樓》詩云：『自從不舞《霓裳曲》，疊在空箱十一年。』則所謂『十一年』，當從愔卒之元和二年起算，白公因佐歡贈盼盼詩在貞元二十年，亦與詩序所云『迨茲僅一紀』相合，大約在元和十二三年間。元和終十六年，次年方爲長慶元年，是白之爲中書舍人尚有五年，盼盼不得卽豫稱爲舍人，此作僞顯然之迹一也。然此詩語猶和平，至若更有句云：『兒童不識冲天物』，則是有憾於白公而死，不得爲從容就義矣。其所以表揚盼盼者淺矣。又況白生大曆七年壬子，至長慶元年辛丑年五十矣，焉有杖家之年之人尚謂之兒童耶？且以貞元二十年計之，壬子生者當年三十三，其年盼盼方以舞妓佐歡，度其年不得太長，不過十三四耳。是盼盼少於樂天將二十歲，以少二十年之人而指長二十年之人爲兒童，此又自貢其僞之迹者二也。大抵此等不足徵信之詩多出前明。」張氏所考頗精審，故詳錄之。惟元和終十五年，非十六年。張愔被疾請代在元和元年十一月，見《新唐書》卷一五八本傳及《舊唐書·憲宗紀》，非元和二年。居易授校書郎在貞元十九年，非二十年，其《養竹記》一文可證。張氏亦微誤。又按：「眄眄」，宋紹興本、那波道圓本、《容齋隨筆》俱同馬元調本。汪立名本、《全唐詩》俱作「盼盼」，此二字宋本多混用。「張仲素繢之」，新、舊《唐書》俱無傳。《郎官考》卷八「司勳員外郎」有張仲素名。《舊唐書》卷一六四《楊於陵傳》：「(元和)七年，吏部尚書鄭餘慶以疾請告，乃復置考判官，以兵部員外郎韋顗、屯田員外郎張仲素、太學(常)博士陸亘等爲之。」《重修承旨學士壁記》：「張仲素，元和十一年八月十五日，自禮部郎中充翰林學士。」據此，可知仲素爲司勳員外郎必在屯田員外郎之後、禮部郎中之前。《唐才子傳》卷五謂仲素貞元二十年遷司勳員外郎，除翰林學士，大誤。「繢之」，馬元調本、汪立名本俱訛作「績之」，考《論語・八佾》：「繪事後素。」「繪」同「繢」，當以「繢之」爲正。

德宗貞元二十一年
順宗永貞元年　乙酉(八〇五)，三十四歲。

在長安。寓居永崇里華陽觀。爲校書郎。二月十九日，上書於宰相韋執誼。與元稹交遊，贈答詩漸多。　有《爲人上宰相(韋執誼)書》及《寄隱者》、《感時》、《首夏同諸校正遊開元觀因宿玩月》、《永崇里觀居》、《早送舉人入試》、《西明寺牡丹花時憶元九》(按：此詩《汪譜》誤繫於元和三年)、《春題華陽觀》、《華陽觀桃花時招李六拾遺飲》、《和友人洛中春感》、《送張南簡入蜀》、

《寄陸補闕》、《華陽觀中八月十五日夜招友玩月》、《三月三日題慈恩寺》、《看渾家牡丹花戲贈李二十》、《春中與盧四周諒華陽觀同居》、《德宗皇帝挽歌詞四首》、《過劉三十二故宅》等詩。

正月，德宗卒，順宗（李誦）即位。二月，以韋執誼爲尚書左丞、同中書門下平章事。執誼引用王伾、王叔文等，罷進奉、宮市、五坊小兒等弊政，爲宦官所惡。四月，劉禹錫以與韋執誼、王叔文等善，爲屯田員外郎，判度支鹽鐵案，仍兼崇陵使判官。八月，順宗內禪於太子純，憲宗即位，改貞元二十一年爲永貞元年。貶王伾爲開州司馬，王叔文爲渝州司戶。九月，劉禹錫貶連州刺史。十月，再貶朗州司馬。韓泰、柳宗元等皆貶。韋執誼貶崖州司馬。

陸贄、陽城卒。牛僧孺、李宗閔、楊嗣復、陳鴻、杜元穎、沈傳師進士登第。

【箋證】

《爲人上宰相書》（卷四四）：「某遊長安僅十年矣，足不踐相公之門，目不識相公之面，名不聞相公之耳。相公視某何爲者哉？豈非介者耶，狷者耶？今一旦卒然以數千言塵黷執事者，又何爲哉？實不自揆，欲以區區之聞見裨相公聰明萬分之一分也，又欲以濟天下顛頓之人死命萬分之一分也。相公以爲如何？」《寄隱者》詩（卷一）：「賣藥向都城，行憩青門樹。道逢馳驛者，色有非常懼。親族走相送，欲別不敢住。私怪問道旁，何人復何故？云是右丞相，當國握樞務。祿厚食萬錢，恩深日三顧。昨日延英對，今日崖州去。由來君臣聞，寵辱在朝暮。青青東郊草，中有歸山路。歸去臥雲人，謀身計非誤。」按：《爲人上宰相書》及《寄隱者》詩俱作於永貞元年，「宰相」爲韋執誼，《寄隱者》詩亦指韋執誼永貞元年之貶官。《新唐書·宰相表》：「永貞元年二月辛亥（十一日），吏部侍郎韋執誼爲尙書右丞、同中書門下平章事。」《舊唐書·憲宗紀》：「（永貞元年十月）壬申，貶正議大夫、中書侍郎平章事韋執誼爲崖州司馬。」據此，則居易亦王叔文、韋執誼政治革新集團之同情者。

《華陽觀桃花時招李六拾遺飲》詩（卷十三）：「華陽觀裏仙桃發，把酒看花心自知。爭忍開時不同醉？明朝後日即空枝。」按：「李六拾遺」爲李諒，非李景儉。柳宗元《爲王戶部薦李諒表》云：「臣自任度支等副使，以諒爲巡官，未及薦聞。至某月日荆南奏官敕下赴本道。諒實國器，合在朝行。臣之所知，尤惜其去。伏望天恩，授以諫官，使備獻納。」《册府元龜》卷四八一《臺省部·譴責》云：「李諒爲左推（拾）遺。元和二年，……以交遊猥雜，……諒貶爲澄城縣令。」「王戶部」乃王叔文，所謂「交遊猥雜」即譴責永貞時李諒參加王叔文政治集團。據此可考知李諒元和二年前官左拾遺，與白氏此詩相證，時間正合。岑仲勉《唐人行第錄》「李六景儉」條云：「按：《舊》、《新書》均不言景儉官拾遺，然敍事過略，可能曾歷此階。」失考。

《寄陸補闕》詩（卷十三）：「忽憶前年科第後，此時雞鶴暫同羣。秋風惆悵須吹散，雞在中庭鶴在雲。」按：「陸補闕」，名未詳。《登科記考》卷十五謂陸係居易貞元十六年同年進士。然此詩云「忽憶前年科第後」及白氏自注云:「前年同登科。」明「前年」似指貞元十九年,而非貞元十六年,徐氏所考疑誤。

《看渾家牡丹花戲贈李二十》詩(卷十三):「香勝燒蘭紅勝霞,城中最數令公家。人人散後君須看,歸到江南無此花。」按:「渾家」爲河中節度使兼中書令渾瑊宅,在長安大寧坊。劉禹錫《渾侍中宅牡丹》詩云:「徑尺千餘朵,人間有此花。今朝見顏色,更不問諸家。」又《送渾大夫赴豐州》詩云:「其奈明年好春日,無人喚看牡丹花。」渾大夫卽渾瑊第三子渾鐬。則渾宅之牡丹花擅名可知,宜劉、白一再以之爲詩料也。「李二十」爲李紳。《新唐書》卷一八一、《舊唐書》卷一七三有傳。李紳於貞元二十年至長安,準備應進士試。其年九月,曾宿於元稹靖安里第,《太平廣記》卷四八八《鶯鶯傳》云:「貞元歲九月,執事李公垂宿於予靖安里第,語及於是,公垂卓然稱異,遂爲《鶯鶯歌》以傳之。崔氏小名鶯鶯,公垂以命篇。」傳中所稱之「貞元歲」卽貞元二十年。是年紳因元稹識白居易,故此詩作於永貞元年。白氏後有《醉送李二十常侍赴鎭浙東》詩(卷三一)云:「靖安客舍花枝下,共脫靑衫典濁醪。」卽追憶當時情景。白氏又有《渭村酬李二十見寄》(卷十五)、《靖安北街贈李二十》(卷十五)、《編集拙詩成一十五卷因題卷末戲贈元九李二十》(卷十六)等詩中之「李二十」均指李紳。

憲宗元和元年丙戌(八〇六),卽永貞二年,三十五歲。

在長安。罷校書郎。與元稹居華陽觀,閉戶累月,揣摩時事,成《策林》七十五篇。四月,應才識兼茂明於體用科,與元稹、韋惇、獨孤郁、曹景伯、韋慶復、崔琯、羅讓、崔護、薛存慶、韋珩、李蟜、元修、沈傳師、蕭俛、柴宿、陳岵、蕭睦同登第。（見《登科記考》卷十六）居易以對策語直，入第四等（乙等。按：唐代制科照例無第一等第二等。）同月二十八日，授盩厔尉。七月，權攝昭應事。秋，使駱口驛。在盩厔識陳鴻、王質夫，時相唱和。十二月，與陳鴻、王質夫同遊仙遊寺，作《長恨歌》。有《才識兼茂明於體用科策》、《騶虞畫贊》及《贈元稹》、《招王質夫》、《酬楊九弘貞長安病中見寄》、《權攝昭應早秋書事寄元拾遺兼呈李司錄》、《新栽竹》、《秋霖中過尹縱之仙遊山居》、《祗役駱口驛，喜蕭侍御書至，兼覩新詩，吟諷通宵因寄八韻》、《盩厔縣北樓望山》、《縣西郊秋寄贈馬造》、《酬王十八李大見招遊山》、《遊仙遊山》、《見尹公亮新詩偶贈絕句》、《送武士曹歸蜀》等詩。

元稹制科入三等（甲等），授左拾遺。屢上書論時事，爲執政者所惡，九月，貶河南尉。同月十六日，母鄭氏卒於長安靖安里第。丁憂服喪。

正月，順宗卒，改元。三月，平楊惠琳亂。九月，平劉闢亂。十二月，張愔卒。是年，吐突承璀爲神策軍中尉。韋夏卿卒。李紳、韋處厚、李虞仲、皇甫湜、張復進士登第。

【箋證】

《酬楊九弘貞長安病中見寄》詩（卷五）：「伏枕君寂寂，折腰我營營。所嗟經時別，相去一宿程。攜手昨何時？昆明春水平。離郡來幾日，太白夏雲生。」可知爲元和元年夏初尉盩厔時作。按：楊弘貞，生平未詳。白氏《見楊弘貞詩賦因題絕句以自諭》詩（卷十五）云：「賦句詩章妙入神，未年三十卽無身。常嗟薄命形顦顇，若比弘貞是幸人。」則弘貞早逝，約卒於元和初。白氏又有《傷楊弘貞》詩（卷九），約作於元和元、二年間。

《縣西郊秋寄贈馬造》詩（卷十三）：「紫閣峯西清渭東，野煙深處夕陽中。風荷老葉蕭條綠，水蓼殘花寂寞紅。我厭宦遊君失意，可憐秋思兩心同。」按：馬造疑爲馬逢之弟。

《酬王十八李大見招遊山》詩（卷十三）：「自憐幽會心期阻，復愧嘉招書信頻。王事牽身去不得，滿山松雪屬他人。」按：王十八爲王質夫。隱居於盩厔城南仙遊寺薔薇澗。白氏又有《和王十八薔薇澗花時有懷蕭侍御兼見贈》（卷十三）、《送王十八歸山寄題仙遊寺》（卷十四）、《酬王十八見寄》（卷十四）等詩，俱係酬王質夫之作。陳鴻《長恨歌傳》云：「元和元年冬十二月，太原白樂天自校書郎尉於盩厔，鴻與琅邪王質夫家於是邑，暇日相攜遊仙遊寺，話及此事，相與感歎。」

元和二年丁亥（八〇七），三十六歲。

春，與楊汝士等屢會於楊家靖恭里宅。夏，使駱口驛。秋，自盩厔尉調充進士考官，有《進士策問五道》。試畢帖集賢校理。十一月四日，自集賢院召赴銀臺候進旨。五日，召入翰林，奉勅試制詔等五首，爲翰林學士。（見《奉勅試制書詔批答詩等五首》自注）是年，白行簡進士登第。有《唐河南元府君夫人滎陽鄭氏墓誌銘》、《故滁州刺史贈刑部尚書滎陽鄭公墓誌銘》及《觀刈麥》、《京兆府新栽蓮》、《月夜登閣避暑》、《祗役駱口因與王質夫同遊秋山偶題三韻》、《見蕭侍御憶舊山草堂詩因以繼和》、《病假中南亭閑望》、《仙遊寺獨宿》、《前庭涼夜》、《官舍小亭閑望》、《早秋獨夜》、《聽彈古淥水》、《戲題新栽薔薇》、《縣南花下醉中留劉五》、《宿楊家》、《醉中留別楊六兄弟》、《醉中歸盩厔》、《遊雲居寺贈穆三十六地主》、《和王十八薔薇澗花時有懷蕭侍御兼見贈》、《再因公事到駱口驛》、《期李二十文略王十八質夫不至獨宿仙遊寺》、《感故張僕射諸妓》等詩。

元稹仍丁母憂。

正月，武元衡、李吉甫同平章事。十一月，平李錡亂，斬之。是年，崔咸、竇鞏進士登第。

【箋證】按：白行簡元和二年進士登第，係據《登科記考》卷十七，《舊唐書》卷一六六《白居易傳》謂白行簡貞元末登第，誤。

《戲題新栽薔薇》詩（卷十三）：「移根易地莫憔悴，野外庭前一種春。少府無妻春寂寞，花開將爾當夫人。」

按：居易應才識兼茂明於體用科登第在元和元年四月，見《舊唐書》卷一六六本傳及《通鑑》卷二三七。則尉盩厔當已過春時，此詩必作於元和二年春間，花房英樹繫於元和元年，誤。

《縣南花下醉中留劉五》詩（卷十三）：「百歲幾迴同酩酊？一年今日最芳菲。願將花贈天臺女，留取劉郎到夜歸。」按：「劉五」，名未詳。據白氏《醉後走筆酬劉五主簿長句之贈，兼簡張大賈二十四先輩昆季》詩（卷十二），此人係居易十五年前在符離相識之舊友。又有《送劉五司馬赴任硤州兼寄崔使君》詩（卷三二），疑同指一人。

《宿楊家》詩（卷十三）：「楊氏弟兄俱醉臥，披衣獨起下高齋。夜深不語中庭立，月照藤花影上階。」《醉中留別楊六兄弟》詩（卷十三）：「春初攜手春深散，無日花間不醉狂。別後何人堪共醉？猶殘十日好風光。」按：此兩詩均作於元和二年，居易是年三月間自盩厔往長安，宿楊汝士家，時已屬意汝士之妹。「楊家」爲楊汝士家，在長安靖恭坊。《兩京城坊考》卷三：「與其弟虞卿、漢公、魯士同居，號靖恭楊家，爲冠蓋盛游。」「楊六兄弟」指楊汝士兄弟，是年汝士、虞卿兄弟猶未進士及第。

《感故張僕射諸妓》詩（卷十三）：「黃金不惜買蛾眉，揀得如花三四枝。歌舞教成心力盡，一朝身去不相隨。」按：「張僕射」爲張愔。徐泗濠節度使張建封子。建封死，授爲留後，俄進武寧軍節度使。元和元年，以疾求代，召爲工部尚書。卒於是年十二月，贈尚書右僕射。見《新唐書》卷一五八本傳、《舊唐書·憲宗紀》。

據此，則此詩最早應作於元和二年，花房英樹繫於元年，非是。白氏《燕子樓詩序》（卷十五）云：「徐州故張尙書有愛妓曰盼盼，善歌舞，雅多風態。」此張尙書亦卽張愔。明蔣一葵《堯山堂外紀》、郎瑛《七修類稿》卷三六均謂此詩係諷盼盼以死事而作，則係出於附會。淸張宗泰《質疑删存》辨之云：「盼盼以舞妓爲故主守義不嫁，此姬妾中所不可多覯，豈必死而後可傳世。或謂：白樂天諷之以詩，遂不食而卒。故陳彥之有詩云：『僕射新阡狐兎遊，美人猶住水邊樓。樂天才思如春雨，斷送殘花一夜休。』今按：樂天所贈之詩，卽『黃金不惜買蛾眉，揀得如花三四枝。歌舞教成心力盡，一朝身去不相隨』一絕。而此載在《長慶集》中次《燕子樓詩》後，其題云『感故張僕射諸妓』，或樂天和《燕子樓詩》時，僕射諸妓有不得其所者，並感而賦之，故有名花三四之句。味其語意，乃是惜張公不於心力未盡時早爲散遣之，而致身去不能相隨，祇爲蓄妓者感慨，非以責諸妓也。況詩云『三四枝』，題云『諸妓』，非指一人言也。則此詩與盼盼無涉，明矣。況白公乃最深於情之人，其於樊素則一再遣之必去而後已。若於已之愛妓，則恐其死殉；而於人之愛姬，乃責其偸生。殊非情理之平。其云『一朝身去不相隨』，卽推務遣樊素之意，以嘆張公之不能耳。且世有生不如死者，或其各爲守義而不免滋物議，則愛之以德，莫如諷之以死，則死尙爲全人也。而白公所和《燕子樓詩》，其末章云：『見說白楊堪作柱，爭教紅粉不成灰？』則所以信其守者至矣。於信之至之人而猶責其死，毋乃不止於苛哉！」

元和三年戊子（八〇八），三十七歲。

在長安。居新昌里。四月，爲制策考官。二十八日，除左拾遺，依前充翰林學士。是年，策試賢良方正能直言極諫科，牛僧孺、皇甫湜、李宗閔等登第，以三人對策切直，宰相李吉甫泣訴於上，均出爲幕職。考官楊於陵、韋貫之、王涯等皆坐貶。居易上《論制科人狀》，極言不當貶黜。其後李吉甫子德裕與牛僧孺、李宗閔等「黨爭」數十年，卽種因於此。後居易屢爲德裕所排擠，亦與此有關。九月，淮南節度使王鍔入朝，多進奉，賂宦官，謀爲宰相。居易上《論王鍔欲除官事宜狀》，力諫不可。同年，與楊虞卿從妹楊氏結婚。按：《祭楊夫人文》云：「維元和三年歲次戊子八月辛亥朔十九日己巳，將仕郎、守左拾遺、翰林學士太原白居易謹以清酌庶羞之奠，敬祭於陳氏楊夫人之靈：……居易早聆懿範，近接嘉姻。維私之眷每深，有慟之情何已。……」「三年」，各本均誤作「二年」，「戊子」乃元和三年，非二年。《英華》作「三年」，是。據此則居易聯姻當在是年。《陳譜》誤繫於元和二年。有《初授拾遺獻書》、《論制科人狀》、《除裴均中書侍郎同平章事制》、《論和糴狀》、《論于頔裴均狀》等文及《初授拾遺》、《贈內》、《松齋自題》、《冬夜與錢員外同直禁中》、《和錢員外禁中夙興見示》、《夏日獨值寄蕭侍御》、《翰林院中感秋懷王質夫》、《早秋曲江感懷》等詩。

元稹丁母憂期間，白居易資助之。是年十二月，元稹母服除。

九月，裴垍爲中書侍郎，同平章事。同年，王起、賈餗、李正封、徐晦應賢良方正能直言極諫科登第。

【箋證】

《初授拾遺獻書》(卷五八)：「五月八日，翰林學士、將仕郎、守左拾遺臣白居易頓首頓首，謹昧死奉書於旒扆之下：臣伏奉前月二十八日恩制，除授臣左拾遺，前充翰林學士者。……」按：此文題下原注云：「元和三年進。」《文苑英華》誤作「憲宗元和二年」。《重修承旨學士壁記》：「(元和)三年四月二十八日，遷左拾遺。」與此文時間符合。《舊唐書》本傳所云「三年五月拜左拾遺」，《唐詩紀事》卷三九所云「元和二年爲拾遺」，俱誤。又有《初授拾遺》詩(卷一)亦同時之作。

《論制科人狀》(卷五八)：「右臣伏見內外官近日除改，人心甚驚。遠近之情，不無憂懼。喧喧道路，異口同音，皆云制舉人牛僧孺等三人以直言時事，恩奬登科，被落第人怨謗加誣，惑亂中外，謂爲誑妄，斥而逐之。故並出爲關外官。楊於陵以考策敢收直言者，故出爲廣府節度。韋貫之同所坐，故出爲果州刺史。裴垍以覆策又不退直言者，故免內職，除戶部侍郎。王涯同所坐，出爲虢州司馬。盧坦以數舉事爲人所惡，因其彈奏小誤，得以爲名，故黜爲左庶子。王播同之，亦停知雜。臣伏以裴垍、王涯、盧坦、韋貫之等，皆公忠正直，內外咸知。……」按：《陳譜》元和三年戊子：「有《論制科人狀》。時牛僧孺、皇甫湜、李宗閔對策切直，宰相李吉甫泣訴於上，考官韋貫之等皆坐貶，故公極論之，公時亦爲考覆官，唐朋黨之禍蓋始此，而公與李德裕不咸亦始此。」楊於陵，元和三年四月，以考策收直言極諫牛僧孺等，爲執政所怒，自戶部侍郎出爲嶺南節度使。見《舊唐書》卷一六四本傳，卷十四《憲宗紀》。韋貫之，《舊唐書》一五八《韋貫之傳》：「(元和)三年，復策賢良之士，又命貫之與戶部侍郎楊於陵、左司郎中鄭敬、都官郎中李益同爲考策官。貫之奏居上第者三人，言實指切時病，不顧忌諱，雖同考策者皆難其詞直，貫之獨署其奏，遂出爲果州刺史，道中黜巴州刺史。」裴垍，《舊唐書》卷一四八《裴垍傳》：「(元和)三年，詔舉賢良，時有皇甫湜對策，其言激切，牛僧孺、李宗閔亦苦詆時政。考官楊於陵、韋貫之升三子之策皆上第，垍居中覆視，無所同異。及爲貴倖泣訴，請罪於上，憲宗不得已，出於陵、貫之官，罷垍翰林學士，除戶部侍郎。」垍於元和三年四月二十五日出院，見《重修承旨學士壁記》。王涯，《舊唐書》卷十四《憲宗紀》：「(元和三年四月)乙丑，貶翰林學士王涯虢州司馬，時涯甥皇甫湜與牛僧孺、李宗閔並登賢良方正科第三等，策語太切，權倖惡之，故涯坐親累貶之。」《舊唐書》卷一六九本傳謂「罷學士，守都官員外郎，再貶虢州司馬」，《舊紀》省去「都官員外郎」一職，應以《舊傳》爲正。盧坦，《新唐書》卷一五九《盧坦傳》：「裴均爲僕射，將居諫議、常侍上，坦引故事及姚南仲舊比，……均怒，遂罷爲左庶子。數月，拜宣歙池觀察使。」據《通鑑》，盧坦除宣歙在元和三年七月，與白氏此文時間相符，惟「左庶子」，《舊傳》、《通鑑》俱作「右庶子」。

《冬夜與錢員外同直禁中》詩（卷五）：「夜深草詔罷，霜月凄凛凛。欲臥煖殘杯，燈前相對飲。連鋪青縑被，對置通中枕。髣髴百餘宵，與君同此寢。」按：「錢員外」爲錢徽。《舊唐書》卷一六八、《新唐書》卷一七七有傳。丁居晦《重修承旨學士壁記》：「錢徽，元和三年八月二十六日，自祠部員外郎充。」《舊唐書》本傳云：「元和初入朝，三遷祠部員外郎，召充翰林學士。」居易元和二年十一月六日入院，故此時二人同在翰林，此詩當作於元和三年十月以後。白氏又有《和錢員外禁中夙興見示》（卷五）、《和錢員外答盧員外早春獨遊曲江見寄長句》（卷十二）、《同錢員外題絕糧僧巨川》（卷十四）、《絕句代書贈錢員外》（卷十四）、《杏園花落時召錢員外》（卷十四）、《同錢員外禁中夜直》（卷十四）等詩，俱係酬錢徽之作。

元和四年己丑（八〇九），三十八歲。

在長安。仍爲左拾遺、翰林學士。女金鑾子生。居易屢陳時政，請降繫囚，蠲租稅，放宮人，絕進奉，禁掠賣良人等，皆從之。又論裴均違制進奉銀器，于頔不應暗進愛妾，宦官吐突承璀不當爲制軍統領。弟行簡爲秘書省校書郎。有《大唐故賢妃京兆韋氏墓誌銘》、《論于頔所進歌舞人事宜狀》、《論裴均進奉銀器狀》、《奏請加德音中節目》、《論太原事狀》、《論魏徵舊宅狀》、《論承璀職名狀》及《賀雨》、《題海圖屏風》、《寄元九》、《同李十一醉憶元九》、《同錢員外題絶糧僧巨川》、《絶句代書贈錢員外》、《答張籍因以代書》《酬和元九東川路詩十二首》《答謝家最小偏憐女》、《答騎馬入空臺》等詩。又《新樂府》五十首，始作於是年。

二月，元稹除監察御史。三月，使蜀，劾奏故劍南東川節度使嚴礪等違法加稅，并平八十八家寃事，爲執政者所忌。使還，命分司東都。秋七月，元稹妻韋叢卒於長安靖安里第。韓愈爲撰墓誌銘。

二月，鄭絪罷，李藩同中書門下平章事。九月，以王承宗爲成德節度使、恆冀深趙州觀察使，割其所屬德棣二州，承宗拒不奉命。十月，以左神策護軍中尉吐突承璀爲諸道行營兵馬使、招討處置軍使，率軍進討。諫官力言不應以宦官爲統帥，乃改爲宣慰使。十二月，房式爲河南尹。是年，楊汝士、張徹進士登第。

【箋證】

一《論太原事狀》（卷五八）之一《嚴綬、輔光》：「右嚴綬、輔光，太原事迹，其間不可，遠近具知。臣前日對時已子細面奏。今奉宣輔光已替，嚴綬續追。此皆聖鑒至明，左右不能惑聽。合於公議，斷自宸衷。內外人心，甚爲愜當。……伏望聖恩速令貞亮赴本道，便許嚴綬入朝。」按：「嚴綬」，元和四年自河東節度入拜尚書右僕射。綬以不存名節，爲當時人士所薄。嘗預百寮廊下食，上令中使馬江朝賜櫻桃，綬居兩班之首，在方鎭識江朝，敍語次，不覺屈膝而拜。是日爲御史所劾，綬待罪於朝，命釋之。元和六年二月出爲江陵節度使。見《舊唐書》卷一四六本傳、卷十四《憲宗紀》。《通鑑》卷二三七：「（元和四年）三月乙酉，以綬爲左僕射，以鳳翔節度使李鄘爲河東節度使。」則嚴綬自河東入朝在元和四年三月。李鄘授河東爲時甚暫，元和四年六月轉任刑部尚書、充諸道鹽鐵轉運使，以范希朝繼任河東。「輔光」爲李輔光。《通鑑》卷二三七：「河東節度使嚴綬，在鎭九年，軍政補署一出監軍李輔光，綬拱手而已。裴垍具奏其狀，請以李鄘代之。」

《論太原事狀》之二《貞亮》：「右貞亮元是舊人，曾任重職。陛下以太原事奬，使替輔光。然臣伏聞貞亮先充汴州監軍，日自置親兵數千。又任三川都監日，專殺李康兩節度使，事迹深爲不可。爲性自用，所在專權。若貞亮處事依前，卽太原却受其獘。雖將追改，難以成功。其貞亮發赴本道之時，恐須以承前事切加約束。令其戒懼，此事至要，伏惟聖心不忘。」按：貞亮爲劉貞亮。本俱氏，名文珍，從養父宦者姓改名。高崇文討劉闢，爲監軍。初東川節度使李康爲闢所破，囚之。崇文至，闢歸康求雪，貞亮劾以不拒賊，斬之，故以專悍見訾。見《舊唐書》卷一八四、《新唐書》卷二〇七《宦官傳》。又白氏《論承璀職名狀》（卷五九）：「近日高崇文討劉闢之時，以劉貞亮爲都監。」「兩節度」未詳。據此，知俱文珍爲策劃永貞事變宦官之首領，則居易必同情於二王及八司馬者。

《同李十一醉憶元九》詩（卷十四）：「花時同醉破春愁，醉折花枝作酒籌。忽憶故人天際去，計程今日到梁州。」按：孟棨《本事詩》：「元相公稹爲御史，鞫獄梓潼，時白尙書在京，與名輩遊慈恩寺，小酌花下，爲詩寄元曰：『花時同醉破春愁，醉折花枝作酒籌。忽憶故人天際去，計程今日到梁州。』時元果及褒城，亦寄《夢遊詩》曰：『夢君兄弟曲江頭，也向慈恩院院遊。驛吏喚人排馬去，忽驚身在古梁州。』千里神交，若合符契。」白行簡《三夢記》：「元和四年，河南元微之爲監察御史，奉使劍外，去踰旬。予與仲兄樂天、隴西李杓直同游曲江，詣慈恩佛舍，徧歷僧院，淹留移時，日已晚，同詣杓直修行里第，命酒對酬，甚歡暢。兄停杯久之曰：『微之當達梁矣。』命題一篇於屋壁，其詞曰：『春來無計破春愁，醉折花枝作酒籌。忽憶故人天際去，計程今日到梁州。』實二十一日也。十許日，會梁州使適至，獲微之書一函，後寄《紀夢詩》一篇，其詞曰：『夢君兄弟曲江頭，也向慈恩院院游。驛吏喚人排馬去，忽驚身在古梁州。』日月與遊寺題詩日月率同，蓋所謂此有所爲而彼夢之者矣。」其說殊荒誕不經，蓋文人故弄狡獪而已。「李十一」爲李建。字杓直，舉進士，授祕書省校書郎。德宗聞其名，擢爲左拾遺、翰林學士。長慶元年卒，贈工部尙書。見《舊唐書》卷一五五、《新唐書》卷一六二本傳及白氏《有唐善人墓碑銘》（卷四一）、元稹《唐故中大夫尙書刑部侍郎上柱國隴西縣開國男贈工部尙書李公墓誌銘》。白氏又有《別李十一後重寄》（卷十）、《還李十一馬》（卷十四）、《聞李十一出牧澧州崔二十二出牧果州因寄絕句》（卷十六）、《曲江憶李十一》（卷十九）等詩，俱係酬李建之作。又按：此詩中之「梁州」，宋紹興本、那波道圓本、馬元調本、汪立名本、《全唐詩》俱訛作「涼州」，據《才調集》、《本事詩》改正。

元和五年庚寅（八一〇），三十九歲。

在長安。五月五日，改官京兆府戶曹參軍，仍充翰林學士。上疏請罷討王承宗兵，論元稹不當貶，皆不納。有《唐故會王墓誌銘》、《授吳少陽淮西節度留後制》、《除程執恭檢校右僕射制》、《除柳公綽御史中丞制》、《祭吳少誠文》、《論元稹第三狀》、《請罷兵第二狀第三狀》及《哭孔戡》、《和答詩十首》、《贈吳丹》、《初除戶曹喜而言志》、《秋居書懷》、《禁中曉臥因懷王起居》、《自題寫眞》、《春暮寄元九》、《金鑾子晬日》、《酬張太祝晚秋臥病見寄》、《立秋日曲江憶元九》、《早朝賀雪寄陳山人》、《初與元九別後忽夢見之，及寤而書適至兼寄桐花詩，悵然感懷，因以此寄》、《和元九悼往》、《代書詩一百韻寄微之》、《曲江早春》、《禁中夜作書與元九》、《八月十五日夜禁中獨直對月憶元九》、《和夢遊春詩一百韻》等詩。又《秦中吟》十首約作於本年前後。

元稹在東都不畏權勢，河南尹房式有不法事，稹奏攝之，令其停務。執政者惡稹專橫，罰俸，召還長安。途經華陰敷水驛，與中使劉士元爭驛房，辱之。宰相以稹失憲臣體，貶爲江陵府士曹參軍。

七月，吐突承璀討王承宗軍，師久無功，復承宗官，還其二州。罷諸道征討軍，降承璀爲軍器使。九月，高郢右僕射致仕。權德輿同中書門下平章事。李絳爲中書舍人。是年，孔戡卒，年五十七。楊虞卿進士登第。

【箋證】

《論元稹第三狀》（卷五九）：「右伏緣元稹左降事宜，……然外議諠諠，皆以爲元稹與中使劉士元爭廳，自此得罪。……」按：《舊唐書》卷一六六《白居易傳》及《元稹傳》俱作「劉士元」，《新唐書》卷一七四《元稹傳》作「仇士良」，後人研究或以爲元稹與中使仇士良、劉士元同爭廳，然據白氏此文，當以作「劉士元」爲正。

《和答詩十首》（卷二）序云：「五年春，微之從東臺來。不數日，又左轉爲江陵士曹掾。詔下日，會予下內直歸，而微之已即路，邂逅相遇於街衢中。自永壽寺南，抵新昌里北，得馬上話別，語不過相勉保方寸、外形骸而已，因不暇及他。是夕，足下次於山北寺，僕職役不得去，命季弟送行，且奉新詩一軸，致於執事。凡二十章，率有興比，淫文艷韻，無一字焉。意者欲足下在途諷讀，且以遣日時，銷憂懣，又有以張直氣而扶壯心也。及足下到江陵，寄在路所爲詩十七章，凡五六千言。言有爲，章有旨，迨於宮律體裁，皆得作者風，發緘開卷，且喜且怪。僕思牛僧孺戒，不能示他人，唯與杓直、拒非及樊宗師輩三四人，時一吟讀，心甚貴重。……」按：「永壽寺」在長安朱雀門街東第二街永樂坊。景龍三年，中宗爲永壽公主立。見《長安志》卷七。「新昌里」在長安朱雀門街東第五街。居易在長安曾兩度居新昌里：第一次在元和三年官翰林學士時，其《醉後走筆酬劉五主簿長句之贈兼簡張大賈二十四先輩昆季》詩（卷十二）云：「晚松寒竹新昌第，職居密近門多閉。」

元稹《酬翰林白學士代書一百韻》詩注云：「樂天每與予游從，無不書名屋壁。又嘗於新昌宅說《一枝花》話，自寅至巳，猶未畢詞也。」第二次在長慶元年春官主客郎中、知制誥時。有《過新昌所居》（卷十九）詩云：「街東閑處位」，又《新昌新居書事四十韻因寄元郎中張博士》（卷九）云：「丹鳳樓當後，青龍寺在前。」《自題新昌居止因招楊郎中小飲》詩（卷二六）云：「地偏坊遠巷仍斜，最近東頭是白家。」可知新昌里處境較為僻遠。《兩京城坊考》卷三：「按：微之宅在靖安里，永壽寺在永樂里，永壽之南即靖安北街。樂天下直，每自朱雀街經靖安之北，集中有《靖安北街贈李二十》詩是也。微之蓋東出延興門或春明門，故經新昌之北。」「山北寺」在長安城東藍田縣附近。《文苑英華》卷二三八載喻鳧《遊山北寺》（《英華》注：集作北山）詩云：「藍峯露秋院，灞水入春廚。」又杜甫《崔氏東山草堂》詩，錢注：「吳若本注云：王維時被張通儒禁在京城東山北寺，故云。」「牛僧孺」，字思黯。第進士。元和初，以賢良方正對策，與李宗閔、皇甫湜俱第一。條指失政，其言骾訐，不避宰相。宰相怒，故楊於陵、鄭敬、韋貫之、李益等坐考非其宜，皆調去。僧孺調伊闕尉。見《新唐書》卷一七四本傳。白氏有《論制科人狀》（卷五八）為牛僧孺、皇甫湜等申辨。考宰相謂李吉甫。史以此為李德裕與牛僧孺、李宗閔等搆怨之因，實不盡然。今宗閔、僧孺之對策已不可得見，湜之對策則尚存其集中，全篇實無詆斥宰相之一語，《裴垍傳》謂由於貴倖之泣訴，則事或近是，蓋湜策中實隱指憲宗任中官操兵柄之弊也。「杓直」為李建。《舊唐書》卷一五五、《新唐書》卷一六二有傳。白氏《有唐善人墓碑銘》（卷四一）：「唐有善人曰李公。公名建，字杓直，隴西人。」又有《贈杓直》（卷六）、《秋日懷杓直》（卷七）等詩，均係酬建之作。「拒非」爲李復禮。由元、白詩文可知乃二人之密友，生平未詳。考《論語·顏淵篇》：「克己復禮爲仁。」又云：「非禮勿視，非禮勿聽，非禮勿言，非禮勿動。」則視文義拒非必爲李復禮之字。元稹《酬哥舒大少府寄同年科第》詩自注云：「同年科第：弘辭呂二炅、王十一起，拔萃白二十二居易，平判李十一復禮、呂四潁（穎）、哥舒大煩、崔十八玄亮，逮不肖八人，皆奉榮養。」知爲元、白之同年。元稹《清明日》詩注云：「行至漢上，憶與樂天、知退、杓直、拒非、順之輩同游。」《酬翰林白學士代書一百韻》詩注云：「予與樂天、杓直、拒非輩，多於月燈閣閑游。」則元和十年元稹赴通州前猶與李復禮酬和。又白氏元和十年作《劉家花》詩（卷十五）云：「劉家牆上花還發，李十門前草又春。」此「李十」，那波道圓本作「李士」，疑爲「李十一」三字，即李十一復禮，雖白詩中此後從未涉及此人，然亦不能作爲拒非早逝之證。但元稹又有《歲日贈拒非》詩云：「君思曲水嗟身老，我望通州感道窮。同入新年兩行淚，白頭翁坐說城中。」或爲元和十一、二年歲日元稹與李復禮在興元唱和之作。又據白氏《同崔十八寄元浙東王陝州》詩（卷二七），可知復禮逝於大和三年之前，俟考。

《金鑾子晬日》詩（卷九）：「行年欲四十，有女曰金鑾。生來始周歲，學坐未能言。慚非達者懷，未免俗情憐。從此累身外，徒云慰目前。若無夭折患，則有婚嫁牽。使我歸山計，應遲十五年。」按：「金鑾子」爲白居易之女。元和四年生，元和六年死，年三歲。《陳譜》元和五年：「是歲金鑾女死。」誤。《雲仙雜記》卷三引《豐寧傳》云：「樂天女金鑾，十歲忽書《北山移文》示家人，樂天方買終南紫石，欲開文士傳，遂輟以勒之。」然白氏《病中哭金鑾子》詩（卷十四）云：「病來纔十日，養得已三年。」則知《雲仙雜記》所引甚誤，筆記小說之不可據也如此。清章大來《佩陽雜錄》及俞樾《茶香室叢鈔》卷四均加以辯正。《佩陽雜錄》云：「白樂天女金鑾，於元和三年生，五年遂死。有詩云：『衰病四十身，嬌癡三歲女。』又云：『病來纔十日，養得已三年。』其念金鑾詩云『況念夭化時，啞啞初學語。與爾爲父子，八十有六旬。』其爲三歲無疑也。而《雲仙雜記》言金鑾十歲，……不可不辨。」章氏所考良是，然謂金鑾子生於元和三年，死於元和五年，亦誤。又清張澍《養素堂文集》卷三三《名字錄》云：「白樂天之女名金鑾，十歲忽書《北山移文》示家人。見《瀟湘錄》。」蓋亦沿襲《雲仙雜記》之誤。厲鶚《玉臺書史》引《書史會要》誤與張澍同。又袁宗道《寄三弟書》云：「昔白樂天無子，止有一女金蟾，慧甚，後復不育，竟以無子。」其所云之「金蟾」當係「金鑾」之誤，且居易所育亦不止一女，袁氏所考亦疏。

《禁中曉臥因懷王起居》詩（卷五）：「遲遲禁漏盡，悄悄暝鴉喧。夜雨槐花落，微涼臥北軒。曙燈殘未滅，風簾閑自翻。每得一靜境，思與故人言。」按：「王起居」爲王起。起乃王播之弟，貞元十四年擢進士第。《舊唐書》卷一六四、《新唐書》卷一六七有傳。《舊唐書》本傳云：「貞元十四年擢進士第，釋褐集賢校理。登制策直言極諫科，授藍田尉。宰相李吉甫鎭淮南，以監察充掌書記。入朝爲殿中，遷起居郎，司勳員外郎，直史館。元和十四年，以比部郎中知制誥。穆宗卽位，拜中書舍人。」白氏《常樂里閑居偶題十六韻，兼寄劉十五公輿王十一起呂二炅呂四穎崔玄亮十八元九稹劉三十二敦質張十五仲元時爲校書郎》詩（卷五）作於貞元十九年，時居易以拔萃科登第授校書郎，王起以博學宏詞科登第授集賢校理。元稹《酬哥舒少府寄同年科第》詩云：「前年科第偏年少，未解知羞最愛狂。九陌爭馳好鞍馬，八人同看綵衣裳。」自注云：「同年科第：宏詞，呂二炅、王十一起；拔萃，白二十二居易；平判，李十一復禮、呂四穎（據岑仲勉《登科記考訂補》，作頻誤）、哥舒大熲、崔十八玄亮，逮不肖八人。皆奉榮養。」則居易與王起爲選試同年。白氏《惜玉蕊花有懷集賢王校書起》詩（卷十二）作於元和二年，可知起是年仍爲集賢校理。起元和三年登制策直言極諫科，授藍田尉。《登科記考》卷十七引《廣卓異記》云：「元和三年，賢良方正能直言極諫科十一人登科，其後牛僧孺、李宗閔、王起、賈餗四人相次拜相。」與白詩相證，時間相合。考李吉甫爲淮南節度使在元和三年九月，則王起赴淮南幕當亦在此時。白氏《禁中曉臥因懷王起居》詩作於元和五年，王起自淮南入朝爲殿中侍御史遷起居郎，當在元和四、五年間。

《酬張太祝晚秋臥病見寄》詩（卷九）：「高才淹禮寺，短羽翔禁林。西街居處遠，北闕官曹深。君病不來訪，我忙難往尋。差池終日別，寥落經年心。露濕綠蕪地，月寒紅樹陰。況茲獨秋夕，聞彼相思吟。上歎言笑阻，下嗟時歲侵。容衰曉窗鏡，思苦秋絃琴。一章錦繡段，八韻瓊瑤音。何以報珍重？慚無雙南金。」按：「張太祝」爲張籍。籍字文昌，和州烏江人。（按：《舊傳》不言何郡人，張洎《張司業集序》及《新傳》謂係和州烏江人，《唐才子傳》從之。《郡齋讀書志》、《全唐詩話》、《唐詩紀事》皆云和州人。余嘉錫《四庫提要辨證》據《直齋書錄解題》、韓愈《張中丞傳後敘》等考辨籍爲吳郡人，不可信，吳郡蓋其郡望也。）貞元十五年高郢下登進士第（《登科記考》卷十四據《侯鯖錄》引《唐登科記》），官太常寺太祝，秘書郎，韓愈薦爲國子博士。歷水部員外郎，主客郎中（按：《舊傳》稱其自水部員外郎轉水部郎中卒，誤）。仕終國子司業。見《舊唐書》卷一六〇、《新唐書》卷一七六本傳。籍官太常寺太祝約在貞元末或元和初年，魏仲舉《五百家注音辨昌黎先生文集》《病中贈張十八》詩注引韓醇云：「貞元十四年，公在汴州，籍爲公所薦送。明年登第。又明年居喪。服除補太常寺太祝。」所考時間大致相近。籍官太常寺太祝約始於元和元年前後，居易與張籍交往當亦始於此時，其元和四年作《答張籍因以代書》詩（卷十四），係集中酬張籍詩最早之作。《酬張太祝晚秋臥病見寄》詩作於元和五年秋（按：此詩《白集》編於《曲江感秋》詩後，當爲元和五年所作，卞孝萱《張籍簡譜》謂作於元和三年或四年，非），知此時籍仍爲太常寺太祝。又白氏《張十八》詩（卷十五）云：「獨有咏詩張太祝，十年不改舊官銜。」《與元九書》（卷四五）云：「張籍五十，未離一太祝。」均爲籍元和十年猶爲太常寺太祝之證。

《早朝賀雪寄陳山人》詩（卷九）：「長安盈尺雪，早朝賀君喜。將赴銀臺門，始出新昌里。上堤馬蹄滑，中路蠟燭死。十里向北行，寒風吹破耳。待漏午門外，候對三殿裏。鬚鬢凍生冰，衣裳冷如水。忽思仙游谷，暗謝陳居士。暖覆褐裘眠，日高應未起。」按：「陳山人」爲陳鴻。陳鴻《長恨歌傳》：「元和元年冬十二月，太原白樂天自校書郎尉於盩厔，鴻與琅邪王質夫家於是邑，暇日相攜遊仙遊寺，話及此事，相與感歎。」可與此詩相參證。

元和六年辛卯（八一一），四十歲。

在長安。京兆戶曹參軍、翰林學士。母陳氏卒於長安宣平里第，年五十七。丁憂，退居下邽義津鄉金氏村。（按：《陳譜》謂居易元和五年退居下邽，誤。）十月，遷葬祖鍠、父季庚於下邽。是年，女金鑾子夭。有《太原白氏家狀二道》、《答孟簡蕭俛等賀御製新譯大乘本生心地觀經序狀》、《答元膺授岳鄂觀察使謝上表》、《答李鄘授淮南節度使謝上表》及《春雪》、《慈烏夜啼》、《渭上偶釣》、《閑居》、《首夏病閑》、《重到渭上舊居》、《白髮》、《寄元九》、《秋夕》、《夜雨》、《秋霽》、《歎老》、《送兄弟回雪夜》、《自覺二首》、《寄上大兄》、《病中哭金鑾子》等詩。又《傷唐衢二首》詩約作於本年以後。

元稹納妾安氏。劉禹錫仍在朗州司馬任。

正月，李吉甫同中書門下平章事。二月，李藩罷。三月，嚴綬爲江陵尹。六月，呂溫卒。七月，高郢卒。十二月，李絳同中書門下平章事。裴垍卒。是年，韓愈自河南令遷職方員外郎。

【箋證】

《太原白氏家狀二道》之二《襄州別駕府君事狀》(卷四六)：「公諱季庚，字某，鞏縣府君之長子。天寶末明經出身，解褐授蕭山縣尉，歷左武衞兵曹參軍，宋州司戶參軍。建中元年，授彭城縣令。時徐州爲東平所管。屬本道節度使反，反之狀，先以勝兵屯埇口，絕汴河運路，然後謀東闚江淮。朝廷憂虞，計未有出。公與本州刺史李洧潛謀以徐州及埇口城歸國，反拒東平。東平遣驍將信都崇敬、石隱金等率勁卒二萬攻徐州。徐州無兵，公收合吏民得千餘人，與李洧堅守城池，親當矢石，晝夜攻拒，凡四十二日而諸道救兵方至。既而賊徒潰，運路通，首挫逆謀，不敢東顧。繇是徐州一郡七邑及埇口等三城到於今訖不隸東平者，實李洧與公之力也。德宗嘉之，命公自朝散郎超授朝散大夫，自彭城令擢拜本州別駕，賜緋魚袋，仍充徐泗觀察判官……」

按：「埇口」即埇橋。在徐州之南運河邊(在今安徽宿縣北二十里)，爲唐代南北交通要衝。其後因地位日形重要，遂升爲宿州。如《元和郡縣志》卷九云：「宿州，本徐州苻離縣也(按：各書均誤作符，《元和志》作苻，是)。元和四年，以其地南臨汴河，有埇橋爲舳艫之會，運漕所歷，防虞是資。又以蘄縣北屬徐州，疆界闊遠，有詔割苻離蘄縣及泗州之虹縣，置宿州，取古宿國爲名也。」李洧爲李正已從父兄，(按：據白氏《薦李晏狀》，洧爲正已從弟，《舊傳》、《新傳》俱誤。)署徐州刺史。建中二年正已卒，子納復叛，洧以徐州歸順。見《舊唐書》卷一二四《李正已傳》、《新唐書》卷一四八《李洧傳》。當時李洧、白季庚以埇橋及徐州歸順唐室，在中央、藩鎮勢均力敵之局面下，實有舉足輕重之勢。後唐室終以獲勝，亦由於賴以支持之經濟生命線完整無缺所致。後白氏有《薦李晏狀》（卷六八）記此事之經過頗詳，尤可補唐史之不足，其文云：「建中初，李正已與納違反，汴河阻絕，轉輸不通。晏先父洧郎正已堂弟，爲徐州刺史。當叛亂之時，洧以一郡七城歸國効順，棄一家百口，任賊誅夷。開運路之咽喉，斷兇渠之右臂，遂使逆謀大挫，妖寇竟消；從此徐州埇橋至今永爲內地，如洧之子，實可念之。」可與此文相參證。

《重到渭上舊居》詩（卷九）：「舊居清渭曲，開門當蔡渡。十年方一還，幾欲迷歸路。追思昔日行，感傷故游處。插柳作高林，種桃成老樹。因驚成人者，盡是舊童孺。試問舊老人，半爲繞村墓。浮生同過客，前後遞來去。白日如弄珠，出沒光不住。人物日改變，舉目悲所遇。迴念念我身，安得不衰暮。朱顏銷不歇，白髮生無數。唯有山門外，三峯色如故。」按：渭上舊居爲居易故鄉下邽義津鄉金氏村（俗名紫蘭村）舊居，在渭河北岸邊，門當蔡渡。《清統志·西安府二》：「白居易宅，在渭南縣東北。居易有《重到渭上舊居》詩。《縣志》：宅在故下邽縣東紫蘭村。有樂天南園在宅南，至金時爲石氏園。」蔡渡與紫蘭村隔渭河相對，渡以漢孝子蔡順得名。王士禎《居易錄》卷十三：「予過江西建昌縣南渡修水上，有亭貯白樂天詩碣一絕句云：『修江江水縣門前，立馬教人喚渡船。好似當年歸蔡渡，草風莎雨渭河邊。』愛其風調，然未詳蔡渡所在。偶閱《渭南縣圖經》云：『渭水至臨潼縣交口渡，東入渭南境，又東折至縣城，北曰上漲渡。又東南流曰下漲渡。又東北折而流曰蔡渡。以漢孝子蔡順得名。其地有蔡順碑。與樂天故居紫蘭村正隔渭河一水耳。』」

元和七年壬辰（八一二），四十一歲。

居下邽金氏村。有《適意二首》、《自吟拙什因有所懷》、《觀稼》、《聞哭者》、《秋遊原上》、《九日登西原宴望》、《寄同病者》、《遊藍田山卜居》、《村雪夜坐》、《溪中早春》、《同友人尋澗花》等詩。元稹自編詩集二十卷成。

六月，杜佑致仕。十一月，杜佑卒。同年，李珏、李顧言進士及第。李商隱生。（據張采田《玉谿生年譜會箋》）

元和八年癸巳（八一三），四十二歲。

服除，仍居下邽金氏村。二月二十五日，遷前權窆外祖母陳夫人、季弟幼美之靈柩，改葬於下邽義津鄉北原。行簡子龜兒生。從祖兄白皡自華州來訪。有《唐太原白氏之殤墓誌銘》、《祭小弟文》、《唐故坊州鄜城縣尉陳府君夫人白氏墓誌銘》、《記異》及《村居苦寒》、《薛中丞》、《效陶潛體詩十六首》、《東園玩菊》、《登村東古塚》、《念金鑾子二首》等詩。

正月，權德輿罷。二月，于頔貶，其子駙馬都尉于季友削所任官。交通權貴僧鑒虛杖殺。是年，舒元輿、楊漢公進士登第。薛存誠卒。

元和九年甲午（八一四），四十三歲。

仍居下邽金氏村。春，病眼。秋，李顧言（按：各本《白集》俱作固言，誤。）來訪，留宿相語。八月，遊藍田悟眞寺。冬，召授太子左贊善大夫入朝（按：《陳譜》作太子右贊善大夫，此據《舊唐書》、《新唐書》本傳及《汪譜》），居昭國里。弟行簡赴東川節度使盧坦幕，抵梓州當在是年五、六月間。有《夏旱》、《詠慵》、《村中留李三宿》、《友人來訪》、《遊悟眞寺詩》、《酬張十八訪宿見贈》、《夢裴相公》、《別行簡》、《觀兒戲》、《歎常生》、《寄元九》、《歎元九》、《眼暗》、《得袁相書》、《病中作》、《感化寺見元九劉三十二題名處》、《遊悟眞寺迴山下別張殷衡》、《村居寄張殷衡》、《病中得樊大書》、《得錢舍人書問眼疾》、《還李十一馬》、《九日寄行簡》、《渭村退居寄禮部崔侍郎翰林錢舍人詩一百韻》、《渭村酬李二十見寄》、《初授贊善大夫早朝寄李二十助敎》、《重到華陽觀舊居》、《寄楊六》等詩。

元稹自江陵移唐州從事。妾安氏卒於江陵。

二月，李絳罷爲禮部尙書。閏八月，彰義軍節度使吳少陽卒，子元濟自稱知軍事。十月，李吉甫卒。嚴綬爲申光蔡等州招撫使，崔潭峻監軍。十二月，韋貫之同中書門下平章事。是年，楊汝士爲萬年縣尉。殷堯藩進士及第。孟郊卒。

【箋證】

《村中留李三宿》詩(卷六)：「平生早遊宦，不道無親故。如我與君心，相知應有數。春明門前別，金氏陂中遇。村酒兩三杯，相留寒日暮。勿嫌村酒薄，聊酌論心素。請君少踟躕，繫馬門前樹。明年身若健，便擬江湖去。他日縱相思，知君無覓處。後會既茫茫，今宵君且住。」按：「李三」爲李顧言。字仲遠，曾官監察御史，居常樂里，與元稹、白居易過從甚密。元和十年春卒。此詩題下紹興本原注誤作「固言」。馬本、汪本俱誤作「村中留李三固言宿」。考李顧言與《舊書》卷一七三所載曾相文宗之李固言，僅音聲偶同，顯係兩人。《全唐詩》題亦誤作「村中留李三固言宿」。岑仲勉《讀全唐詩札記》云：「七函二册白居易《村中留李三固言宿》，按《元氏集》七《遣病》『李三三十九』原注：『監察御史顧言。』前六函八册同。十二函八册亦云：監察御史李顧言，元和元年及第。此作固異。《白氏集》祇題《村中留李三宿》。」此蓋岑氏未校紹興本《白集》。花房英樹《白氏文集の批判的研究》謂金澤文庫本亦作「顧言」。當以「顧言」爲正。白氏又有《哭李三》(卷十)、《發商州》(卷十五)、《憶微之傷仲遠》(卷十六)諸詩，均爲追憶顧言之作。「春明門」爲唐長安外郭城東面三門之正中一門。《兩京城坊考》卷一：「東面三門：北通化門，中春明門，南延興門。」考春明門即漢霸城門(又名青門、青城門、青綺門)。李白《送裴十八圖南歸嵩山》詩：「何處可爲別？長安青綺門。」劉禹錫《和令狐相公別牡丹詩》：「莫道兩京非遠別，春明門外即天涯。」又《別友人後得書因以詩贈》云：「前時送君去，揮手青門路。」可知春明門爲唐人離長安東行送別之所。「金氏陂」即金氏村。俗名紫蘭村，在白氏故鄉下邽縣渭河北岸邊。

《別行簡》詩(卷十):「漠漠病眼花,星星愁鬢雪。筋骸已衰憊,形影仍分訣。梓州二千里,劍門五六月。豈是遠行時,火雲燒棧熱。何言巾上淚,乃是腸中血。念此早歸來,莫作經年別。」按:盧坦元和八年八月爲劍南東川節度使,見《舊唐書·憲宗紀》。行簡入幕當在元和九年五、六月間。

《酬張十八訪宿見贈》詩(卷六):「問其所與游,獨言韓舍人。其次卽及我,我愧非其倫。胡爲謬相愛,歲晚逾勤勤?……遠從延康里,來訪曲江濱。」按:居易元和九年冬始自渭村入朝拜左贊善大夫,此詩云:「胡爲謬相愛,歲晚逾勤勤。」詩中又稱韓愈爲舍人。據洪興祖《韓子年譜》,韓愈以考功郎中知制誥在元和九年十二月戊午(十五日)。唐人知制誥亦得稱爲舍人。可知此詩必作於九年十二月十五日以後。「張十八」爲張籍。白氏又有《重到城七絕句》之三《張十八》(卷十五)、《曲江獨行招張十八》(卷十九)、《和張十八祕書謝裴相公寄馬》(卷十九)、《喜張十八博士除水部員外郎》(卷十九)、《逢張十八員外籍》(卷二〇)等詩,韓愈有《病中贈張十八》,王建有《酬張十八病中寄詩》,均爲酬張籍之作。又按:「延康坊」在長安朱雀門街西第三街。《兩京城坊考》卷二:「張籍《移居靖安坊答元八郎中》詩云:『長安寺裏多時住。』按:籍先居延康里,見白居易詩。後寓居寺中,又移居靖安也。」時居易居昭國坊,地近曲江,故詩云。

《得袁相書》詩(卷十四):「穀苗深處一農夫,面黑頭斑手把鋤。何意使人猶識我,就田來送相公書?」按:

「袁相」爲袁滋。永貞元年七月拜中書侍郎、同中書門下平章事。元和八年正月爲襄州刺史、山南東道節度使。九年九月移江陵尹、荆南節度使。見《舊唐書·順宗紀》及《憲宗紀》。居易得書時，袁滋仍在襄州任，蓋居易是年冬始召爲太子左贊善大夫。白氏又有《旅次華州贈袁右丞》詩（卷五），亦酬滋之作。又有《除袁滋襄陽節度制》（卷五五），作於白氏出翰林後，當係僞作。

《感化寺見元九劉三十二題名處》詩（卷十四）：「微之謫去千餘里，太白無來十一年。今日見名如見面，塵埃壁上破窗前。」按：「劉三十二」爲劉敦質，見前「箋證」。「感化寺」在藍田縣。《舊唐書》卷一九一《方伎·神秀傳》：「義福姓姜氏，潞州銅鞮人。初止藍田化感寺，處方丈之室，凡二十餘年，未嘗出宇之外。」王維有《過感化寺曇興上人山院》詩，趙殿成箋注：「感化寺，《文苑英華》作『化感寺』。」

《病中得樊大書》詩（卷十四）：「荒村破屋經年臥，寂絕無人問病身。唯有東都樊著作，至今書信尚殷勤。」按：「樊大」爲樊宗師。元和三年，擢軍謀宏遠科，授著作佐郎。見《新唐書》卷一五九本傳。

《得錢舍人書問眼疾》詩（卷十四）：「春來眼闇少心情，點盡黃連尚未平。唯得君書勝得藥，開緘未讀眼先明。」按：「錢舍人」爲錢徽。元和八年五月九日轉司封郎中、知制誥，十年七月二十三日遷中書舍人。見丁居晦《重修承旨學士壁記》。《舊傳》謂徽九年拜中書舍人，與《丁記》異。白氏又有《答崔侍郎錢舍人書問因繼以詩》（卷七）、《登龍昌上寺望江南山懷錢舍人》（卷十一）、《渭村退居寄禮部崔侍郎錢舍人》（卷十六）等詩，俱爲酬微之作。

《渭村退居寄禮部崔侍郎翰林錢舍人詩一百韻》詩（卷十五）：「殷勤翰林主，珍重禮闈郎。」按：「禮部崔侍郎」爲崔羣。丁居晦《重修承旨學士壁記》：「（元和）九年六月二十六日出院，拜禮部侍郎。」白氏有《答崔侍郎錢舍人書問因繼以詩》（卷七）、《寄李相公崔侍郎錢舍人》（卷十六）等詩均係酬崔羣之作。

元和十年乙未（八一五），四十四歲。

在長安，居昭國里。爲太子左贊善大夫。六月，居易上疏請捕刺武相（元衡）之賊。宰相以宮官先臺諫言事，惡之。忌之者復誣言居易母看花墜井死，而作《賞花》及《新井》詩，有傷名敎。八月，乃奏貶刺史。王涯復論不當治郡，追改江州司馬。初出藍田，到襄陽，乘舟經鄂州，冬初到江州。十二月，自編詩集十五卷，凡八百首。與元稹書，暢論詩歌應以揭露民生疾苦爲主旨。有《與元九書》、《自誨》及《讀張籍古樂府》、《朝歸書寄元八》、《酬吳七見寄》、《昭國閑居》、《喜陳兄至》、《贈杓直》、《寄張十八》、《朝回遊城南》、《湓浦早冬》、《江州雪》、《哭李三》、《別李十一後重寄》、《初出藍田路作》、《仙娥峯下作》、《微雨夜行》、《再到襄陽訪問舊居》、《寄微之三首》、《舟中雨夜》、《夜聞歌者》、《江樓聞砧》、《放旅雁》、《酬盧祕書二十韻》、《題盧祕書夏日新栽竹二十韻》、《欲與元八卜鄰先有是贈》、《遊城南留元九李二十晚歸》、《重過祕書舊房因題長句》、《重到城七絕句》、《靖安北街贈李二十》、《和元八侍御升平新居四絕句》、《醉後却寄元九》、《重寄》、《雨夜憶元九》、《雨中攜元九詩訪元八侍御》、《贈楊祕書巨源》、《寄生衣與微之因題封上》、《白牡丹》、《夢舊》、《戲題盧祕書新移薔薇》、《曲江夜歸聞元八見訪》、《得微之到官後書，備知通州之事，悵然有感，因成四章》、《初貶官過望秦嶺》、《藍橋驛見元九詩》、《韓公堆寄元九》、《發商州》、《武關南見元九題山石榴花見寄》、《紅鸚鵡》、《題四皓廟》、《襄陽舟夜》、《江夜舟行》、《紅藤杖》、《江上吟元八絕句》、《登郢州白雪樓》、《舟中讀元九詩》、《舟行阻風寄李十一舍人》、《放言五首》、《讀李杜詩集因題卷後》、《望江州》、《初到江州》、《初到江州寄翰林張李杜三學士》、《編集拙詩成一十五卷因題卷末戲贈元九李二十》等詩。

正月，元稹自唐州召還，月末抵長安。（見元稹《酬樂天東南行》詩自注）與白居易、樊宗師、李紳等游城南。復出爲通州司馬。（見白氏《遊城南留元九李二十晚歸》詩）三月三十日，與居易別於灃水西岸橋邊。同年春，劉禹錫、柳宗元等召還長安。復出柳宗元爲柳州刺史。按：劉禹錫初出爲播州刺史，以裴度之力改爲連州刺史。

正月，吳元濟反，李師道、王承宗陰助之。唐發諸道軍討元濟，不勝。五月，遣御史中丞裴度宣慰淮西行營。六月，李師道遣盜刺殺宰相武元衡，裴度傷首。以裴度同中書門下平章事。是年，張籍爲國子助教。

【箋證】

按：《舊唐書·白居易傳》：「十年七月，盜殺宰相武元衡，居易首上疏論其寃，急請捕賊以雪國恥。宰相以宮官非諫職，不當先諫官言事。會有素惡居易者，掎摭居易，言浮華無行，其母因看花墮井而死，而居易作《賞花》及《新井》詩，甚傷名教，不宜置彼周行。執政方惡其言事，奏貶爲江表刺史。詔出，中書舍人王涯上疏論之，言居易所犯狀迹，不宜治郡，追詔授江州司馬。」《陳譜》元和十年乙未：「六月，盜殺宰相武元衡，公首上疏，請急捕賊以雪國恥。宰相以非諫職言事惡之，會有惡公者，言其母看花墮井死。而作《賞花》及《新井》詩。貶江州刺史。中書舍人王涯言其所犯不可復理郡。又改司馬。宰相，韋貫之、張弘靖也。舊譜併及裴度，非是。度方爲中丞，亦遇盜，不死，旣愈迺相耳。新井之事，世莫知其實，史氏亦不辨其有無。獨高彥休《闕史》言之甚詳。公母有心疾，因悍妬得之，及嫠，家苦貧。公與弟不獲安居，常索米丐衣於鄰郡邑，母晝夜念之，病益甚，公隨計宣州。母因憂憤發狂，以葦刀自剄，人救之得免。後徧訪醫藥，或發或瘳，常恃二壯婢厚給衣食，俾扶衛之，一旦稍怠，斃於坎井。時裴晉公爲三省，本廳對客，京兆府申堂狀至，四坐驚愕。薛給事存誠曰：『某所居與白鄰，聞其母久苦心疾，叫呼往往達於鄰里，坐客意稍釋。』他日，晉公獨見夕拜謂曰，前時衆中之言，可謂存朝庭大體矣。夕拜正色曰：『言其實也，非大體也。』由是晉公信其事，後除河南尹、刑部侍郎，皆晉公所擬。凡曰墜井，必恚恨也，隕穫也。凡曰看花，必怡暢也，閑適也。安有怡暢閑適之際，遽致顚沛廢墜之事，樂天長於情，無一春無詠花之什，因欲黻藻其罪。又驗《新井》篇，是尉盩厔時作，隔官三政，不同時矣。彥休所記，大略如此，聞之東都聖善寺老僧，僧故佛光和尙弟子也。今考集中亦無所謂《新井》詩者，意其删去。然則公母死以心疾，固人倫之大不幸。而傳致詩篇，以成讒謗，則憸壬媢嫉者爲之也。故删述彥休之語以告來者。」考居易母歿於元和六年四月，是時裴度尙未爲宰相，高氏所記不無可疑，且今本《闕史》未載此條，恐爲後人所删去，蓋亦爲賢者諱之意也。

又按：白氏《與元九書》(卷四五)云：「如今年春遊城南時，與足下馬上相戲，因各誦新艷小律，不雜他篇。自皇子陂歸昭國里，迭吟遞唱，不絕聲者二十里餘。樊、李在傍，無所措口。」此文作於元和十年貶江州後，是年春間與居易同遊長安城南之樊姓有樊宗師及其弟樊宗憲，李姓有李建、李紳、李景儉及其弟李景信，此數人均爲元、白之知交，其中以樊宗憲、李景信年輩較晚。據今人硏究，不外以下諸說：(一)樊宗憲及李景信。元稹《澧西別樂天博載樊宗憲李景信兩秀才姪谷三月三十日相餞送》詩云：「今朝相送自同遊，酒語詩情替別愁。忽到澧西總回去，一身騎馬向通州。」據此復以樊宗憲及李景信兩人在同輩交遊中資望較淺，且不工於詩，故考定爲「無所措口」之「樊、李」。(二)樊宗師及李建。白氏《和答詩十首》序(卷二)云：「及足下到江陵，寄在路所爲詩十七章，凡五六千言。……僕思牛僧孺戒，不能示他人。唯與杓直、拒非及樊宗師輩三四人，時一吟讀，心甚貴重。」杓直乃李建字。又白氏《贈樊著作》詩（卷一）云：「君爲著作郎，職廢志空存。雖有良史才，直筆無所申。何不自著書，實錄彼善人。編爲一家言，以備史闕文。」元稹有《和樂天贈樊著作》詩。又白氏《有唐善人墓碑》（卷四一）云：「唐有善人曰李公。公名建，字杓直，隴西人。……前後著文凡一百五十二首，皆詣理撮要，詞無枝葉。……秉筆者許之。」則樊宗師、李建俱爲居易之摯友而能詩者，此時與元、白有同遊城南之可能。（三）樊宗師及李紳或李景儉。《舊唐書》卷一七一《李景儉傳》云：「竇羣爲御史中丞，引爲監察御史。羣以罪左遷，景儉坐貶江陵戶曹。累轉忠州刺史。」竇羣自御史中丞左遷爲黔中觀察使在元和三年十月，見《舊唐書·憲宗紀》，則景儉自監察御史貶江陵戶曹當亦在此時。元和五年，元稹貶江陵士曹，與景儉訂交，其《紀懷贈李六戶曹崔二十功曹五十韻》、《酬李六見寄口號》、《飲致用神曲酒三十韻》、《哀病驄呈致用》、《送致用》、《酬別致用》等詩俱爲在江陵酬景儉之作，并可知景儉亦能詩者。又據元稹元和十年春在藍橋驛作《留呈夢得子厚致用》詩，可知景儉是年春與元稹、劉禹錫、柳宗元同奉召返京。此時亦有與元、白同遊城南之可能。又白氏有《聞李六景儉自河東令授唐鄧行軍司馬以詩賀之》（卷十六）、《初到忠州贈李六》（卷十八）等詩，則景儉與居易亦有深厚之交誼。惟白氏元和十年春作有《遊城南留元九李二十晚歸》詩（卷十五）云：「老遊春飲莫相違，不獨花稀人亦稀。更勸殘盃看日影，猶應趁得鼓聲歸。」此詩所記之時地與《與元九書》俱相合。且《與元九書》中所謂「樊、李在傍，無所措口」，乃寫繪兩人馬上吟唱之狂態，為極度誇張之手法，意謂能詩者如樊宗師及李紳二人亦「無所措口」，如以樊宗憲、李景信當之，恐不足以相稱也。

又按：元稹《酬樂天東南行詩一百韻》詩序云：「元和十年三月二十五日，予司馬通州。二十九日，與樂天於鄠東蒲池村別，各賦一絕。」又《灃西別樂天博載樊宗憲李景信兩秀才姪谷三月三十日相餞送》詩云：「今朝相送自同遊，酒語詩情替別愁。忽到灃西總回去，一身騎馬向通州。」又白氏《醉後卻寄元九》詩（卷十五）云：「蒲池村裏匆匆別，灃水橋邊兀兀迴。行到城門殘酒醒，萬重離恨一時來。」至元和十四年，白氏復作《十年三月三十日，別微之於灃上，十四年三月十一日夜，遇微之於峽中，停舟夷陵，三宿而別，言不盡者，以詩終之，因賦七言十七韻以贈，且欲寄所遇之地與相見之時，為他年會話張本也》詩（卷十七）云：「灃水店頭春盡日，送君上馬謫通州。夷陵峽口明月夜，此處逢君是偶然。」則知居易等元和十年三月二十九日送元稹至鄠東蒲池村，不忍離去，復送至灃水，至三十日始於灃水西岸橋邊分手。附考於此。

《別李十一後重寄》詩（卷十）：「秋日正蕭條，驅車出蓬蓽。迴望青門道，目極心鬱鬱。豈獨戀鄉土，非關慕簪紱。所愴別李君，平生同道術。俱承金馬詔，聯秉諫臣筆。共上青雲梯，中途一相失。江湖我方往，朝庭君不出。蕙帶與華簪，相逢是何日？」按：「李十一」為李建。建於元和十一年韋貫之罷相後出為灃州刺史，此時當爲京兆少尹。居易左降詔下，啓程日，僅李建一人送行，楊虞卿自鄠縣趕來，追至滻水，與居易慨然而別。白氏又有《同李十一醉憶元九》（卷十四）、《聞李十一出牧澧州崔二十二出牧果州因寄絕句》（卷十六）、《曲江憶李十一》（卷十九）等詩，均係酬建之作。

《夜聞歌者》詩（卷十）：「夜泊鸚鵡洲，秋江月澄澈。鄰船有歌者，發調堪愁絕。歌罷繼以泣，泣聲通復咽。尋聲見其人，有婦顏如雪。獨倚帆檣立，娉婷十七八。夜淚如眞珠，雙雙墮明月。借問誰家婦？歌泣何淒切？一問一霑襟，低眉終不說。」按：《容齋三筆》卷六云：「白樂天《琵琶行》，蓋在潯陽江上，爲商人婦所作。而商乃買茶於浮梁，婦對客奏曲，樂天移船，夜登其舟與飲，了無所忌。豈非以其長安故倡女不以爲嫌邪？集中又有一篇題云《夜聞歌者》，時自京城謫潯陽，宿於鄂州，又在《琵琶》之前。其詞曰……。陳鴻《長恨傳》序云：『樂天深於詩，多於情者也。』故所遇必寄之吟詠，非有意於漁色。然鄂州所見，亦一女子獨處，夫不在焉，瓜田李下之疑，唐人不譏也。今詩人罕談此章，聊復表出。」何義門云：「亦自謂耳，容齋之語眞癡絕。」何氏之言，亦非無見。

《酬盧秘書二十韻》詩（卷十五）：「晦厭鳴雞雨，春驚震蟄雷。」按：《陳譜》及《汪譜》均繫此詩於元和九年，非。居易以元和九年冬入朝，此詩云「春驚震蟄雷」，當係十年春所作。「盧秘書」爲盧拱。元和十年間爲祕書郎。元稹《酬盧秘書》詩序云：「予自唐歸京之歲，祕書郎盧拱作《喜遇白贊善學士詩二十韻》，兼以見貽。

白時酬和先出，予草蹙未暇皇，頻有致師之挑。」白氏又有《題盧秘書夏日新栽竹二十韻》（卷十五）、《戲題盧祕書新移薔薇》（卷十五）兩詩，俱係酬拱之作。又按：顧學頡《白居易年譜簡編》繫此詩於元和九年，亦承《陳譜》及《汪譜》之誤。

《欲與元八卜鄰先有是贈》詩（卷十五）：「平生心迹最相親，欲隱牆東不爲身。明月好同三徑夜，綠楊宜作兩家春。每因暫出猶思伴，豈得安居不擇鄰？可獨終身數相見，子孫長作隔牆人。」按：「元八」爲元宗簡。字居敬，《新唐書》、《舊唐書》俱無傳。白氏《故京兆元少尹文集序》（卷六八）云：「居敬姓元，名宗簡，河南人。自舉進士歷御史府、尙書郎訖京兆亞尹，凡二十年。」又其《和元八侍御升平新居四絕句》（卷十五）、《潯陽歲晚寄元八郎中庾三十三員外》（卷十七）、《答元八郎中楊十二博士》（卷十七）等詩，俱係酬宗簡之作。又按：元宗簡宅在長安昇平坊，居易時居昭國坊，地雖鄰近，然亦非隔牆之鄰，其《和元八侍御升平新居四絕句》（卷十五）自注云：「時方與元八卜鄰」，亦指欲卜鄰而言也。故《兩京城坊考》（卷三）云：「按白居易詩，每言與元八卜鄰，其後《哭元尹詩》云：『水竹鄰居竟不成』，是終未結鄰也。」

《重到城七絕句》之一《見元九》（卷十五）：「容貌一日減一日，心情十分無九分。每逢陌路猶嗟歎，何況今朝是見君。」按：元和十年正月，元稹自唐州召還，月末至長安。三月二十五日再出爲通州司馬。元、白即在此時相見。

《重到城七絕句》之二《高相宅》（卷十五）：「青苔故里懷恩地，白髮新生抱病身。涕淚雖多無哭處，永寧門館屬他人。」按：「高相宅」爲高郢宅第。在長安朱雀門街東第三街永寧坊。後元和十二年白氏作《重題》詩（卷十六）之四云：「還有一條遺恨事，高家門館未酬恩。」居易此時既已「形骸同土木」，而猶惓惓於座主高郢之深恩未報，此實足以說明唐代科舉制度座主及門生關係之密切。

《重到城七絕句》之四《劉家花》（卷十五）：「劉家牆上花還發，李十門前草又春。處處傷心心始悟，多情不及少情人。」按：「劉家」爲劉敦質家。在長安朱雀門街東第四街宣平坊。白氏《過劉三十二故宅》詩（卷十三）云：「朝來惆悵宣平過，柳巷當頭第一家。」「李十」名未詳，然非白氏詩中之李十使君（李渤），蓋是時渤方在長安，元和十年八月與居易同日貶官，與詩意不合。又按：「十」那波本作「士」，即「十一」二字，疑即李十一復禮（拒非），然亦不可爲拒非早逝之證。參見元和五年「箋證」。

《重到城七絕句》之五《裴五》（卷十五）：「莫怪相逢無笑語，感今思舊戟門前。張家伯仲偏相似，每見清揚一惆然。」按：「裴五」名未詳。岑仲勉《唐人行第錄》：「味詩意似裴垍之子，惟名未詳。」「張家伯仲」，疑爲張徹，張復兄弟。白氏《醉後走筆酬劉五主簿長句之贈兼簡張大賈二十四先輩昆季》詩（卷十二）云：「二張得雋名居甲。」

《靖安北街贈李二十》詩（卷十五）：「榆莢抛錢柳展眉，兩人並馬語行遲。還似往年安福寺，共君私試却回時。」按：貞元二十年李紳至長安應進士試，常寓元稹靖安里第，并因元稹識白居易。《太平廣記》卷四八八《鶯鶯傳》云：「貞元歲九月，執事李公垂宿予靖安里第，語及於是，公垂卓然稱異，遂爲《鶯鶯歌》以傳之。崔氏小名鶯鶯，公垂以命篇。」至永貞元年，居易與元稹居華陽觀準備制試，紳亦時相過從。故白氏《渭村酬李二十見寄》詩（卷十五）云：「形容意緒遥看取，不似華陽觀裏時。」又《醉送李二十常侍赴鎮浙東》（卷三一）云：「靖安客舍花枝下，共脫春衫典濁醪。」與此詩均係追憶在長安交游應試時情景。安福寺在長安皇城安福門，當係應試時必經之處。《杜陽雜編》：「咸通十四年四月八日，佛骨入長安，自開遠門安福樓夾道佛聲振地，上御安福寺親自頂禮。」

《醉後却寄元九》詩（卷十五）：「蒲池村裏匆匆別，澧水橋邊兀兀回。行到城門殘酒醒，萬重離恨一時來。」按：元稹元和十年春自唐州召回長安，與劉禹錫、柳宗元同時，而再貶通州司馬，又與劉、柳之出刺連、柳二州同時。由此可知元和九年末之徵還遷客不止王、韋黨人，而徵而後斥者，亦有稹在內，不僅劉、柳也。「蒲池村」在鄠縣東。元稹《酬樂天東南行詩一百韻》序云：「元和十年三月二十五日，予司馬通州。二十九日，與樂天於鄠東蒲池村別，各賦一絕。」

《贈楊祕書巨源》詩（卷十五）：「早聞一箭取遼城，相識雖新有故情。清句三朝誰是敵？白鬚四海半爲兄。貧家薙草時時入，瘦馬尋花處處行。不用更教詩過好，折君官職是聲名。」按：楊巨源，兩《唐書》俱無傳。《新唐書·藝文志》：「楊巨源詩一卷。字景山，大和河中少尹。」《唐才子傳》卷五：「巨源，字景山，蒲中人。貞元五年，劉太眞下第二人及第。初爲張弘靖從事，拜虞部員外郎，後遷太常博士，國子祭酒。大和中爲河中少尹，入拜禮部郎中。」白氏《贈楊秘書巨源》詩作於元和十年，元稹亦有《和樂天贈楊祕書》詩，可知巨源元和十年已爲秘書郎，是時年事已長，至少當爲五十左右，故張籍《題楊秘書新居》詩云：「愛閑不向爭名地，宅在街西最靜坊。卷裏詩過一千首，白頭新受秘書郎。」其遷太常博士在元和十年後。巨源有《同太常尉遲博士闕下待漏》詩，卽爲太常博士時所作。尉遲博士卽尉遲汾。考《舊唐書》卷一七一《張仲方傳》：「時太常定（李）吉甫謚爲『恭懿』，博士尉遲汾請『敬憲』。」（《新傳》同）李吉甫卒於元和九年十月。《寰宇訪碑錄》卷四：「洛陽令尉遲汾題名，正書，元和十四年，河南濟源。」則尉遲汾元和十一、二年間猶爲太常博士，得與巨源同官，今以楊詩證之，時間亦合。白氏又有《答元八郎中楊十二博士》詩（卷十七）作於元和十三年，是年又有《聞楊十二新拜省郎遙以詩賀》詩（卷十七），則元和十三年巨源復自太常博士遷虞部員外郎。《全唐詩》卷三〇〇有王建《賀楊巨源博士拜虞部員外》詩。蓋唐制員外郎爲從六品，太常博士爲從七品，巨源當自太常博士遷虞部員外郎，不當自虞部員外郎遷太常博士，《唐才子傳》所記誤。《全唐詩》楊巨源小傳云：「由秘書郎擢太常博士，禮部員外郎。」「禮部」疑當作「虞部」。又按：「早聞一箭取遼城」當作「早聞一箭取聊城」，各本俱誤。《全唐詩話》卷二：「楊巨源以『三刀夢益州，一箭取遼城』得名，故樂天詩云：『早聞一箭取遼城，……

折君官職是聲名。』『空』字集作『聲』。」此蓋本之白氏此詩自注云：「楊嘗有《贈盧洺州》詩云：『三刀夢益州，一箭取遼城。』由是知名。」《唐詩紀事》卷三五所記略同。考唐人「一箭」典故多用魯仲連事。《史記·魯仲連傳》：「齊田單攻聊城歲餘，士卒多死而聊城不下。魯連乃爲書，約之矢以射城中，遺燕將。……燕將見魯連書，泣三日，猶豫不能自決。欲歸燕，已有隙，恐誅。欲降齊，所殺虜於齊甚衆，恐已降而後見辱。喟然歎曰：『與人刃我，寧自刃。』乃自殺。聊城亂，田單遂屠聊城。歸而言魯連，欲爵之。」李白《五月東魯行答汶上翁》詩云：「我以一箭書，能取聊城功。」李商隱《街西池館》詩云：「太守三刀夢，將軍一箭歌。」俱指此。

《和武相公感韋令公舊池孔雀》詩（卷十五）：「索寞少顏色，池邊無主禽。難收帶泥翅，易結著人心。頂毳落殘碧，尾花銷闇金。放歸飛不得，雲海故巢深。」按：《全唐詩》卷三一六武元衡有《四（一作西）川使宅有韋令公（一作太尉）時孔雀存焉，暇日與諸公同玩座中兼故府賓妓興嗟（一作歎）久之，因賦此詩，用廣其意》詩，卽白詩所和原作。「武相公」卽武元衡。字伯蒼，河南緱氏人。元和二年拜門下侍郎、平章事。淮、蔡用兵，憲宗悉以機務委之，以是爲王承宗所咎怨。元和十年六月三日將赴朝，爲盜殺於靖安里（按：《新傳》作靜安里）宅第東北隅牆之外。元衡工五言詩，好事者傳之，往往被於管弦。見《舊唐書》卷一五八、《新唐書》卷一五二本傳。「韋令公」爲韋皐。貞元末以擒論莽熱功檢校司徒、兼中書令，封南康郡王。卒於永貞元年。見《舊唐書》卷一四〇、《新唐書》卷一五八本傳、《舊唐書·憲宗紀》。韓愈有《奉和武相公鎭蜀時詠使宅韋太尉所養孔雀》詩，劉禹錫有《和西川李尚書傷韋令孔雀及薛濤之什》詩，兩詩與白詩均涉及韋皋。皋蓋永貞政變幕後策動人物之一，王、韋之敗，皋有以啓之。故禹錫詩云：「玉兒已逐金環葬，翠羽先隨秋草萎。唯見芙蓉含曉露，數行紅淚滴清池。」其間含有無窮隱恨，與《靖安佳人怨》追憾武元衡之詞意略相似，深可玩味，較之韓、白兩人漠然無關之和作實迥不相同也。

《初到江州寄翰林張李杜三學士》詩（卷十六）：「碧落三仙曾識面，年深記得姓名無？」按：居易以元和十年秋貶江州。數年間張、李、杜三學士：唯張仲素十一年八月充，杜元穎十二年充，李肇十三年七月充。十三年冬居易亦改忠州刺史矣。非「初到江州」所記有誤，則張、李、杜三姓有誤。見丁居晦《重修承旨學士壁記》及岑仲勉《翰林學士壁記注補》。

元和十一年丙申（八一六），四十五歲。

在江州司馬任。二月，赴廬山，遊東林、西林寺，訪陶潛舊宅。七月，長兄幼文攜諸院孤小弟妹六、七人自徐州至。秋，送客湓浦口，夜聞舟中彈琵琶者，作《琵琶引》。是年，女阿羅生。有《與楊虞卿書》、《答戶部崔侍郎書》及《訪陶公舊宅》、《北亭》、《游湓城》、《答故人》、《官舍內新鑿小池》、《宿簡寂觀》、《讀謝靈運詩》、《北亭獨宿》、《約心》、《晚望》、《早春》、《春寢》、《睡起晏坐》、《詠懷》、《春遊西林寺》、《出山吟》、《歲暮》、《宿東林寺》、《憶洛下故園》、《贈別崔五》、《春晚寄微之》、《漸老》、《送幼文》、《夜雪》、《寄行簡》、《送春歸》、《山石榴寄元九》、《庾樓曉望》、《宿西林寺》、《江樓宴別》、《題山石榴花》、《代春贈》、《答春》、《櫻桃花下歎白髮》、《惜落花贈崔二十四》、《移山櫻桃》、《官舍閑題》、《晚春登大雲寺南樓贈常禪師》、《北樓送客歸上都》、《北亭招客》、《宿西林寺早赴東林滿上人之會，因寄崔二十二員外》、《遊寶稱寺》、《早春聞提壺鳥因題鄰家》、《見紫薇花憶微之》、《薔薇花一叢獨死，不知其故，因有是篇》、《湖亭望水》、《閑遊》、《憶微之傷仲遠》、《過鄭處士》、《霖雨苦多，江湖暴漲，塊然獨望，因題北亭》、《春末夏初閑遊江郭二首》、《風雨中尋李十一因題船上》、《題廬山山下湯泉》、《秋熱》、《寄蘄州簟與元九，因題六韻》、《題元十八谿居》、《端居詠懷》、《夜宿江浦聞元八改官因寄此什》、《百花亭》、《江樓早秋》、《送客之湖南》、《四十五》、《寄李相公崔侍郎錢舍人》、《聞李十一出牧澧州，崔二十二出牧果州，因寄絕句》等詩。

元稹在通州司馬任。是年患瘧疾，赴興元醫治。繼娶妻裴淑。劉禹錫在連州刺史任。

正月，削王承宗官爵，命河東、幽州等六道軍進討。時唐軍與李師道、吳元濟、王承宗軍相持，師久無功。張弘靖罷。二月，李逢吉同中書門下平章事。十二月，王涯同中書門下平章事。是年，韓愈除左庶子。李賀卒，年二十七。姚合、皇甫曙進士登第。

【箋證】

《與楊虞卿書》（卷四四）：「且與師皐，始於宣城相識，迨於今十七八年，可謂故矣。又僕之妻，即足下從父妹，可謂親矣。親如是，故如是，人之情又何加焉？然僕與足下相知則不在此。」按：師皐爲楊虞卿字。虞卿爲牛僧孺、李宗閔私黨，蓋以宗人楊嗣復之故。居易妻爲虞卿從父妹，據此書知二人早於宣城相識，私交極篤，不僅繫於姻戚也。

《答戶部崔侍郎書》（卷四五）：「侍郎院長閣下：……又知兵部李尚書同在南宮，錢、蕭二舍人移官閑秩。……」按：「戶部崔侍郎」爲崔羣。元和十二年七月，自戶部侍郎拜中書侍郎、同中書門下平章事。見《舊唐書》卷一五九本傳。白氏與崔羣元和二年十一月六日同時入充翰林學士，兩人交誼至篤。白貶江州，羣屢致書存問，元和十二年所作《答崔侍郎錢舍人書問因繼以詩》詩（卷七）云：「吾有二道友，藹藹崔與錢。同飛青雲路，獨墮黃泥泉。」即酬羣之作。後白自江州除忠州刺史，亦崔羣之力，故有《除忠州寄謝崔相公》詩（卷十七）云：「提拔出泥知力竭，吹噓生翅見深情。」又此書謂「自到潯陽，忽已周歲」，則知作於元和十一年，時崔羣猶爲戶部侍郎。「兵部李尚書」爲李絳。《舊唐書·憲宗紀》：「（元和十一年二月）甲寅，以華州刺史李絳爲兵部尚書。」「錢蕭二舍人」爲錢徽及蕭俛。《舊唐書·憲宗紀》：「（元和十一年正月）庚辰，翰林學士錢徽、蕭俛各守本官，以上疏請罷兵故也。」白氏所謂「移官閑秩」，蓋即指此。岑仲勉《翰林學士壁記注補》謂此書作於元和十二年八月，蕭俛因張仲方元和十二年三月之貶，左授太僕少卿，故曰閑秩，均係未考白氏他作所致。考白氏元和十二年四月十日作《與微之書》云：「長兄去夏自徐州至。」此書云：「前月中長兄從宿州來。」時間相符。又崔羣拜相在元和十二年七月，如此書作於十二年八月後，必不能仍以戶部侍郎相稱，故知此書必作於元和十一年八月以後無疑。

《寄行簡》詩（卷十）：「鬱鬱眉多斂，默默口寡言。豈是願如此，舉目誰與歡？去春爾西征，從事巴蜀間。今春我南謫，抱疾江海壖。相去六千里，地絕天邈然。十書九不達，何以開憂顏？渴人多夢飲，饑人多夢飧。春來夢何處？合眼到東川。」按：白行簡於元和九年春赴東川盧坦幕，居易元和十年八月貶江州。而此詩云：「去春爾西征，從事巴蜀間。今春我南謫，抱疾江海壖。」時間所敍不合，疑「去春」二字乃「前春」之誤。

《庾樓曉望》詩（卷十六）：「獨憑朱檻立淩晨，山色初明水色新。竹霧曉籠銜嶺月，蘋風暖送過江春。子城陰處猶殘雪，衙鼓聲前未有塵。三百年來庾樓上，曾經多少望鄉人。」按：《清統志·九江府一》：「庾樓在府治後，濱大江，其磯石突出江干百許步。相傳晉庾亮鎮江州時所建。按：此因《晉書·庾亮傳》有『秋夜登南樓』之事而傅會也。亮時江州自鎮武昌，不在湓城，史傳甚明。李白詩：『清景南樓夜，風流在武昌。』亦未嘗誤。白居易詩云：『潯陽欲到思無窮，庾亮樓南湓水東。』自後遂爾傳訛。」《清統志》所辨良是。考晉惠帝元康初始置江州，傅綜爲刺史，治武昌。東晉初，王敦領荊州，移鎮武昌，後謝尚、庾亮、庾翼、陶侃、桓溫並鎮此。

見《讀史方輿紀要》卷七六《武昌縣》。白氏作此詩時，蓋承誤已久。至張芸叟謂庾亮鎮潯陽，其誤益甚。陸游《入蜀記》卷三辨之云：「庾亮嘗爲江、荆、豫州刺史，其實則治武昌。若武昌南樓名庾樓猶有理，今江州治所，在晉特柴桑縣之湓口關耳。此樓附會甚明。然白樂天詩固已云『潯陽欲到思無窮，庾亮樓南湓口東』，則承誤已久矣。張芸叟《南遷錄》云：『庾亮鎮潯陽，經始此樓。』其誤尤甚。」范成大《吳船錄》卷下云：「甲午，泊江州，登庾樓。前臨大江，後對康廬，背面皆登臨奇絕。又名山大川悉萃此樓，他處不得兼有，此獨擅之。庾元亮故事本是武昌南樓，後人以元亮嘗刺江州，故亦以庾名此樓，然景物則有南樓不逮者。」范氏殆亦失考。清洪亮吉《北江詩話》卷四復詳考之云：「九江府署後距城有樓三楹，人傳爲晉庾亮與殷浩等登眺之所，不知非也。亮鎮荆州（按：當作江州）時，治所實在今湖北武昌縣，土人名爲小武昌，以別於今。武昌府在江之北，樓正面江，故名南樓。若九江府在江南，有樓面江，乃北樓耳。何得云亮與浩等所登乎？余同年方太守體以爲亮弟翼鎮江州時所築樓近之。余有《庾樓詩》一篇云：『吳楚山川此上遊，茲樓剛對武昌樓。南來傑閣推章郡，東下雄藩是石頭。頻歲舳艫趨海道，全家棣萼領江州。憑闌一望眞無際，千點飛帆雜渚鷗。』蓋訂向來之誤也（《文選》注以此爲湓口南樓）。」庾翼鎮江州。在咸康六年，時已移治柴桑，洪氏所考當亦可信。清胡虔《柿葉軒筆記》云：「南樓有三，皆以庾太尉得名。一在德化。按庾以咸和五年鎮江州，治武昌（今武昌縣）。九年督江、荆等六州，以武昌爲鎮。咸康六年，江州乃移治柴桑，而庾之鎮武昌至薨未嘗改蒞柴桑也。亮本傳載亮秋夜登南樓爲在武昌時事，則德化有庾樓妄矣。其一在武昌。一在江夏（唐建，在黃鵠山。明圮。乾隆壬子又改布政司前鼓樓爲南樓）。陸務觀《入蜀記》言鄂州南樓甚悉（宋鄂州治江夏）。考江夏，晉沙羨縣也。《吳志》：黃初二年，權自公安都鄂（漢縣），改名武昌（《宋地理志》以武昌山爲名），以武昌、下雉、尋陽、陽新、柴桑、沙羨六縣爲武昌郡。郡治武昌，而沙羨爲屬邑。晉因吳舊，庾鎮武昌，即今之武昌縣。《水經》「江之右岸有鄂縣故城」注：「晉惠帝永平（城按：晉惠帝無永平年號，疑爲元康之誤）中始置江州，傳綜爲刺史治此，後太尉庾亮所鎮也。」庾鎮武昌決無在沙羨之事。《通雅》謂都督必居形勝之地，武昌乃山僻邑。然考其地實處江湖之衝，孫吳再都於此，以太子重臣鎮守之。其在晉咸康中庾欲移鎮石城，以石虎陷邾城而止，一江南北，險與敵分。及宋嘉定以武昌縣爲江西上流衝要隘口，升爲壽昌軍。元升爲府。武昌形要尤重於江夏，非古今時勢之殊耶？故南樓之蹟，以在武昌者爲確，而在江夏者誤也。昔樂天謫江州，山谷知鄂州，皆有詠南樓詩，蓋二公已不能知其失矣。」則知山谷詩亦失考，固不獨樂天也。白氏又有《庾樓新歲》（卷十六）、《三月三日登庾樓寄庾三十二》（卷十六）等詩，可參看。

《惜落花贈崔二十四》詩（卷十六）：「漠漠紛紛不奈何！狂風急雨兩相和。晚來悵望君知否？枝上稀疏地上多。」按：「崔二十四」爲崔咸，見岑仲勉《唐人行第錄》。白氏又有《薔薇正開，春酒初熟，因招劉十九張大夫崔二十四同飲》（卷十七）、《哭崔二十四常侍》（卷三二）兩詩，均指崔咸。

《晚春登大雲寺南樓贈常禪師》詩(卷十六):「花盡頭新白,登樓意若何?歲時春日少,世界苦人多。愁醉非因酒,悲吟不是歌。求師治此病,唯勸讀《楞伽》。」按:「常禪師」爲僧智常。陳舜俞《廬山記》卷三:「(歸宗寺),唐寶曆初,僧智常居焉,始大興禪刹。智常大曆中,得法於江西道一禪師。道一姓馬,僧史謂之馬祖。智常之目重瞳,以毒藥自按摩之,使目皆俱赤,世號赤眼歸宗。江州刺史李渤與常問答語,在《景德傳燈錄》。」贊寧《宋高僧傳》卷十七:「僧智常者,……元和中駐錫廬山歸宗淨院,其徒響應,其法風行,無何白樂天貶江州司馬,最加欽重。」又按:智常乃禪宗南嶽下二世法嗣,年輩較居易爲長。見《五燈會元》卷三。

《宿西林寺,早赴東林滿上人之會因寄崔二十二員外》詩(卷十六):「謫辭魏闕鵷鸞隔,老入廬山麋鹿隨。薄暮蕭條投寺宿,凌晨清淨與僧期。雙林我起聞鐘後,隻日君趨入閣時。鵬鷃高低分皆定,莫勞心力遠相思。」按:「滿上人」爲東林寺僧智滿。白氏《遊大林寺序》(卷四三):「余與河南元集虛、范陽張允中、南陽張深之、廣平宋郁、安定梁必復、范陽張特、東林寺沙門法演、智滿、士堅、利辯、道深、道建、神照、雲皋、息慈、寂然凡十七人,……」智滿又號寶稱大師,見《寶刻叢編》卷十五劉軻撰《唐寶稱大律師塔碑》。「崔二十二員外」爲崔韶。元和十一年九月自禮部員外郎出爲果州刺史。見《舊唐書·憲宗紀》。元稹《駱口驛》詩注:「東壁上有李二十員外逢吉、崔二十二侍御韶使雲南題名處。」並參見白氏《聞李十一出牧澧州,崔二十二出牧果州,因寄絕句》(卷十六)、《京使迴,累得南省諸公書,因以長句詩寄謝崔二十二員外》(卷十八)等詩。

《遊寶稱寺》詩（卷十六）：「竹寺初晴日，花塘欲曉春。野猿疑弄客，山鳥似呼人。酒嫩傾金液，茶新碾玉塵。可憐幽靜地，堪寄老慵身。」按：「寶稱寺」在廬山。陳思《寶刻叢編》卷十五《唐寶稱大律師塔碑》：「唐祕書丞、史館修撰劉軻撰，江州司戶參軍陳去疾書，前振武節度參謀李庭彥篆額。律師，江南講僧也。名智滿，陶靖節之九世孫，始出家於寶稱寺，故以爲號。碑以開成四年立，大中八年重建，在廬山。」

《風雨中尋李十一因題船上》詩（卷十六）：「匹馬來郊外，扁舟在水濱。可憐衝雨客，來訪阻風人。小榼沽清醑，行廚煮白鱗。停杯看柳色，各憶故園春。」按：「李十一」，《唐人行第錄》謂指李景信，非李建，俟考。

《寄蘄州簟與元九因題六韻》詩（卷十六）：「笛竹出蘄春，霜刀劈翠筠。織成雙鎖簟，寄與獨眠人。卷作筒中信，舒爲席上珍。滑如鋪薤葉，冷似臥龍鱗。清潤宜乘露，鮮華不受塵。通州炎瘴地，此物最關身。」按：元稹有《酬樂天寄蘄州簟》詩，卽爲此詩之和作。蘄州舊爲蘄春郡，唐時所轄有蘄春縣，產好笛及薤葉簟。《方輿勝覽》卷四九《蘄州》：「土產蘄席。」《施注蘇詩》卷二二引《蘄春地志》云：「蘄水縣，漢蘄春地也。宋永嘉中立浠水縣。唐改爲蘭溪縣，又改曰蘄水。蘭溪源出苦竹山，笛竹生羅田縣山中，蘄竹亦生於此，用以爲簟。」韓愈《鄭羣贈簟》：「蘄州笛竹天下知，鄭君所寶尤瓌奇。攜來當晝不得臥，一府傳看黃琉璃。」劉禹錫《武昌老人說笛歌》：「往年鎮戍到蘄州，楚山蕭蕭笛竹秋。……古苔蒼蒼封老節，石山孤生飽風雪。……」白氏《寄李蘄州》詩（卷三四）：「笛愁春盡梅花裏，簟冷秋生薤葉中。」自注云：「蘄州出好笛并薤葉簟。」

《題元十八谿居》詩（卷十六）：「溪嵐漠漠樹重重，水檻山窗次第逢。晚葉尚開紅躑躅，秋芳初結白芙蓉。聲來枕上千年鶴，影落杯中五老峯。更愧殷勤留客意，魚鮮飯細酒香濃。」按：「元十八」爲元集虛，非元八宗簡。據此詩「影落杯中五老峯，更愧殷勤留客意」等句，其人必居廬山，顯非在長安之元八宗簡。又據白氏《題元十八溪亭》（卷七）、《雨夜贈元十八》（卷十六）、《草堂記》（卷四三）、《遊大林寺序》（卷四三）等作及韓愈《贈別元十八協律》詩，可知「元八」必爲「元十八」之訛文。各本「元」下俱脫「十」字。

元和十二年丁酉（八一七），四十六歲。

在江州司馬任。廬山草堂成，三月二十七日始居之。（《草堂記》）四月十日夜，於草堂中山窗下作書與元稹。閏五月，兄幼文卒。有《祭浮梁大兄文》、《祭匡山文》、《祭廬山文》、《唐江州興果寺律大德湊公塔碣銘》、《草堂記》、《遊大林寺序》、《代書》、《與微之書》及《聞早鶯》、《栽杉》、《過李生》、《題元十八溪亭》、《香爐峯下新置草堂，卽事詠懷，題於石上》、《草堂前新開一池，養魚種荷，日有幽趣》、《登香爐峯頂》、《答崔侍郎錢舍人書問因繼以詩》、《小池二首》、《秋日懷杓直》、《題舊寫眞圖》、《早蟬》、《南湖晚秋》、《因沐感髮寄朗上人二首》、《東南行一百韻》、《元和十二年淮寇未平，詔停歲仗，憤然有感，率爾成章》、《庾樓新歲》、《上香爐峯》、《雨夜贈元十八》、《聞李六景儉自河東令授唐鄧行軍行馬以詩賀之》、《大林寺桃花》、《早發楚城驛》、《建昌江》、《哭從弟》、《香爐峯下新卜山居，草堂初成，偶題東壁》、《重題》、《正月十五日夜東林寺學禪偶懷藍田楊主簿因呈智禪師》、《遺愛寺》、《山中與元九書因題書後》、《醉中戲贈鄭使君》、《酬元員外三月三十日慈恩寺相憶見寄》、《中秋月》、《謝李六郎中寄新蜀茶》、《彭蠡湖晚歸》、《登西樓憶行簡》、《羅子》、《讀靈徹詩》、《聽李士良琵琶》、《戲問山石榴》、《潯陽春三首》、《夢微之》、《問劉十九》、《十二年冬江西溫暖喜元八寄金石凌到因題此詩》、《劉十九同宿》、《題詩屏風絕句》等詩。

元稹仍在通州司馬任。有《連昌宮詞》等詩。劉禹錫在連州刺史任。

時唐軍討淮、蔡，累年無功。七月，以裴度爲淮西宣慰招討使，韓愈爲行軍司馬，率諸道軍往討。十月，李愬夜襲蔡州，擒元濟，淮西亂平。是年春，席夔卒。

【箋證】

《祭浮梁大兄文》（卷四〇）：「維元和十二年歲次丁酉閏五月己亥，居易等謹以清酌庶羞之奠，再拜跪奠大哥於座前：……」按：「浮梁大兄」爲居易長兄白幼文。《陳譜》元和十二年丁酉：「閏五月，公兄幼文卒，有《祭浮梁大兄文》。幼文爲浮梁主簿在貞元十五年，今二十年矣，而以舊官終，未識中間何以不調。」參見白氏《自河南經亂關內阻飢，兄弟離散，各在一處，因望月有感，聊書所懷，寄上浮梁大兄於潛七兄烏江十五兄兼示符離及下邽弟妹》詩（卷十三）。又按：「元和十二年」，各本俱誤作「元和十三年」，《文苑英華》作「元和十二年」，考「丁酉」爲元和十二年，今據《英華》改。又白行簡元和十三年春至江州，此文云：「行簡未歸。」其爲十二年作無疑。

《唐江州興果寺律大德湊公塔碣銘》（卷四一）：「如來滅後後五百歲，有持戒見性者曰興果律師。師姓成，號神湊，京兆藍田人。旣出家，具戒於南岳希操大師，參禪於鍾陵大寂大師。……」按：「大寂大師」爲禪宗南嶽讓禪師法嗣一世馬祖道一，故神湊亦爲禪宗之嫡傳。贊寧《宋高僧傳》卷十六：「釋神湊，姓成氏，京兆藍田人也。……生常遇白樂天爲典午於郡，相善，及終，悲悼作塔銘云。」幷參見白氏《興果上人歿時題此決別兼簡二林僧社》詩（卷十七）。

《草堂記》（卷四三）：「匡廬奇秀甲天下山。山北峯曰香鑪峯，北寺曰遺愛寺。介峯寺間，其境勝絕，又甲廬山。元和十一年秋，太原人白樂天見而愛之，若遠行客過故鄉，戀戀不能去，因面峯腋寺，作爲草堂。……」按：陳舜俞《廬山記》卷二：「白公草堂在（東林）寺之東北隅，……公作記見於本集，後與遺愛寺並廢。久之，好事者慕公風跡，以東林寺北藍牆之外作堂焉。五代衰亂，復爲兵火野燒之所毀。至道中，郡守孫考功追構之，然皆非元和故基也。」《廬山志》卷十三：「紫雲菴側有郭弘憲草堂、白樂天草堂。」又同卷引桑喬云：「朱晦翁《東林詩》自注曰：『白公草堂在寺東，久廢，近復搠數椽，制殊狹隘，然非舊處矣。』予嘉靖中行求草堂遺跡，山僧所指，乃在紫雲菴南層崖上，去爐峯不能三數丈，疑亦非正處云。」又據黃宗羲《匡廬游錄》所考，亦以晦翁所云爲可信，則草堂遺址當在東林寺附近。

《代書》（卷四三）：「予佐潯陽三年，軻每著文，輒來示予，予知軻志不息，異日必能跨符、楊而攀陶、謝。軻一旦盡賫所著書及所爲文訪予，告行，欲舉進士。……持此代書。　三月十三日樂天白。」按：此文云：「予佐潯陽三年。」蓋謂元和十年八月貶官至江州，至元和十二年爲第三年。　如白氏元和十三年七月八日所作《江州司馬廳記》（卷四三）云：「予佐是郡，行四年矣。」元和十二年四月十日所作《與微之書》（卷四五）云：「僕自到九江，已涉三載。」俱可爲證。　又此文中稱元宗簡爲「金部元八員外」，考白氏元和十二年歲暮所作《潯陽歲晚寄元八郎中庾三十三員外》詩（卷十七）已稱宗簡爲郎中，可知《代書》必作於元和十二年無疑。　花房英樹繫於元和十三年，失考。

《過李生》詩（卷七）：「蘋小蒲葉短，南湖春水生。」按：「南湖」即彭蠡湖。在江州之東南。《太平寰宇記》卷一一一《江州》：「彭蠡湖在（德化）縣東南，與都昌縣分界。」湛方生《帆入南湖詩》：「彭蠡紀三江，廬嶽主衆阜。」白氏又有《南湖晚秋》（卷十）、《南湖早春》（卷十七）詩，均指彭蠡。

《元和十二年，淮寇未平，詔停歲仗，憤然有感，率爾成章》詩（卷十六）：「聞停歲仗軫皇情，應爲淮西寇未平。」按：「淮西寇」指吳元濟之叛。　《舊唐書·憲宗紀》：「（元和）十一年春正月丁卯朔，以宿師於野，不受朝賀。」又：「(元和)十二年春正月辛酉朔，以用兵不受朝賀。」宋敏求《唐大詔令集》卷八〇《典禮·淮西用兵罷元會敕》：「敕：淮、蔡未賓，師人暴露，而三朝之會，萬國來庭。舉爲稱慶，有懷愧惕。其來年正月朝賀宜權停，諸軍優賜，並準例處分。(元和十年十二月)」吳元濟之誅在元和十二年十一月。宋紹興本，那波道圓本題俱作「十三年」，「三」當爲「二」字之誤。

《聞李六景儉自河東令授唐鄧行軍司馬，以詩賀之》詩(卷十六)：「誰能淮上靜風波，聞道河東應此科。不獨文詞供奏記，定將談笑解兵戈。泥埋劍戟終難久，水借蛟龍可在多。四十著緋軍司馬，男兒官職未蹉跎。」按：「李六景儉」，字寬中，進士及第。自監察御史貶爲江陵戶曹參軍，累擢忠州刺史。元和末入朝。見《新唐書》卷八一、《舊唐書》卷一七一本傳。據此詩則知景儉係自唐鄧行軍司馬授忠州。白氏又有《初到忠州贈李六》詩(卷十八)亦係酬景儉之作。

《大林寺桃花》詩(卷十六)：「人間四月芳菲盡，山寺桃花始盛開。長恨春歸無覓處，不知轉入此中來。」按：白氏《遊大林寺序》(卷四三)云：「自遺愛草堂歷東西二林，抵化城，憩峯頂，登香鑪峯，宿大林寺。大林窮遠，人迹罕到，環寺多淸流蒼石、短松瘦竹。寺中惟板屋木器，其僧皆海東人，山高地深，時節絕晚。於時孟夏月，如正二月天，梨桃始華，澗草猶短，人物風候與平地聚落不同。初到怳然，若別造一世界者。因口號絕句云：『人間四月芳菲盡……』」則此詩乃元和十二年白氏遊大林寺時作。考廬山大林寺有三處。《淸統志·

九江府二》：「上大林寺在廬山西大林峯南，晉建，元末毁，明宣德中重建。寺前有寶樹二，曲幹垂枝，圓旋如蓋。又中大林寺在廬山錦澗橋北。下大林寺在橋西。」白氏詩文所指當係上大林寺。又查愼行《廬山記遊》：「上大林寺，樂天先生嘗遊此，於四月見桃花。集中有詩序，今猶稱白司馬花徑。寺前一溪泠然，寶樹二株，葉如刺杉而細，如瓔珞柏而長，《桑紀》謂爲娑羅木者，非也。」

《建昌江》詩（卷十六）：「建昌江水縣門前，立馬教人喚渡船。忽似往年歸蔡渡，草風沙雨渭河邊。」按：「建昌江」即修水。《明統志·南康府》：「修水在建昌縣治南，源出南昌府寧縣幕阜山，遠而徑達於江，故名。」《清統志·南康府一》：「修水在建昌縣。」考建昌縣唐屬洪州。江西另有盱江，一名建昌江，非此詩所指之處。又按：建昌縣南有喚渡亭，蓋本白氏詩意。《太平寰宇記》卷一一一《南康軍》：「喚渡亭，白居易貶江州司馬過此作詩云：『建昌江水縣門前，立馬教人喚渡船。好似往年歸蔡渡，草風花雨渭河邊。』」「忽似」作「好似」，「沙雨」作「花雨」，與《白集》有異。《明統志·南康府》：「喚渡亭在建昌縣治南。」光緒《江西通志》卷一一七載此詩並引《名勝志》云：「喚渡亭在修水南。」王士禎《帶經堂詩話》云：「喚渡亭在修水南岸，白居易過此，有詩云：『建昌（一作修江）江水縣門前，立馬教人喚渡船。好似當年歸蔡渡，草風莎雨渭河邊。』黃庭堅書之亭上，明知縣梁崧重刻石，今存。」又云：「過喚渡亭，亭以白傅詩得名，有白詩石刻。堤行二里，人家種竹爲藩籬。雞聲人語，皆在竹中。」又按：「蔡渡」在居易故鄉下邽。王士禎《居易錄》卷十三：「予過江西建昌縣南，渡修水上，有亭貯白樂天詩碣一絕句云（同前，從略）。愛其風調，然未詳蔡渡所在。偶閱《渭南縣圖經》云：渭水至臨潼縣交口渡，東入渭南境，又東折至縣城，北曰上漲渡。又東南流曰下漲渡。又東北折而流曰蔡渡。以漢孝子蔡順得名。其地有蔡順碑，與樂天故居紫蘭村正隔渭河一水耳。」白氏《重到渭上舊居》詩（卷九）：「舊居清渭曲，開門當蔡渡。」

《正月十五日夜東林寺學禪，偶懷藍田楊主簿，因呈智禪師》詩（卷十六）：「新年三五東林夕，星漢迢迢鐘梵遲。花縣當君行樂夜，松房是我坐禪時。」按：「藍田楊主簿」爲楊汝士。時爲藍田縣主簿。白氏《代書》（卷四三）云：「爲予謁集賢庾三十二補闕……藍田楊主簿兄弟……」又《寄楊六》詩（卷十）原注云：「楊攝萬年縣尉。」時爲元和九年，蓋汝士自萬年尉遷藍田主簿也。「智禪師」爲東林寺僧智滿。

《謝李六郎中寄新蜀茶》詩（卷十六）：「不寄他人先寄我，應緣我是別茶人。」按：「李六郎中」爲忠州刺史李宣。《舊唐書·憲宗紀》：「（元和十一年九月）屯田郎中李宣爲忠州刺史。」元稹《憑李忠州寄書樂天》云：「萬里寄書將上峽，却憑沿峽寄江州。」亦指宣也。

《讀靈徹詩》詩（卷十六）：「東林寺裏西廊下，石片鐫題數首詩。言句怪來還校別，看名知是老湯師。」按：靈徹姓湯，故曰「老湯師」。《嘉泰會稽志》卷十五：「靈徹上人，字源澄，會稽湯氏子。雖受經論，尤好篇章，從嚴維學詩。抵吳興，與皎然遊，皎然以書薦於包佶、李紓，上人之名由是而颺。貞元中，西遊京師，名振輦下。得罪徙汀州，入會稽，歸東越、吳、楚間，諸侯多賓禮招延之。終於宣州開元寺，門人遷之，建塔於越之山陰天柱峯。有詩二十卷，劉禹錫爲序。徹自廬山歸沃州，權德輿有序送其行。」又見《宋高僧傳》卷十五《唐會稽雲門寺靈徹傳》。又《唐才子傳》卷三《靈徹上人》：「初居嵩陽蘭若，後來住匡廬東林寺。」劉禹錫有《送僧訥東遊兼寄靈徹上人》、《敬酬徹公見寄二首》兩詩。

《問劉十九》詩（卷十七）：「綠螘新醅酒，紅泥小火爐。晚來天欲雪，能飲一杯無？」按：「劉十九」爲嵩陽處士，名未詳。白氏《劉十九同宿》（卷十七）詩云：「唯共嵩陽劉處士，圍棋賭酒到天明。」又有《雨中赴劉十九二林之期，及到寺，劉已先去，因以四韻寄之》（卷十七）、《薔薇正開，春酒初熟，因招劉十九張大夫崔二十四同飲》等詩，均同指一人。又按：白氏在江州常往還者尚有彭城人劉軻，與「劉十九」並非一人。白氏《代書》（卷四三）：「廬山自陶、謝洎十八賢以還，儒風緜緜，相續不絕，貞元初有符（苻）載、楊衡輩隱焉。亦出爲文人，今其讀書屬文、結草廬於巖谷間者，猶一、二十人。即其中秀出者，有彭城人劉軻。」此文作於元和十二年三月十三日。劉軻元和十三年進士登第（見《登科記考》卷十八），白氏作《問劉十九》詩時，軻必已不在江州。又據劉軻《上座主書》、《與馬植書》、《廬山東林寺故臨壇大德塔銘》、《唐摭言》卷十一、清阮福《劉軻傳》引《廣東通志·人物志》所載，知彭城乃軻之郡望，寄籍嶺南，幼爲僧，元和初由嶺南至江西，隱居廬山。亦與嵩陽無涉。則劉十九非軻可以斷言。詳考見拙作《白居易詩選編年注釋質疑》一文（《中華文史論叢》第五軻）。又按：顧學頡《白居易年譜簡編》仍以「劉十九」爲劉軻，與其《白居易詩選》之注釋同誤。

元和十三年戊戌（八一八），四十七歲。

在江州司馬任。春，弟行簡自梓州至。（按：《得行簡書聞欲下峽先以此寄》詩云：「朝來又得東川信，欲取春初發梓州。」又《對酒示行簡》云：「兄弟唯二人，遠別恆苦悲。今春自巴峽，萬里平安歸。」後一首《汪譜》誤繫於元和十五年。）時至廬山，宿草堂。十二月二十日，代李景儉爲忠州刺史，崔羣之力也。有《三謠》、《唐撫州景雲寺故律大德上弘和尚石塔碑銘》、《江州司馬廳記》及《白雲期》、《弄龜羅》、《對酒示行簡》、《詠懷》、《夜琴》、《達理二首》、《郭虛舟相訪》、《苦熱喜涼》、《早秋晚望兼呈韋侍御》、《司馬廳獨宿》、《夢與李七庾三十三同訪元九》、《答元郎中楊員外喜烏見寄》、《浩歌行》、《王夫子》、《元九以綠絲布白輕褣見寄，製成衣服，以詩報知》、《清明日送韋侍御貶虔州》、《九江春望》、《晚題東林寺雙池》、《贈內子》、《送客遊嶺南二十韻》、《自題》、《尋郭道士不遇》、《得行簡書聞欲下峽先以此寄》、《南湖早春》、《元十八從事南海欲出廬山，臨別舊居，有戀泉聲之什，因以投和，兼伸別情》、《題韋家泉池》、《醉中對紅葉》、《點額魚》、《聞龜兒詠詩》、《夢亡友劉太白同遊章敬寺》、《與果上人歿時，題此決別，兼簡二林僧社》、《山中酬江州崔使君見寄》、《聞李尚書拜相因以長句寄賀微之》、《雨中赴劉十九二林之期，及到寺劉已先去，因以四韻寄之》、《薔薇正開，春酒初熟，因招劉十九張大夫崔二十四同飲》、《李白墓》、《題崔使君新樓》、《山中戲問崔侍御》、《贈曇禪師》、《寄微之》、《答元八郎中楊十二博士》、《湖亭與行簡宿》、《八月十五日夜湓亭望月》、《潯陽秋懷贈許明府》、《九日醉吟》、《自到潯陽，生三女子，因詮眞理，用遣妄懷》、《江西裴常侍以優禮見待，又蒙贈詩，輒敍鄙誠，用伸感謝》、《自江州司馬授忠州刺史，仰荷聖澤，聊書鄙誠》、《除忠州寄謝崔相公》、《初除官蒙裴常侍贈鶻銜瑞草緋袍魚袋，因謝惠貺，兼抒離情》、《洪州逢熊孺登》、《初著刺史緋答友人見贈》、《又答賀客》等詩。

元稹在通州司馬任，春末或夏初權知州務。有《酬樂天東南行詩一百韻》等詩。是年冬，移虢州長史。劉禹錫在連州刺史任。

三月，李鄘罷。李夷簡同中書門下平章事。淮西亂既平，李師道、王承宗懼，各奉表納地自贖，赦承宗。六月，李程爲鄂岳觀察使。八月，王涯罷。九月，皇甫鎛、程异同中書門下平章事。同年，李石、劉軻進士及第。

【箋證】

《江州司馬廳記》(四三)：「自武德以來，庶官以便宜制事，大攝小，重侵輕，郡守之職總於諸侯帥，郡佐之職移於部從事。故自五大都督府至於上、中、下郡，司馬之事盡去，唯員與俸在。凡內外文武官左遷右移者，第居之；凡執伎事上與給事於省、寺、軍府者，遙署之；凡仕久資高耄昏軟弱不任事而時不忍棄者，實蒞之。蒞之者，進不課其能，退不殿其不能，才不才一也。……」按：唐代臺省及郡邑之廳均有壁記，《封氏聞見記》卷五云：「朝廷百司諸廳皆有壁記，敍官秩創置及遷授始末，原其作意，蓋欲著前政履歷而發將來健羨焉。故爲記之體貴其說事詳雅不爲苟飾，而近時作記多措浮辭褒美人材，抑揚閥閱，殊失記事之本意。韋氏《兩京記》云：『郎官盛寫壁記以記當廳前後遷除出入，寖以成俗。』然則壁記之由，當是國朝以來始自臺省，遂流郡邑耳。」白氏此文，蓋江州司馬廳之壁記也。又按：司馬一職自武德後卽淪爲閑冗之官。尤自肅、代以後，遍設節度、觀察使，而定制之幷、荆、揚、益、恒五大都督府已僅存虛名。節度、觀察自辟判官、參謀、掌書記，都督以下之長史、司馬皆無所用矣。判官、參謀、掌書記之類皆幕職，卽居易所稱之部從事也。支郡有事，則使府之幕職往理之，或刺史縣令缺，皆得以幕職權知。甚且有以司馬爲遙署之官，名實相去有如是者，覩白氏此文而益信然，蓋可補唐史之闕疑。又白氏有《司馬廳獨宿》詩（卷十）：「荒涼滿庭草，偃亞侵簷竹。府吏下廳簾，家僮開被襆。數聲城上漏，一點窗間燭。官曹冷似冰，誰肯來同宿？」極寫司馬官曹之冷，可與此文相參證。

《對酒示行簡》詩（卷七）：「今旦一樽酒，歡暢何怡怡！此樂從中來，他人安得知？兄弟唯二人，遠別恒苦悲。今春自巴峽，萬里平安歸。……行簡勸爾酒，停盃聽我辭。不歎鄉國遠，不嫌官祿微，但願我與爾，終老不相離。」按：《汪譜》繫此詩於元和十五年，非是。蓋係據白氏「今春自巴峽，萬里平安歸」二句詩意臆測居易兄弟於是年自蜀中歸長安也。實則此二句詩乃指行簡自巴峽歸江州而言。據白氏《別行簡》詩（卷十），白行簡於元和九年五、六月間應劍南東川節度使盧坦之聘赴梓州。又據白氏《得行簡書聞欲下峽先以此寄》詩（卷十七）云：「朝來又得東川信，欲取春初發梓州。書報九江聞覽喜，路經三峽想還愁。」此詩《汪譜》亦繫於元和十三年，則知行簡係於元和十三年春間出峽至江州與居易歡聚，而非元和十五年。詩亦應繫於是年。

《郭虛舟相訪》詩（卷七）：「朝暖就南軒，暮寒歸後屋。晚酌一兩杯，夜棋三數局。寒灰埋暗火，曉焰凝殘燭。不嫌貧冷人，時來同一宿。」按：「郭虛舟」乃鍊師，與居易相識於江州，有《同微之贈別郭虛舟鍊師五十韻》詩（卷二二）云：「我爲江司馬，君爲荆判司。俱當愁悴日，始識虛舟師。」同時在江州又有《尋郭道士不遇》詩（卷十七）。元稹有《和樂天尋郭道士》詩，均指虛舟。

《早秋晚望兼呈韋侍御》詩（卷十）：「九派繞孤城，城高生遠思。人煙半在船，野水多於地。穿霞日脚直，驅雁風頭利。去國來幾時？江上秋三至。夫君亦淪落，此地同飄寄。憫默向隅心，摧頹觸籠翅。且謀眼前計，莫問胸中事。潯陽酒甚濃，相勸時時醉。」按：「韋侍御」，名未詳，白氏有《清明日送韋侍御貶虔州》（卷十七）、《山中戲問韋侍御》（卷十七），與此詩俱作於江州，則詩中所指之韋侍御，當同爲一人。又按：本詩題那波本作「早秋晚望兼呈韋侍」，「侍」下脫「御」字。馬本、《全唐詩》作「韋侍郎」，俱誤。據白氏另二首贈韋侍御詩，則當作「韋侍御」，從宋本改正。又《全唐詩》注云：「一作『御』。」亦非。

《夢與李七庾三十三同訪元九》詩（卷十）：「夜夢歸長安，見我故親友。損之在我左，順之在我右。云是二月天，春風出攜手。同過靖安里，下馬尋元九。……」按：「李七」爲李宗閔，字損之。《舊唐書》卷一七六、《新唐書》卷一七四俱有傳。白氏《廬山草堂夜雨獨宿寄牛二李七庾三十二員外》（卷十七）、《京使迴累得南省諸公書因以長句詩寄謝薦五劉二元八吳十一韋大陸郎中崔二十二牛二李七庾三十三李六李十楊三樊大楊十二員外》（卷十八）兩詩中之「李七」，亦指宗閔。「庾三十三」爲庾敬休，字順之。《舊書》卷一八七下、《新書》卷一六一有傳。白氏詩涉及庾三十二者極夥，如《東南行一百韻寄通州元九侍御澧州李十一舍人果州崔二十二使君開州韋大員外庾三十二補闕杜十四拾遺李二十助教員外竇七校書》（卷十六）、《三月三日登庾樓寄庾三十二》（卷十六）、《廬山草堂夜雨獨宿寄牛二李七庾三十二員外》（卷十七）等詩，《京使迴》（卷十八）一詩亦稱「庾三十二」，唯此篇與《潯陽歲晚寄元八郎中庾三十三員外》（卷十七）及元稹《酬樂天東南行》詩注作「庾三十三」，岑仲勉《唐人行第錄》謂「三十三」係「三十二」之訛，其說良是。花房英樹據天海校本《白集·東南行一百韻》原注「庾三十三神貌迂徐，當時亦自爲薦庾」，謂「三十二」係「三十三」之誤，論據似亦不足。

《夢亡友劉太白同遊章敬寺》詩（卷十七）：「三千里外臥江州，十五年前哭老劉。昨夜夢中章敬寺，死生魂魄暫同遊。」按：「劉太白」卽劉敦質。劉敦質死於貞元二十年，據此詩句推算，當爲元和十三年所作。「章敬寺」在長安城東。《長安志》卷十：「大曆元年，作章敬寺於長安之東門。……內侍魚朝恩請以通化門外莊爲章敬皇后立寺。故以『章敬』爲名。」又「章敬寺」各本《白集》俱誤作「彰敬寺」。何義門校云：「『彰』疑作『章』。」其說是也。考肅宗皇后吳氏謚曰「章敬」。今據何校及《舊唐書》、《新唐書·后妃傳》改正。《全唐詩》「彰」下注云：「一作『章』。」非。

《山中酬江州崔使君見寄》詩（卷十七）：「眷盼情無限，優容禮有餘。三年爲郡吏，一半許山居。酒熟心相待，詩來手自書。庾樓春好醉，明日且迴車。」按：「江州崔使君」爲江州刺史崔能。陳思《寶刻叢編》卷十五：「唐崔融《遊東林寺詩》，正書，無姓名，元和十三年二月二十九日曾孫江州刺史能重刻（《復齋碑錄》）。」考《新唐書》卷七二下《宰相世系表》南祖崔氏：「能，字子才，嶺南節度使、清河郡公。」《舊唐書》卷十六《穆宗紀》：「（元和十五年九月丙寅）以將作監崔能爲廣州刺史、充嶺南節度使。」《舊唐書》卷一七七《崔愼由傳》：「崔愼由，字敬止，清河武城人。高祖融，位終國子司業，謚曰文。……父從，少孤貧，寓居太原，與仲兄能同隱山林，……從兄能，少勵志苦學，累辟使府。元和初爲蜀州刺史，六年轉黔中觀察使，坐爲南蠻所攻，陷郡邑，貶永州刺史。穆宗卽位，弟從居顯列，召拜將作監。長慶四年九月出爲廣州刺史、御史大夫、嶺南節度使，卒。」據《舊傳》，則能或自永州刺史量移江州刺史再召爲將作監。又白氏《題崔使君新樓》中之「崔使君」，同爲一人。

《聞李尚書拜相因以長句寄賀微之》詩（卷十七）：「憐君不久在通川，知已新提造化權。」按：「李尚書」爲李夷簡。考元和十二年十月至元和十三年三月間，李姓入相者，除李夷簡外有李鄘。《舊唐書》卷十五《憲宗紀》：「（元和十二年十月）甲申（《新表》作甲戌），以淮南節度使檢校左僕射李鄘爲門下侍郎、同中書門下平章事。」又云：「（元和十三年三月）庚子（《新表》作戊戌），以御史大夫李夷簡爲門下侍郎、同平章事。宰相李鄘守戶部尚書，罷知政事。……（七月）辛丑，以門下侍郎、同平章事李夷簡檢校左僕射、同平章事、揚州大都督府長史、淮南節度使。」夷簡元和八年正月檢校戶部尚書、成都尹、充劍南西川節度使，十三年三月召爲御史大夫，再入相。亦見《舊唐書·憲宗紀》及《新唐書》卷一三一本傳。故白氏此詩稱之曰「尚書」。又白詩約作於元和十三年四五月間，元稹和詩云：「尚書入用雖旬月，司馬銜寃已十年。若待更遭秋瘴後，便愁平地有重泉。」其和作必與白詩相去不久，如白詩指李鄘，則元詩「旬月」、「秋瘴」之句便不可解。故「李尚書」係夷簡可斷言無疑。花房英樹謂指李鄘，失考。又按：元稹及李夷簡友情契洽，故此詩謂夷簡入相，元稹必得志。蓋唐中葉後，親知在相位，必得其左右，乃常人意中所有之事耳。又唐人常以「造化權」等詞語稱宰相，殊不以爲嫌，如劉禹錫《和東川王相公新漲驛池八韻》詩云：「今日池塘上，初移造物權。」亦此意也。

《李白墓》詩（卷十七）：「採石江邊李白墳，遶田無限草連雲。可憐荒隴窮泉骨，曾有驚天動地文。但是詩人多薄命，就中淪落不過君。」按：居易於青蓮服膺倍至，其詩文屢及之。李白初葬龍山，後遷青山，去舊墳六里。范傳正《唐左拾遺翰林學士李公新墓碑》云：「卜宅於青山之陽，以元和十二年正月二十三日遷神於此，遂公之志也。西去舊墳六里，南抵驛路三百步，北倚謝公山，卽青山也。」《輿地紀勝》卷十八《太平府》：「唐李白墓在縣東十七里青山之北。李陽冰爲當塗令，白往依之，悅謝家青山欲終焉。寶應元年卒，葬龍山東。今采石亦有墓及太白藁殯之地，後遷龍山。元和十二年宣歙觀察使范傳正委當塗令諸葛縱改葬青山之址，去舊墳六里。白樂天《李白墓》詩云……」考采石乃白之衣冠塚，《輿地紀勝》所記蓋誤。

《問韋山人山甫》詩（卷十七）：「身名身事兩蹉跎，試就先生問若何？從此神仙學得否？白鬚雖有未爲多。」按：《唐國史補》（卷中）云：「韋山甫以石流黃濟人嗜欲，故其術大行，多有暴風死者。其徒盛言山甫與陶貞白同壇受籙，以爲神仙之儔。長慶二年卒於餘干，江西觀察使王仲舒遍告人曰：『山甫老病而死，死而速朽，無小異於人者。』」《唐語林》卷六引此條同。《舊唐書》卷一七一《裴潾傳》：「潾上疏諫曰：『……伏見自去年以來，諸處頻薦藥術之士，有韋山甫、柳泌等。』」

《春聽琵琶兼簡長孫司戶》詩（卷十七）：「四絃不似琵琶聲，亂寫眞珠細撼鈴。指底商風悲颯颯，舌頭胡語苦醒醒。如言都尉思京國，似訴明妃厭虜庭。遷客共君相勸諫，春腸易斷不須聽。」按：「長孫司戶」，疑郎白氏《盧昂量移虢州司戶長孫鉉量移遂州司戶同制》（卷五二）文中之長孫鉉。《唐國史補》（卷中）云：「盧昂主福建鹽鐵，贓罪大發，有瑟瑟枕大如半斗，以金牀承之。御史中丞孟簡案鞫旬月，乃得而進。……」考孟簡爲御史中丞在元和十三年，見《舊唐書》卷一六五《孟簡傳》。盧昂貶官當在是時，長孫鉉或係偕盧昂同時貶官者，亦與白氏此詩時間相合。

《江西裴常侍以優禮見待，又蒙贈詩，輒叙鄙誠，用伸感謝》詩（卷十七）：「一從簪笏事金貂，每借溫顏放折腰。長覺身輕離泥滓，忽驚手重捧瓊瑤。馬因迴顧雖增價，桐遇知音已半燋。他日秉鈞如見念，壯心直氣未全銷。」按：「江西裴常侍」爲江西觀察使裴堪。《舊唐書·憲宗紀》上：「（元和七年）十一月甲申，以同州刺史裴堪爲江西觀察使。」光緒《江西通志》卷八：「裴堪，江西觀察使、洪州刺史，元和中任。」裴堪，長慶初致仕，卒於寶曆元年，罷江西之時間不詳，據白氏此詩及《初除官蒙裴常侍贈鶻銜瑞草緋袍魚袋，因謝惠貺，兼抒離情》詩（卷十七），劉禹錫《送湘陽熊判官孺登府罷歸鍾陵，因寄呈江西裴中丞二十三兄》詩，可證元和十三年底白氏還忠州刺史時，裴堪仍在江西任，吳廷燮《唐方鎮年表》繫裴次元於元和十三年，誤。白氏又有《除裴堪江西觀察使制》（卷五五），岑仲勉《白氏長慶集僞文》謂係僞作，所考良是。惟其《唐人行第錄》中「裴中丞二十三兄」謂係裴誼，則大誤。詳見拙作《從唐代文學的人名工具書談到岑著唐人行第錄》一文（光明日報《文學遺產》第四四〇期）。又按：顧學頡《白居易年譜簡編》元和十三年戊戌（八一八）謂「裴常侍」爲裴次元，亦係承襲《唐方鎭年表》之誤。

《除忠州寄謝崔相公》詩（卷十七）：「提拔出泥知力竭，吹噓生翅見情深。」按：「崔相公」爲崔羣。元和初，與白居易同爲翰林學士。元和十二年七月拜中書侍郎、同中書門下平章事。見《舊唐書》卷一五九、《新唐書》卷一六五本傳。據此詩，可知居易自江州司馬除忠州刺史，崔羣之力也。白氏又有《題新居寄宣州崔相公》（卷二三）、《華城西北雉堞最高，崔相公首創樓臺，錢左丞繼種花果，合爲勝境，題在雅篇，歲暮獨遊，悵然成咏》（卷二五）、《花前有感兼呈崔相公劉郎中》（卷二五）詩、《祭崔相公文》（卷七〇）中之「崔相公」均指崔羣。

《洪州逢熊孺登》詩（卷十七）：「靖安院裏辛夷下，醉笑狂吟氣最麤。莫問別來多少苦，低頭看取白髭鬚。」按：熊孺登，《唐才子傳》卷六：「孺登，鍾陵人，有詩名。元和中爲西川從事，與白舍人、劉賓客善，多贈答。亦祗役湘中數年。凡下筆，言語妙天下。」光緒《江西通志》卷一三四引《豫章書》云：「熊孺登，鍾陵人，元和進士，官藩鎭從事。有詩名，與白樂天、劉夢得相唱和。白有《洪州逢孺登》詩云：『靖安院裏辛夷下，醉笑狂吟氣最麤。』劉有《送孺登歸鍾陵》詩云：『儉留馬卿賦，袖有劉宏書。』有詩一卷。」劉詩即《送湘陽熊判官孺登府罷歸鍾陵因寄呈江西裴中丞二十三兄》詩，以白詩證之，當作於元和十三年。又白氏《與微之書》（卷四十五）云：「僕初到潯陽時，有熊孺登來，得足下前年病甚時一札，上報疾狀，次敍病心，終論平生交分，且云危惙之際，不暇及他，唯收數帙文章，封題其上曰：他日送達白二十二郎，便請以代書。」則白氏元和十年初到潯陽時，孺登亦嘗至江州，蓋先官西川，再赴湘中也。

元和十四年己亥（八一九），四十八歲。

春，離江州赴忠州刺史任。弟行簡隨行。途中會鄂岳觀察使李程（表臣）於武昌。時元稹離通州赴虢州長史任，三月十一日相遇於黃牛峽口石洞中，停舟夷陵，置酒賦詩，三日而別。二十八日抵忠州。與萬州刺史楊歸厚以詩贈答。有《東林寺經藏西廊記》、《三遊洞序》、《傳法堂碑》、《忠州刺史謝上表》、《賀平淄青表》、《賀上尊號後大赦天下表》及《初入峽有感》、《過昭君村》、《自江州至忠州》、《初到忠州登東樓寄萬州楊八使君》、《西樓夜》、《東樓曉》、《寄王質夫》、《南賓郡齋卽事寄楊萬州》、《招蕭處士》、《庭槐》、《送客回晚興》、《東樓竹》、《九日登巴臺》、《東城尋春》、《江上送客》、《桐花》、《徵秋稅畢題郡南亭》、《歲晚》、《負冬日》、《別草堂》、《鍾陵餞送》、《潯陽宴別》、《戲贈戶部李巡官》、《行次夏口先寄李大夫》、《重贈李大夫》、《對鏡吟》、《江州赴忠州至江陵以來舟中示舍弟五十韻》、《題岳陽樓》、《入峽次巴東》、《十年三月三十日，別微之於澧上，十四年三月十一日夜，遇微之於峽中，停舟夷陵，三宿而別》、《題峽中石上》、《夜入瞿唐峽》、《初到忠州贈李六》、《郡齋暇日憶廬山草堂兼寄二林僧社三十韻，多敍貶官已來出處之意》、《贈康叟》、《鸚鵡》、《京使回累得南省諸公書，因以長句詩寄謝》、《東城春意》、《木蓮樹生巴峽山谷間（略）》、《種桃杏》、《新秋》、《龍昌寺荷池》、《聽竹枝贈李侍御》、《寄胡餅與楊萬州》、《感櫻桃花因招飲客》、《東亭閑望》、《畫木蓮花圖寄元郎中》、《和李澧州題韋開州經藏詩》、《九日題塗谿》、《卽事寄微之》、《題郡中荔枝詩十八韻兼寄萬州楊八使君》、《留北客》、《重寄荔枝與楊使君時聞楊使君欲種植故有落句之戲》、《和萬州楊使君四絕句》、《和行簡望郡南山》、《種荔枝》、《陰雨》、《送客歸京》、《送蕭處士遊黔南》、《東樓醉》、《寄微之》、《東樓招客夜飲》、《醉後戲題》、《冬至夜》、《竹枝詞四首》、《酬嚴中丞晚眺黔江見寄》、《寄題楊萬州四望樓》、《答楊使君登樓見憶》、《除夜》等詩。

元稹在虢州長史任。秋，女樊殤。冬，召還，授膳部員外郎。劉禹錫在連州刺史任。本年，母卒，奉柩返洛陽。柳宗元卒，年四十七歲。

正月，刑部侍郎韓愈諫迎佛骨，貶爲潮州刺史。旋移袁州。二月，李師道爲部下所殺，淄青亂平。四月，裴度罷。七月，令狐楚同中書門下平章事。十二月，崔羣罷爲湖南觀察使。

【箋證】

《三遊洞序》（卷四三）：「平淮西之明年冬，予自江州司馬授忠州刺史，微之自通州司馬授虢州長史。又明年春，各祗命之郡，與知退偕行。三月十日，參會於夷陵。翌日，微之反棹送予至下牢戍。又翌日，將別未忍，引舟上下者久之。……」按：元和十二年十月，李愬雪夜入蔡州，擒吳元濟，淮西平定。「明年冬」卽元和十三年冬。黃庭堅愛此文，書而刻於夷陵。《山谷題跋、跋自書樂天三遊洞序》云：「元和初，盜殺武丞相於通衢，樂天以贊善大夫是日上疏論天下根本，所言忤君相案劍之意，謫江州司馬數年。平淮西之明年，乃遷忠州刺史。觀其言行，藹然君子也。余往來三遊洞下，未嘗不想見其人。門人唐履因請書樂天序刻之夷陵，向竇聞之，欣然買石具其費，遂與之。」《清統志・宜昌府》：「三遊洞在東湖縣西北二十里江北岸，唐白居易與弟知退及元微之三人遊此，各賦詩，居易爲之序。宋歐陽修、蘇軾、蘇轍俱有三遊洞詩，州人以是爲後三遊。」《入蜀記》卷六云：「洞大如三間屋，有一穴通人過，然陰黑峻險尤可畏，繚山腹傴僂自巖下至洞前差可行。然下臨溪潭，石壁十餘丈，水聲恐人。又二穴，後有壁，可居，鐘乳歲久垂地若柱，正當穴門。」又《元和郡縣志・闕逸》引《玉海》云：「下牢鎭在（峽州夷陵）縣西二十八里，隋於此置峽州。」

《傳法堂碑》（卷四一）：「王城離域有佛寺號興善寺之次也，有僧舍名傳法堂。先是大徹禪師宴居於是寺，說法於是堂，因名焉。有問師之名迹，曰：號惟寬，姓祝氏，衢州信安人。祖曰安，父曰皎。生十三歲出家，二十四具戒，僧臘三十九，報年六十三，終興善寺，葬灞陵西原，詔諡曰大徹禪師。……」按：僧惟寬乃禪宗南嶽讓禪師法嗣一世馬祖道一弟子，與居易師佛光寺如滿禪師同爲禪宗南嶽系統第二世法嗣，故年輩較居易爲長。參見《五燈會元》卷三。

《忠州刺史謝上表》（卷六一）：「臣某言：臣以去年十二月二十日伏奉勑旨，授臣忠州刺史，以今月二十八日到本州，當日上訖。……」按：唐制，非節度、觀察州，則刺史只有謝上一表，此後即不得上表。白氏杭、蘇兩州均有謝上表。並參見《自江州至忠州》（卷十一）、《初到忠州登東樓寄萬州楊八使君》（卷十一）、《自江州司馬授忠州刺史仰荷聖澤聊書鄙誠》（卷十七）等詩。

《初到忠州登東樓寄萬州楊八使君》詩（卷十一）：「我懷巴東守，本是關西賢。」按：「萬州楊八使君」爲萬州刺史楊歸厚。歸厚元和七年十二月，自拾遺貶國子主簿分司，歷典萬、唐、壽、鄭、虢五州，大和六年卒於虢州任上。劉禹錫《禁中寄楊八壽州》、《寄楊虢州與之舊姻》、《寄楊八拾遺》、《寄唐州楊八歸厚》、《祭虢州楊庶子文》諸作，柳宗元《奉酬楊侍郎，因送八叔拾遺戲贈詔追南來諸賓》詩，均指歸厚也。白氏《楊歸厚授唐州刺史制》（卷五〇）云：「以歸厚文行器能，辱在巴峽，勵精爲理，績茂課高，區區萬州，豈盡所用。」則知歸厚刺唐州在萬州之後。又劉禹錫《祭虢州楊庶子文》云：「與君交歡，已過三紀。維私之愛，與衆無比。乃命長嗣，爲君半子。誰無外姻，君實知己。」則歸厚不僅與禹錫同爲僚婿，且爲禹錫長子咸允之妻父也。又按：花房英樹《白氏文集の批判的研究》中「楊萬州」及「楊使君」均誤作楊虞卿。考白氏以元和十三年十二月二十日自江州司馬授忠州刺史，元和十五年夏召爲司門員外郎，此時期內，酬楊萬州之詩甚夥。如《題郡中荔枝詩十八韻兼寄萬州楊八使君》（卷十八）、《和萬州楊使君絕句》（卷十八）、《送高侍御使迴因寄楊八》（卷十八)、《答楊使君登樓見憶》(卷十八)、《寄胡餅與楊萬州》(卷十八)、《寄題楊萬州四望樓》(卷十八)等詩中之「楊八」、「楊使君」、「楊萬州」均指歸厚，而非楊虞卿。蓋楊虞卿在元和末、長慶初任職京曹，固未出長州郡，至大和七年始出爲常州刺史，見《舊唐書》卷一七六《楊虞卿傳》及《咸淳毗陵志》卷七。

《寄王質夫》詩(卷十一)：「憶始識君時，愛君世緣薄。我亦吏王畿，不爲名利著。春尋仙遊洞，秋上雲居閣。……我守巴南城，君佐征西幕。年顏漸衰颯，生計仍蕭索。方含去國愁，且羨從軍樂。」按：居易爲盩厔尉時，王質夫隱居於盩厔城南仙遊山薔薇澗，過從甚密。據此詩知質夫後出仕，是年在征西幕中。參見白氏《招王質夫》(卷五)、《祗役駱口因與王質夫同遊秋山偶題三韻》(卷五)、《翰林院中感秋懷王質夫》(卷九)、《和王十八薔薇澗花時有懷蕭侍御兼見贈》(卷十三)等詩。

《招蕭處士》詩(卷十一)：「東郊蕭處士，聊可與開眉。」按：此詩《汪譜》繫於元和十五年，非是。居易離忠州赴長安約在元和十五年春末夏初之際，故其《發白狗峽，次黃牛峽，登高寺却望忠州》(卷十八)詩云：「巴曲春全盡，巫陽雨初收。」可知是年留居忠州之時間極短暫，復參以此詩前後諸篇之時間，應繫於元和十四年。白氏又有《送蕭處士遊黔南》(卷十八)、《戲贈蕭處士清禪師》(卷十八)兩詩，均同爲一人。

《行次夏口先寄李大夫》詩(卷十七)：「連山斷處大江流，紅旆逶迤鎮上游。幕下翺翔秦御史，軍前奔走漢諸侯。曾陪劍履升鸞殿，欲謁旌幢入鶴樓。假著緋袍君莫笑，恩深始得向忠州。」按：「李大夫」爲李程。《舊唐書》卷一六七本傳：「(元和)十三年六月，出爲鄂州刺史、鄂岳觀察使。」居易於元和十四年二月間自江州溯江西去忠州，約月末至夏口，蒙李程盛情款待。劉禹錫有《鄂渚留別李二十一表臣大夫》、《答表臣贈別》、《出鄂州界懷表臣二首》、《重寄表臣二首》等詩，均係酬李程之作，知兩人交誼亦甚厚也。又按：《舊唐書・穆宗紀》：「(長慶二年十二月癸丑)，以前黔中觀察使崔元略爲鄂岳蘄黃安等州觀察使。」劉禹錫《爲鄂州李大夫祭柳員外文》云：「予來夏口，忽復三年。」則李程長慶初仍在鄂岳，元略必爲程之後任。又《舊唐書・李程傳》：「(貞元)二十年，入朝爲監察御史。其年秋，召充翰林學士。順宗即位，爲王叔文所排，罷學士。」但據丁居晦《重修承旨學士壁記》，李程貞元二十年九月二十七日自監察御史充翰林學士，二十一年三月十七日加水部員外郎。元和三年七月二十三日知制誥。其年出院，授隨州刺史。故岑仲勉《翰林學士壁記注補》云：「今據《丁記》，則程并未罷，然《翰林院故事》祗記至水外而止，何也？」岑氏雖對此提出異問，然未能遽定《舊傳》爲誤。但同卷下一首白氏《重贈李大夫》詩云：「早接清班登玉陛，同承別詔直金鑾。鳳巢閣上容身穩，鶴鎖籠中展翅難。流落多年應是命，量移遠郡未成官。慚君獨不欺顦顇，猶作銀臺舊眼看。」此詩謂元和初與李程同在翰林，所指甚明，與《丁記》相合，足以訂定《舊傳》之誤。

《贈康叟》詩(卷十八)：「八十秦翁老不歸，南賓太守乞寒衣。再三憐汝非他意，天寶遺民見漸稀。」按：「康叟」，王士禎謂即康洽，非是。其所撰《古夫于亭雜錄》卷五云：「盛唐詩人多有贈康洽之作。最傳者李頎所謂『西上雖因長公主，還須一見曲陽侯』，蓋指楊國忠暨秦、虢輩也。後長慶中白居易作忠州刺史，亦有贈康詩云：『殷勤憐汝無他意，天寶遺民見漸稀。』天寶至是已歷六朝而康猶在，則祿山之亂流落西蜀，至元和、長慶之時亦已老矣。又按：段安節《樂府雜錄》有康老子者，是長安富家子，常與國樂游處，家產蕩盡，後以半千從一嫗買得冰蠶絲褥，遇波斯胡酬直千萬，不經年復盡。尋卒，伶人嗟惜之，遂製此曲，亦名《得至寶》。似又別是一人。」考《全唐詩》有李頎《送康洽入京進樂府歌》（卷一三三）、李端《贈康洽》（卷二八四）等詩。李端《贈康洽》詩云：「黃鬚康兄酒泉客，平生出入王侯宅。今朝醉臥又明朝，忽憶故鄉頭已白。……邇來七十遂無機，空是咸陽一布衣。」端大曆五年進士，見《登科記考》卷十引《唐才子傳》及《極玄集》，其卒年不詳，但據《全唐詩》卷二九五衞象《傷十子端》詩云：「官卑楊執戟，年少賈長沙。」則必壯年早逝，去大曆不甚遠，《贈康洽》詩亦當作於大曆間，洽時年已七十餘。復考《唐才子傳》卷四云：「洽，酒泉人，黃鬚美丈夫也。盛時攜琴劍來長安，謁當道，氣度豪爽。工樂府詩篇，宮女梨園，皆寫於聲律。玄宗亦知名，嘗歎美之。……後遭天寶亂離，飄蓬江表。至大曆間，年已七十餘，龍鍾衰老，談及開元繁盛，流涕無從。往來兩京，故侯館轂空，咸陽一布衣耳。」以辛文房所記證之，則元和末，唐洽已在百歲以上，顯非白詩中之「八十秦翁」康叟，漁洋蓋失考。且其所謂居易長慶中作忠州刺史亦誤，白氏刺忠州在元和末也。又《寶刻叢編》卷十九引《復齋碑錄》云：「唐明皇《送太守康公詩》，唐明皇御製並行書，古篆額，天寶十三年二月建。」又云：「《唐御製御書詩刻石記》：「唐南賓太守康昭遠謹述，天寶十三年甲午二月七日癸酉建。」時間相近，疑與此康叟有關，白詩中之康叟或即爲康昭遠之後人，俟考。

《和李澧州題韋開州經藏詩》（卷十八）：「既悟蓮花藏，須遺貝葉書。菩提無處所，文字本空虛。觀指非知月，忘筌是得魚。聞君登彼岸，捨筏復何如？」按：「李澧州」爲李建。白氏有《聞李十一出牧澧州，崔二十二出牧果州，因寄絕句》詩（卷十六）。「韋開州」爲韋處厚。元和十一年九月辛未，貶韋處厚爲開州刺史。見《舊唐書・憲宗紀》。白氏《祭中書韋相公文》（卷六九）：「元和中出守開、忠二郡日，公先以《喻金鑛偈》相問，往復再三，繇是法要心期，始相會合。」此「中書韋相公」亦指處厚。考處厚與韋貫之善，元和十一年開州之貶，即緣韋貫之諫鎭蔡用兵之故。處厚在開州時作《盛山十二詩》，元和十五年二月，自戶部郎中、知制誥充侍講學士。長慶二年四月遷中書舍人。見岑仲勉《翰林學士壁記注補》。韓愈爲作詩云：「於時應而和者凡十人，及此年，韋侯爲中書舍人侍講《六經》禁中，和者通州元司馬爲宰相，洋州許使君爲京兆，忠州白使君爲中書舍人，李使君爲諫議大夫，黔府嚴中丞爲祕書監，溫司馬爲起居舍人，皆集闕下。」謂元稹、許康佐、白居易、李景儉、嚴謩、溫造，其中多半亦爲居易之知交也。劉禹錫《唐故中書侍郎平章事韋公集紀》即爲處厚作，其中亦稱處厚爲崔羣之摯友，崔羣與居易、禹錫皆同甲子而爲至交，可知居易、禹錫亦皆與處厚相善。後處厚爲相日，居易刑部侍郎之除，禹錫集賢學士之命，不盡由裴度之援，而處厚亦與有力焉。

《和行簡望郡南山》詩（卷十八）：「反照前山雲樹明，從君苦道似華淸。試聽腸斷巴猿叫，早晚驪山有此聲。」按：南山卽忠州翠屏山。白行簡原作《望郡南山》詩云：「臨江一嶂白雲間，紅綠層層錦繡斑。不作巴南天外意，何殊昭應望驪山？」此詩那波本、馬元調本俱誤作居易《望郡南山寄行簡》，《蜀中名勝記》亦誤引爲居易所作。又按：行簡原作，汪立名本附《和行簡望郡南山》詩後。《全唐詩》無此詩。盧文弨校：「《望郡南山》題下空八格，題『行簡』二字，此行簡詩也。俗本乃作《寄行簡》，大誤。六朝陰、何及唐人韋蘇州、劉隨州等集，凡他人元倡，皆置在前，和章則置在後，俱與本集平寫，不低一格。至明代以來，刻《唐四傑集》、《杜少陵集》，不分元倡和章，盡置本人詩後，又低一字以別之。近來名公刻集，亦依此例，遂不知有古法矣。」盧校是也。

《酬嚴中丞晚眺黔江見寄》詩（卷十八）：「江水三迴曲，愁人兩地情。磨圍山下色，明月峽中聲。晚後連天碧，秋來徹底淸。臨流有新恨，照見白鬚生。」按：「嚴中丞」爲黔中觀察使嚴謨。《舊唐書·憲宗紀》：「（元和十四年二月己酉朔，以商州刺史嚴謨爲黔中觀察使。」《郎官考》卷十四《度支員外郎》引同。吳廷燮《唐方鎭年表》卷六引《舊紀》謂嚴謨爲黔中觀察使在元和十四年三月己卯，蓋誤。（按：中華書局一九八〇年版標點本已改正）白氏有《送嚴大夫赴桂州》詩（卷十九），亦酬謨之作。

元和十五年庚子（八二〇），四十九歲。

夏，自忠州召還。經三峽，由商山路返長安，除尙書司門員外郎。（按：《陳譜》、《汪譜》均誤繫於元和十五年冬。）十二月，充重考訂科目官。二十八日，改授主客郎中、知制誥。有《續虞人箴》、《荔枝圖序》、《論重考科目人狀》及《東城尋春》、《江上送客》、《早祭風伯因懷李十一舍人》、《花下對酒二首》、《不二門》、《我身》、《哭王質夫》、《東坡種花二首》、《登城東古臺》、《哭諸故人因寄元八》、《郡中春宴因贈諸客》、《開元寺東池早春》、《東澗種柳》、《臥小齋》、《步東坡》、《登龍昌上寺望江南山懷錢舍人》、《郊下》、《遣懷》、《宿溪翁》、《重過壽泉憶與楊九別時因題店壁》、《東城春意》、《春至》、《感春》、《春江》、《題東樓前李使君所種櫻桃花》、《巴水》、《野行》、《送高侍御使回因寄楊八》、《奉酬李相公見示絕句》、《喜山石榴花開》、《戲贈蕭處士清禪師》、《錢虢州以三堂絕句見寄，因以本韻和之》、《三月三日》、《寒食夜》、《代州民問》、《答州民》、《荔枝樓對酒》、《房家夜宴喜雪戲贈主人》、《醉後贈人》、《初除尙書郎脫刺史緋》、《留題開元寺上方》、《別種東坡花樹兩絕》、《別橋上竹》、《發白狗峽次黃牛峽登高寺却望忠州》、《棣華驛見楊八題夢兄弟詩》、《商山路有感》、《商山路驛桐樹昔與微之前後題名處》、《惻惻吟》、《吟元郎中白鬚詩兼飲雪水茶，因題壁上》、《吳七郎中山人待制班中偶贈絕句》、《和張十八祕書謝裴相公寄馬》、《答山侶》、《早朝思退居》、《曲江亭晚望》、《初除主客郎中知制誥與王十一李七元九三舍人中書同宿話舊感懷》等詩。

五月，以元稹爲祠部郎中、知制誥。劉禹錫在洛陽丁母憂。

正月二十七日，憲宗服柳泌金丹暴卒，傳爲宦官陳弘志所毒殺。右神策中尉梁守謙等立太子恒（穆宗），殺左神策中尉吐突承璀。皇甫鎛貶爲崖州司戶。蕭俛、段文昌同中書門下平章事。李德裕、李紳、庾敬休爲翰林學士，七月，令狐楚罷爲宣歙池觀察使。八月，令狐楚再貶衡州刺史。崔植同中書門下平章事。九月，韓愈自袁州刺史召還，除國子祭酒。李絳爲御史大夫。十月，王承宗卒。十一月，檢校司徒鄭餘慶卒。是年，張籍爲祕書郎。

【箋證】

《論重考科目人狀》（卷六〇）：「右臣等奉中書門下牒，稱奉進旨令臣等重考定聞奏者。臣等竊有所見，不敢不奏。伏以今年吏部科第，不置考官，唯遣尙書侍郎二人考試。吏部事至繁劇，考迸固難精詳，所迸文書未免瑕病，臣等若苦考覆，退者必多。韓皐累朝舊臣，伏料陛下不能以小事致責。……」按：《舊唐書》卷一二九《韓皐傳》：「（元和十五年）十二月，以銓司考科目人失實，與刑部侍郎、知選事李建罰一月俸料。」白氏此文所指，當卽此事。

《早祭風伯因懷李十一舍人》詩（卷十一）云：「忽憶早朝日，與君趨紫庭。步登龍尾道，却望終南青。」按：

「李十一舍人」爲李建。建出刺澧州在元和十一年冬，前此曾以兵部郎中知制誥，元和末除禮部侍郎。見《舊唐書》卷一五五、《新唐書》卷一六二本傳。唐人知制誥亦得稱爲舍人，白氏作此詩時，建或猶未內召也。

《花下對酒二首》詩之二（卷十一）：「引手攀紅櫻，紅櫻落似霰。……何必花下杯，更待他人勸！」按：此詩與《蘇文忠公詩》卷四七《無題》詩同，疑係後人將白詩誤羼入蘇集者。

《哭王質夫》詩（卷十一）：「仙遊寺前別，別來十年餘。生別猶怏怏，死別復何如？客從梓潼來，道君死不虛。……衣上今日淚，篋中前月書。」按：據白氏元和十四年《寄王質夫》詩（卷十一）及此詩，知質夫卒於元和十四年末或十五年初。

《東坡種花二首》詩（卷十一）之一云：「持錢買花樹，城東坡上栽。」又之二云：「東坡春向暮，樹木今何如？」按：此詩《汪譜》繫於元和十四年，非是。蓋十四年春暮，居易方至忠州也。《陳譜》元和十五年：「初春有《東坡種花》詩。」今從《陳譜》。又按：蘇軾別號東坡本之居易詩，屢見前人記載。如《容齋三筆》卷五：「蘇公責居黃州，始自稱東坡居士，詳考其意，蓋專慕白樂天而然。……非東坡之名偶爾暗合也。」《二老堂詩話》：「白樂天爲忠州刺史，有《東坡種花》二詩，又有《步東坡》詩云：……本朝蘇文忠公不輕許可，獨敬愛樂天，屢形詩篇。蓋其文章皆主辭達，而忠厚好施，剛直盡言，與人有情，於物無著，大略相似。謫居黃州，始號東坡，其原必起於樂天忠州之作也。」《施注蘇詩》卷二二：「白樂天謫忠州，州有東坡，屢作詩以言之，故公在黃州亦作東坡，乃樂天之遺意也。」白氏又有《步東坡》（卷十一）、《西省對花憶忠州東坡新花樹因寄題東樓》（卷十九）等詩。《哭諸故人因寄元八》詩（卷十一）云：「好在元郎中，相識二十春。」按：「好在」乃唐人存問之辭。白氏《初到忠州贈李六》詩（卷十八）：「好在天涯李使君，江頭相見日黃昏。」《代人贈王員外》詩（卷十九）：「好在王員外，平生記得不？」均可證。馬元調、汪立名本俱誤作「好懷」。據宋本、那波本改正。又盧文弨校及《全唐詩》俱作「好狂」，亦非。

《登龍昌上寺望江南山懷錢舍人》詩（卷十一）：「騎馬出西郭，悠悠欲何之？獨上高寺去，一與白雲期。……」按：《方輿勝覽》卷六一《咸淳府》：「龍昌寺在臨江縣，今爲治平寺。白公嘗於寺旁植柳，……僧愛此柳，比之甘棠。」《蜀中名勝記》卷十九：「龍昌有上寺、下寺，俱唐建。在西山頂者爲上寺，即巴臺寺也。與翠屏山相對，故云可以望江南。志謂之巴子臺，巴子所築也，唐、宋詩刻存焉。下寺即治平寺。《寰宇記》曰：『龍昌寺在臨江縣東，今爲治平寺。』」《清統志·忠州》：「治平寺在州東一里，唐建，名龍昌，宋改今名。」白氏有《龍昌寺荷池》詩（卷十八），亦作於忠州。據此，則《方輿勝覽》、《清統志》所謂之治平寺乃龍昌下寺也。

《重過壽泉憶與楊九別時因題店壁》詩（卷十一）云：「他日君過此，殷勤吟此篇。」按：此詩係元和十五年居易由忠州回京時所作，據「他日君過此，殷勤吟此篇」詩句，可知此「楊九」決非楊弘貞。蓋弘貞卒於元和初，見白氏《傷楊弘貞》詩（卷九）。又據白氏《和東川楊慕巢尚書府中獨坐感戚在懷見寄十四韻》詩（卷三四）：「行斷風驚雁」句原注云：「慕巢及楊九、楊十前年來，兄弟三人，各在一處。」可知此「楊九」必係漢公無疑。

《春至》詩（卷十八）云：「閑拈蕉葉題詩詠，悶取藤枝引酒嘗。」按：黃徹《碧溪詩話》卷八：「辰人以藤代篘，酒名鉤藤。俗傳他處即不可用。或謂，但恐釀造之法異耳，所在皆可。樂天忠州《春至》詩云：『閑拈蕉葉題詩詠，悶取藤枝引酒嘗。』則巴蜀亦有之。」考黃氏所釋非是。《方輿勝覽》卷六一《咸淳府》：「引藤山在龍渠縣東十五里，山出引藤枝，俗用以取酒。」又云：「蜀地多山，多種黍爲酒，民家亦飲粟酒。地產藤枝，長十餘尺，其大如指，中空可吸，謂之引藤。屈其端置醅中注之如晷漏。本夷俗所尙，土人效之。」《明統志·重慶府》：「引藤山在忠州南四里，山出引藤，可以吸酒。」白氏詩「悶取藤枝引酒嘗」蓋指此。白氏又有《郡中春宴因贈諸客》詩（卷十一）云：「薰草席鋪座，藤枝酒注樽。」引藤即鉤藤，爲茜草科植物，學名 Uncaria rhynchophylla jacko。蜀地以外亦產之。清陳淏子《秘傳花鏡》卷四云：「鉤藤產自梁州，今秦、楚、江南、江西皆有。葉細長而青，其莖間有刺，儼若釣鉤，對節而生，其色紫赤，卷曲而堅利。長一二丈，大如指，中空。用致酒甕封口，插入取酒，以氣吸之，涓涓不絕。」可證《輿地紀勝》及《明統志》所記之不誣，白詩蓋寫實也。又杜甫《送從弟亞赴河西判官》詩「蘆管多還醉」句，仇兆鰲注引楊愼曰：「蘆酒以蘆爲筒，吸而飲之，今之咂酒也。又名鉤藤酒。見《溪蠻叢笑》。」則以蘆酒爲鉤藤酒，恐非是，蓋形似而非一物也。

《題東樓前李使君所種櫻桃花》詩（卷十八）：「身入靑雲無見日，手栽紅樹又逢春。唯留花向樓前著，故故拋愁與後人。」按：「李使君」爲忠州刺史李景儉。字寬中，坐貶江陵戶曹，累轉忠州刺史，元和末入朝。見《舊唐書》卷一七一、《新唐書》卷八一本傳。據《舊唐書·憲宗紀》，元和十一年九月，屯田郎中李宣爲忠州刺史。李景儉當爲其後任。白氏又爲景儉之後任。其《初到忠州贈李六》詩（卷十八），亦爲酬景儉之作。

《錢虢州以三堂絕句見寄，因以本韻和之》詩（卷十八）：「同事空王歲月深，相思遠寄定中吟。遙知清淨中和化，秖用《金剛》三昧心。」按：「錢虢州」爲錢徽。徽在翰林，元和十一年上疏請罷兵，罷內職除右庶子，再出爲虢州刺史。見《新唐書》卷一七七本傳、《舊唐書·憲宗紀》及《册府元龜》卷四八五。岑仲勉《翰林學士壁記注補》謂丁居晦《重修承旨學士壁記》載徽「十一月出守本官」有誤，「十一月」當作「十一年」，其說甚是。又按：《清統志·陝州》：「三堂在靈寶縣舊虢州治內。《名勝志》：『唐岐、薛二王刺史時建，呂溫記。韓愈有《和劉伯芻三堂二十一詠》。』」《呂和叔文集》卷十《虢州三堂記》：「開元初，天子思《二南》之風，並選宗英共持理柄，虢大而近，匪親不居。時惟五王出入相授，承平易理，逸政多暇，考卜惟勝，作爲三堂。三者，明臣子在三之節。堂者，勵宗室克構之義。豈徒造適，實亦垂訓。居德樂善，何其盛哉！」白氏《東歸》詩（卷三〇）云：「前夕宿三堂，今旦遊申湖。」亦謂此也。又汪立名云：「昌黎《和劉虢州山堂新題二十一詠序》云：『虢州刺史宅連水池竹林，往往爲亭臺島渚，目其處爲三堂。劉兄自給事出刺此州，在任逾歲，職修人治，州中稱無事，頗復增飾。從子弟而遊其間，又作二十一詩以詠其事，流行京師，文士爭和之。』劉伯芻（城按：芻當作芻），字素芝，洛州廣平人。元和八年出刺虢州，制詞即公所撰。」汪氏所云即《白集》卷五五《除劉伯芻虢州刺史制》一文。考元和八年白氏已退居下邽，此制疑係僞作。汪氏蓋承襲《昌黎集注》之誤。

《初除尚書郎脫刺史緋》詩（卷十八）云：「頭白喜拋黃草峽，眼明驚拆紫泥書。」按：《陳譜》元和十五年：「冬，召爲司門員外郎，有《初脫刺史緋》、《別東坡》、《發白狗黃牛峽》等詩。」考白氏長慶二年作《商山路有感詩序》（卷二〇）云：「前年夏，予自忠州刺史除書歸闕。」又《發白狗峽次黃牛峽登高寺却望忠州》詩（卷十九）云：「巴曲春全盡，巫陽雨半收。」可證離忠州約在十五年夏初，絕非十五年冬。又白氏《洛中偶作》詩（卷八）云：「五年職翰林，四年蒞潯陽。一年巴郡守，半年南宮郎。二年直綸閣，三年刺史堂。」則十五年夏召爲司門員外郎，至是年十二月二十八日除主客郎中、知制誥適爲半年。《荔枝圖序》作於元和十五年夏，當係白氏離忠州前命工吏圖寫留作紀念。《汪譜》蓋亦沿襲《陳譜》之誤。

《棣華驛見楊八題夢兄弟詩》詩（卷十八）：「遙聞旅宿夢兄弟，應爲郵亭名棣華。名作棣華來早晚，自題詩後屬楊家。」按：「楊八」爲楊虞卿。覵詩意當非楊八歸厚。白氏又有《赴杭州重宿棣華驛見楊八舊詩》（卷二〇）、《送楊八給事赴常州》（卷三一）等詩，均指虞卿。

《初除主客郎中知制誥，與王十一李七元九三舍人中書同宿話舊感懷》詩（卷十九）：「閑宵靜話喜還悲，聚散窮通不自知。已分雲泥行異路，忽驚雞鶴宿同枝。紫垣曹署榮華地，白髮郎官老醜時。莫怪不如君氣味，此中來校十年遷。」按：居易元和十五年十二月二十八日除主客郎中、知制誥，見《舊唐書·穆宗紀》及《陳譜》。元稹《白居易授尚書主客郎中知制誥》云：「朝議郎、行尚書司門員外郎白居易，……由是召自南賓，序補郎位。會牛僧孺以御史中丞解制誥職，嗣掌書命，人推爾先。予亦飽其風猷，爾宜副茲超異。可守尚書主客郎中、知制誥。餘如故。」「王十一」爲王起。《新唐書》卷一六七《王起傳》謂起元和末遷中書舍人，與白氏此詩相證，時間相合。「李七」爲李宗閔。元和十五年九月拜中書舍人，見《舊唐書·穆宗紀》。「元九」爲元稹。元和十五年五月，稹爲祠部郎中、知制誥。翌年二月，自祠部郎中、知制誥充翰林學士承旨，授中書舍人。見白氏《元稹除中書舍人翰林學士賜紫金魚袋制》（卷五〇）及丁居晦《重修承旨學士壁記》。唐人知制誥亦得稱爲舍人。

穆宗長慶元年辛丑（八二一），五十歲。

在長安。尚書主客郎中、知制誥。春，購新昌里宅，此爲居易第二次居新昌里。四月，充重考試進士官，覆試禮部侍郎錢徽主試下及第進士鄭朗等十四人。時李宗閔婿、楊汝士弟皆及第。李德裕、元稹與李宗閔有隙，因同李紳上言，以爲不公。詔居易與王起重試，黜朗等十人。錢徽、李宗閔、楊汝士皆遠貶。自是李德裕及李宗閔各分朋黨，相傾軋垂四十年。夏，與元宗簡同制加朝散大夫，始著緋，又轉上柱國。妻楊氏授弘農縣君。秋，奉命宣諭魏博節度使田布，贈絹五百匹，不受。十月十九日，轉中書舍人。十一月二十八日，充制策考官。崔龜從、龐嚴等十一人賢良方正能直言極諫科登第。是年，弟行簡授拾遺。與王建始贈答，時建自太府丞改官秘書郎。有《畫鵰贊》、《祭李侍郎文》、《送侯權秀才序》、《贈劉總太尉册文》、《祭迴鶻可汗文》、《舉人自代狀》、《論重考試進士事宜狀》、《讓絹狀》、《論左降獨孤朗等狀》、《爲宰相賀赦表》、《爲宰相讓官表》、《爲段相謝恩賜設及酒脯等狀》、《爲段相謝借飛龍馬狀》、《爲段相謝手詔及金刀狀》、《有唐善人墓碑》及《西掖早秋直夜書意》、《竹窗》、《西省對花憶忠州東坡新花樹，因寄題東樓》、《寄題忠州小樓桃花》、《中書連直寒食不歸因懷元九》、《春憶二林寺舊遊因寄朗滿晦三上人》、《和元少尹新授官》、《朝回和元少尹絶句》、《重和元少尹》、《中書夜直夢忠州》、《醉後》、《待漏入閣書事奉贈元九學士閣老》、《晚春重到集賢院》、《紫薇花》、《後宮詞》、《卜居》、《題新居寄元八》、《登龍尾道南望憶廬山舊隱》、《馮閣老處見與嚴郎中酬和詩因戲贈絶句》、《見于給事暇日上直寄南省諸郎官詩因以戲贈》、《題新昌所居》、《酬元郎中同制加朝散大夫書懷見贈》、《初著緋戲贈元九》、《和韓侍郎苦雨》、《初加朝散大夫又轉上柱國》、《行簡初授拾遺同早朝入閤因示十二韻》、《立秋日登樂遊園》、《新秋早起有懷元少尹》、《妻初授邑號告身》、《錢侍郎使君以題廬山草堂詩見寄因酬之》、《慈恩寺有感》、《酬嚴十八郎中見示》、《寄王秘書》、《中書寓直》、《曲江獨行招張十八》、《新昌新居書事四十韻因寄元

郎中張博士》等詩、

二月十六日，元稹自祠部郎中知制誥，充翰林學士。十七日拜中書舍人，仍充翰林學士。（《餘思未盡加為六韻重寄微之》詩自注：「予除中書舍人，微之撰制。微之除翰林學士，予撰制詞。」）十月，遷工部侍郎出院。冬，劉禹錫除夔州刺史，由洛陽赴任所。

正月，改元。蕭俛罷。二月，段文昌罷。杜元穎同中書門下平章事。李建卒。七月，國子監祭酒韓愈為兵部侍郎。十二月，獨孤朗、溫造、李肇、王鎰坐與李景儉同飲醉詆宰相貶官。

是年，張籍為國子博士。

【箋證】

《畫雕贊》序（卷三九）云：「壽安令白昊，予宗兄也。得丹青之妙，傳寫之要，毛羣羽族，尤是所長。長慶元年，以畫鵰貺予。……」按：「白昊」為唐代之名畫家，以繪鷹鶻擅名。《唐朝名畫錄》：「盧弁貓兒，白旻鷹鴿，蕭悅竹，又偏妙也。」《歷代名畫記》卷十：「白旻官至同州澄城令，工花鳥鷹鶻，觜爪纖利，甚得其趣。旻善歌，常醉酣，歌闋便畫自娛。」又按：「昊」，《文苑英華》作「旻」，注云：「集本、《文粹》作『昊』。」據《唐朝名畫錄》及《歷代名畫記》，似以作「旻」為是。

《祭李侍郎文》（卷四〇）：「維長慶元年歲次辛丑五月丙申朔十日乙巳，中散大夫、守中書舍人、翰林學士、上柱國、賜紫金魚袋元稹，朝議郎、守尚書主客郎中白居易，謹以清酌庶羞之奠，敬祭於故刑部侍郎、贈工部尚書、隴西李公杓直之靈……」按：「李侍郎」爲李建。李建，字杓直，卒於長慶元年二月二十三日。見白氏《有唐善人墓碑》（卷四一）、元稹《唐故中大夫尚書刑部侍郎上柱國隴西縣開國男贈工部尚書李公墓誌銘》。又白氏長慶元年作《慈恩寺有感》詩（卷十九）自注亦云：「時杓直初逝，居敬方病。」與此文相證，時間亦合。《舊傳》及《新傳》俱謂建卒於長慶二年，誤。

《送侯權秀才序》（卷四三）：「貞元十五年秋，予始舉進士，與侯生俱爲宣城守所貢。……」按：「宣城守」指宣州刺史、宣歙觀察使崔衍。《舊唐書·德宗紀》：「（貞元十二年八月）癸酉，以虢州刺史崔衍爲宣歙池觀察使。」又同書《憲宗紀》：「（永貞元年）八月甲寅，……以前宣歙觀察使崔衍爲工部尚書。」可知貞元十五年宣州刺史仍爲崔衍。

《贈劉總太尉册文》（卷五一）：「維長慶元年四月某日，皇帝若曰：朕聞古有履忠仗順生而大有爲者，又有功成身退歿而永不朽者。非正氣令德，間生挺出，則高名大節孰能兼之哉？故天平軍節度使、檢校司徒、兼侍中、楚國公劉總，降自天和，生爲人傑。……而天不憖遺，邦失柱石。……今遣使某官某、副使某官某持節册贈爾爲太尉。」按：《舊唐書·穆宗紀》：「（長慶元年四月）庚午，易定奏劉總已爲僧。三月二十七日卒於當道界，贈太尉。」又按《白集》卷五一編此文於卷首中書制誥四下注云：「新體。」新體乃與舊體駢驪制誥對立之散體。白氏《餘思未盡，加爲六韻重寄微之》詩（卷二三）「制從長慶詞高古」句自注云：「微之長慶初知制誥，文格高古，始變俗體，繼者效之也。」其所指者即元稹所創始，居易所從同之復古改良公式文字新體。惟當時舊體制誥積習已深，卒不能變。蓋制詔體裁，遷擢者須鋪敘其資歷、政績，降謫者須指斥其罪過，散文難於措辭，駢體易得含糊也。

《舉人自代狀》（卷六〇）：「中書省朝議郎、權知尚書兵部郎中、騎都尉楊嗣復：右臣伏准建中元年正月五日勑，文武常參官上後三日舉一人自代者。伏以前件官有辯政之學，有體要之文。文可以掌王言，學可以待顧問。名實相副，輩流所推。選備侍臣，參知制命。酌其宜稱，誠合在先。臣既諳詳，輒舉自代。謹具聞薦，伏聽勑旨。長慶元年正月四日，新授朝議郎、守尚書主客郎中、知制誥臣白居易狀奏。」按：居易元和十五年十二月丙申（二十八日）自司門員外郎除主客郎中、知制誥。見《舊唐書·穆宗紀》。故此文中結銜稱「新授朝議郎、守尚書主客郎中、知制誥」。又《舊唐書·德宗紀》：「（建中元年正月）辛未（五日），常參官、諸道節度觀察防禦等使、都知兵馬使、刺史、少尹、畿赤令、大理司直評事等授訖，三日內於四方館上表，讓一人以自代。其外官委長吏附送其表……」

《論重考試進士事宜狀》（卷六〇）：「……伏准禮部試進士，例許用書策，兼得通宵。得通宵則思慮必周，用書策則文字不錯。昨重試之日，書策不容一字，木燭只許兩條。迫促驚忙，幸皆成就。若比禮部所試，事校不同。雖詩賦之間，皆有瑕病；在與奪之際，或可矜量。儻陛下垂仁察之心，降特達之命，明示瑕病，以表無私，特全身名，以存大體。如此則進士等知非而愧恥，其父兄等感激而戴恩。至於有司，敢不懲革？……」

按：長慶元年，錢徽爲禮部侍郎試進士，時宰相段文昌出鎭蜀川，故刑部侍郎楊憑子渾之以家藏書畫獻文昌求致進士第。文昌將發，面托錢徽，繼以私書保薦。翰林學士李紳亦托舉子周漢賓於徽。及榜出，渾之、漢賓皆不中選，而李宗閔婿蘇巢及汝士季弟殷士俱及第，文昌、李紳大怒，遂以其事面奏穆宗，言徽所放進士鄭朗等十四人皆子弟藝薄，不當在選中。遂命中書舍人王起、主客郎中知制誥白居易於子亭重試，內出題目《孤竹管賦》、《鳥散餘花落詩》，而十人不中選。尋貶徽爲江州刺史。見《舊唐書》卷一六八《錢徽傳》。《舊唐書》卷十六《穆宗紀》：「（長慶元年三月）己未（二十三日），……勅今年錢徽下進士及第鄭朗等一十四人，宜令中書舍人王起、主客郎中知制誥白居易等重試以聞。」《陳譜》略同《舊傳》，謂居易此文之意「大抵欲從寬也」，所論良是。（又按：陳寅恪《唐代政治史述論稿》中篇第九〇頁謂居易係牛僧孺之黨，岑仲勉《隋唐史》卷下第四〇四頁辨陳氏之非，謂「長慶元年，白爲進士重試官，將宗閔壻蘇巢落下，與主張用兵之裴度親善，顯不能列於牛黨」，其說亦是，實則居易依違於牛、李之間，關係至爲錯綜複雜，由此狀可知其初意本不欲開罪任何一方也。）

《讓絹狀》（卷六〇）：「右田布以臣宣諭進旨，敬命荷恩，遂與臣前件絹。……臣不敢受，尋以奏陳。……其前件絹，臣尋已卻還田布，伏乞聖慈許臣不取，仍望宣示田布，令知聖恩。謹錄奏聞，伏待進旨。」按：《新唐書》卷一一九《白居易傳》：「俄轉中書舍人。田布拜魏博節度使，命持節宣諭，布遺五百縑，詔使受之。辭曰：『布父讎國恥未雪，人當以物助之。乃取其財，誼不忍。方諭問旁午，若悉有所贈，則賊未殄，布貲竭矣。』詔聽辭餉。」田布於長慶元年八月乙亥（二十日）起復授魏博節度使，居易於長慶元年十月壬午（十九日）正授中書舍人，持節宣諭時猶是主客郎中、知制誥。《新傳》誤。

《論左降獨孤朗等狀》（卷六十）：都官員外郎、史館修撰獨孤朗可富州刺史，起居舍人溫造可朗州刺史，司勳員外郎李肇可澧州刺史，刑部員外郎王鎰可郢州刺史：「右今日宰相送詞頭，左降前件官如前，令臣撰詞者。臣伏以李景儉因飲酒醉詆忤宰相，既從遠貶，已是深文。其同飲四人又一例左降。臣有所見，不敢不陳。……」按：《舊唐書·穆宗紀》：「（長慶元年十二月戊寅）貶員外郎獨孤朗韶州刺史，起居舍人溫造朗州刺史，司勳員外郎李肇澧州刺史，刑部員外郎王鎰郢州刺史，坐與李景儉於史館同飲，景儉乘醉見宰相謾罵故也。兵部郎中、知制誥馮宿，庫部郎中、知制誥楊嗣復各罰一季俸料，亦坐與景儉同飲，然先起，不貶官。」《舊紀》「戊寅」爲十二月十五日，此狀云「長慶元年十二月十一日」，蓋居易封還詞頭而後來卒於黜降也。「獨孤朗」，獨孤郁之弟。《舊唐書》卷一六八《獨孤郁傳》：「（元和）十五年兼充史館修撰，遷都官員外郎。長慶初，諫議大夫李景儉於史館飲酒，憑醉，謁宰相，語辭侵侮，朗坐同飲，出爲漳州刺史。」《新傳》略同。李翺有

《獨孤朗墓誌》，元稹有《獨孤朗授尚書都官員外郎制》。考李翺《獨孤朗墓誌》、《舊紀》俱作「韶州」，疑《舊傳》作「漳州」誤。又此狀作「富州」，當係先貶富州，詞頭封還後又改韶州也。「溫造」，《舊唐書》卷一六五、《新唐書》卷九一俱有傳。白氏有《溫造可起居舍人充鎭州四面宣慰使制》（卷四九）、《李肇可中散大夫，郢州刺史王鎰朗州刺史溫造可朝散大夫，三人同制》（卷五〇），又《劉禹錫集》外五有《寄朗州溫右史曹長》詩，卽作於造貶朗州後。「李肇」，《舊唐書》、《新唐書》俱無傳。李華之子。元和十三年七月自監察御史充翰林學士。著有《國史補》三卷。見《新唐書》卷七二上《宰相世系表》、卷五六《藝文志》、《重修承旨學士壁記》。「王鎰」，卽白氏《郢州贈別王八使君》詩（卷二〇）中之「王八使君」。又按：「詞頭」乃據以草擬制書之文件。洪遵《翰苑遺事》引王寓《玉堂賜筆硯記》：「少頃，御藥入院，以客禮見，探懷出御封，屏吏啓緘，卽詞頭也。」白氏《草詞畢遇芍藥初開，因詠小謝紅藥當堦翻詩以爲一句未盡其狀偶作成十六韻》詩（卷十九）云：「罷草紫泥詔，起吟紅藥詩。詞頭封送後，花口坼開時。」又《中書寓直》詩（卷十九）云：「病對詞頭慚彩筆，老看鏡面愧華簪。」蓋封還詞頭乃當政令未頒之際，如《白集》卷五九《論嚴綬狀》、《論孟元陽狀》，則與諫官徒作事後爭論者，爲效逈異。

《爲宰相讓官表》（卷六一）：「臣某言：伏奉今日制書，授臣某官同中書門下平章事者。……臣謬因文學，忝列班行。先朝乏人，擢居內職。星霜屢改，爵秩驟加。未逾十年，忽登相位。名浮於實，任過其才。……」

按：「宰相」疑即杜元穎。考元和十五年六月至長慶二年七月，自翰林學士入相者，先後有杜元穎、元稹。稹入翰林在長慶元年二月，不得謂「先朝之人，擢居內職」。《重修承旨學士壁記》云：「杜元穎，元和十二年二月十三日自太常博士充，……長慶元年二月十五日，以本官拜平章事。」則此表當作於是時之後。又《文苑英華》卷五七四載此文，題下注云：「爲微之作。」誤。

《爲段相謝恩賜設及酒脯等狀》（卷六一）：「伏蒙聖慈，特加寵錫。珍羞出於內府，旨酒降於上尊。捧戴歡榮，不知所措。……」按：「段相」爲段文昌。元和十五年正月，拜中書侍郎、同平章事。長慶元年二月，出爲劍南西川節度使。見《舊唐書・憲宗紀》、卷一六七《段文昌傳》。

《竹窗》詩（卷十一）云：「嘗愛輞川寺，竹窗東北廊。一別十餘載，見竹未曾忘。今春二月初，卜居在新昌。……」按：據此詩則知白氏購新昌宅在長慶元年二月，爲第二次居新昌里。

《和元少尹新授官》詩（卷十九）：「官穩身應泰，春風信馬行。縱忙無苦事，雖病有心情。厚祿兒孫飽，前驅道路榮。花時八入直，無暇賀元兄。」按：元稹《元宗簡授京兆少尹制》：「宗簡可權知京兆少尹，散官勳賜如故。」則宗簡遷京兆少尹當在長慶元年，證之白詩，時間相合。並參見同卷《朝迴和元少尹絕句》、《重和元少尹》、《新秋早起有懷元少尹》及《題故元少尹集後》（卷二一）、《題道宗上人十韻》（卷二一）等詩。

《馮閣老處見與嚴郎中酬和詩，因戲贈絕句》詩（卷十九）：「乍來天上宜清淨，不用迴頭望故山。縱有舊遊君莫憶，塵心起卽墮人間。」按：「馮閣老」爲馮宿。《舊唐書》一六八本傳：「長慶元年，以本官知制誥。二年，轉兵部郎中，依前充職。牛元翼以深州不從王庭湊（城按：《舊唐書·王廷湊傳》、《新唐書·王廷湊傳》、《新唐書·馮宿傳》、《舊唐書·穆宗紀》、《新唐書·穆宗紀》俱作「廷湊」，「庭」當爲「廷」之誤），詔授襄州節度使。元翼未出，深州爲庭湊所圍。二年，以宿檢校右庶子、兼御史中丞，賜紫金魚袋，往總留務。監軍使周進榮不遵詔命，宿以狀聞。元翼既至，宿歸朝，拜中書舍人。」參見《送馮舍人閣老往襄陽》詩（卷十九）。「嚴郎中」爲嚴休復。元稹《永福寺石壁法華經記》：「元和十二年，嚴休復爲杭州刺史。」又云：「其輸錢之貴，若杭州刺史、吏部郎中嚴休復。」休復約元和末罷杭州刺史任，繼其任者爲元藇，元稹有《元藇杭州刺史等制》。白氏《酬嚴十八郎中見示》詩（卷十九）云：「口厭含香握厭蘭，紫微青瑣舉頭看。忽驚鬢後蒼浪髮，未得心中本分官。夜酌滿容花色暖，秋吟切骨玉聲寒。承明長短君應入，莫憶家江七里灘。」此詩作於長慶元年，可證是時休復已至長安。勞格《讀書雜識》七《杭州刺史考》繫元藇於元和十五年，亦相去不遠。花房英樹《白居易年譜》據陳振孫《白文公年譜》引《語林》謂嚴休復爲居易之前任，誤。

《見于給事暇日上直寄南省諸郎官詩，因以戲贈》詩（卷十九）云：「東曹漸去西垣近，鶴駕無妨更著鞭。」按：「于給事」爲于敖。字蹈中。《舊唐書》卷一四九本傳云：「長慶四年入爲吏部郎中，其年遷給事中。」《新唐書》卷一〇四本傳云：「元和初拜監察御史，五遷至右司郎中，進給事中。」《新傳》未言遷給事中在長慶四年。據白氏此詩，則敖長慶初已爲給事中，疑《舊傳》所記有誤。俟考。

《和韓侍郎苦雨》詩（卷十九）：「潤氣凝柱礎，繁聲注瓦溝。闇留窗不曉，涼引簟先秋。葉濕蠶應病，泥稀燕亦愁。仍聞放朝夜，誤出到街頭。」按：「韓侍郎」爲韓愈，字退之，登進士第。自比部郎中轉考功郎中、知制誥，拜中書舍人。元和十四年以諫迎佛骨貶爲潮州刺史。十五年徵爲國子祭酒。轉兵部侍郎。尋又改吏部侍郎。長慶四年十二月卒。見《舊唐書》卷一六〇、《新唐書》卷一七六本傳。並參見《同韓侍郎遊鄭家池吟詩小飲》（卷十一）、《久不見韓侍郎戲題四韻以寄之》（卷十九）、《和韓侍郎題楊舍人林池見寄》（卷十九）、《酬韓侍郎張博士雨後遊曲江見寄》（卷十九）等詩。韓愈自國子祭酒還兵部侍郎在長慶元年七月，則白氏作此詩時，愈必官兵部侍郎也。

《行簡初授拾遺同早朝入閤因示十二韻》詩（卷十九）云：「爾隨黃閤老，吾次紫微郎。」按：「行簡」，白居易三弟行簡。《舊唐書》卷一六六、《新唐書》卷一九九有傳。《陳譜》長慶元年辛丑：「是歲公弟行簡授拾遺。」《舊唐書》本傳謂行簡授左拾遺在元和末，蓋失考。

《妻初授邑號告身》詩（卷十九）云：「弘農舊縣受新封，鈿軸金泥告一通。」按：居易妻楊氏封爲弘農郡君。白氏《繡西方幀讚并序》（卷七〇）云：「有女弟子弘農郡君姓楊，號蓮花性。」又有《二年三月五日齋畢開素當食偶吟贈妻弘農郡君》詩（卷三六）。李商隱《唐刑部尙書致仕贈尙書右僕射太原白公墓碑銘》云：「子景受，大中三年自潁陽尉典治集賢御書，侍太夫人弘農郡君楊氏來京師。」則楊氏大中初猶存。

《錢侍郎使君以題廬山草堂詩見寄因酬之》詩（卷十九）：「殷勤江郡守，悵望掖垣郎。慚見新瓊什，思歸舊草堂。事隨心未得，名與道相妨。若不休官去，人間到老忙。」按：「錢侍郎使君」爲錢徽。《舊唐書・穆宗紀》：「（長慶元年四月），貶禮部侍郎錢徽爲江州刺史。」白氏又有《吉祥寺見錢侍郎題名》詩（卷二〇）。錢徽因進士榜之覆試被貶江州刺史，此亦爲當時朋黨爭紛中一大事。《舊唐書・錢徽傳》云：「長慶元年爲禮部侍郎，時宰相段文昌出鎮蜀川。……故刑部侍郎楊憑，……子渾之求進，……文昌將發，面託錢徽，繼以私書保薦。翰林學士李紳亦託舉子周漢賓於徽，及榜出，渾之、漢賓皆不中選。李宗閔與元稹素相厚善，初稹以直道譴逐久之，及得還朝，大改前志，由逕以徽進達，宗閔亦急於進取，二人遂有嫌隙。楊汝士與徽有舊，是歲，宗閔子壻蘇巢及汝士季弟殷士俱及第，故文昌、李紳大怒，文昌赴鎮辭日，內殿面奏，言徽所放進士鄭朗等十四人皆子弟藝薄，不當在選中。穆宗以其事訪於學士元稹、李紳，二人對與文昌同，遂命中書舍人王起、主客郎中知制誥白居易於子亭重試，……詔貶徽爲江州刺史，中書舍人李宗閔劍州刺史，右補闕楊汝士開江令。」則徽似傾向於牛僧孺、李宗閔黨者。

《寄王祕書》詩（卷十九）：「霜菊花萎日，風梧葉碎時。怪來秋思苦，緣詠祕書詩。」按：「王祕書」爲王建。長慶初爲祕書丞。見《唐才子傳》卷四。韓愈《翫月喜張十八員外以王六祕書至》詩中之「王六祕書」，張籍

《酬祕書王丞》詩中之「祕書王丞」均指建也。參見白氏《送陝州王司馬建赴任》(卷二六)、《別陝州王司馬》(卷二七)等詩。

《曲江獨行招張十八》詩(卷十九)：「曲江新歲後，冰與水相和。南岸猶殘雪，東風未有波。偶遊身獨自，相憶意如何？莫待春深去，花時鞍馬多。」按：「張十八」爲張籍。張籍長慶二年自國子博士除水部員外郎，則是年當仍官國子博士。

長慶二年壬寅(八二二)，五十一歲。

在長安，爲中書舍人。春，元宗簡歿，有詩。又與張籍、韓愈以詩相贈答。時唐軍十餘萬圍王廷湊，久無功，居易上書論河北用兵事，皆不聽。復以朋黨傾軋，兩河再亂，國是日荒，民生益困，乃求外任。七月，自中書舍人除杭州刺史。宣武軍亂，汴河未通，乃取道襄漢赴任。途經江州，與李渤會，訪廬山草堂。十月，至杭州。(按：居易除杭州刺史乃元稹之後任，《陳譜》據《語林》謂繼嚴休復，誤)是年，弟行簡仍爲拾遺。從祖弟白敏中進士登第，赴河東節度使李聽幕掌書記。有《唐故通議大夫和州刺史吳郡張公神道碑銘》、《唐贈尚書工部侍郎吳郡張公神道碑銘》、《論行營狀》、《爲宰相謝官表》、《杭州刺史謝上表》及《喜敏中及第偶示所懷》、《久不見韓侍郎戲題四韻以寄之》、《長慶二年自中書舍人出守杭州路次藍溪作》、《初出城留別》、《遇駱山人野居小池》、《宿清源寺》、《宿藍溪對月》、《自望秦赴五松驛馬上偶睡睡覺成吟》、《鄧州路上作》、《朱藤杖紫驄馬吟》、《桐樹館重題》、《過紫霞蘭若》、《感舊紗帽》、《思竹窗》、《馬上作》、《秋蝶》、《登商山最高頂》、《枯桑》、《山路偶興》、《山雉》、《初下漢江舟中作寄兩省給舍》、《自蜀江至洞庭湖口有感而作》、《初領郡政衙退登東樓作》、《清調吟》、《狂歌詞》、《郡亭》、《詠懷》、《吾雛》、《庭松》、《同韓侍郎遊鄭家池吟詩小飲》、《晚歸有感》、《曲江感秋二首》、《衰病無趣因吟所懷》、《逍遙詠》、《醉後狂言酬贈蕭殷二協律》、《和韓侍郎題楊舍人林池見寄》、《勤政樓西老柳》、《偶題閣下廳》、《予與故刑部李侍郎早結道友，以藥術爲事，與故京兆元尹晚爲詩侶，有林泉之期，周歲之間，二君長逝，李住曲江北，元居升平西，追感舊遊，因貽同志》、《送馮舍人閣老往襄陽》、《莫走柳條詞送別》、《酬韓侍郎張博士雨後遊曲江見寄》、《元家花》、《代人贈王員外》、《惜小園花》、《蕭相公宅遇自遠禪師有感而贈》、《草詞畢遇芍藥初開，因詠小謝紅藥當堦翻詩，以爲一句未盡其狀，偶成十六韻》、《喜張十八博士除水部員外郎》、《與沈楊二閣老同食勑賜櫻桃，玩物感恩，因成十四韻》、《送嚴大夫赴桂州》、《春夜宿直》、《夏夜宿直》、《七言十二句贈駕部吳郎中七兄》、《玉真張觀主下小女冠阿容》、《龍花寺主家小尼》、《訪陳二》、《晚庭逐涼》、《曲江憶李十一》、《江亭玩春》、《初罷中書舍人》、《宿陽城驛對月》、《商山路有感》、《重感》、

《逢張十八員外籍》、《赴杭州重宿棣華驛見楊八舊詩》、《寓言題僧》、《內鄉縣村路作》、《路上寄銀匙與阿龜》、《山泉煎茶有懷》、《郢州贈別王八使君》、《吉祥寺見錢侍郎題名》、《重到江州感舊遊題郡樓十一韻》、《贈江州李十使君員外十四韻》、《題別遺愛草堂兼呈李十使君》、《重題》、《夜泊旅望》、《九江北岸遇風雨》、《舟中晚起》、《秋寒》、《初到郡齋寄錢湖州李蘇州》、《對酒自勉》、《郡樓夜宴留客》、《醉題候仙亭》、《東院》、《虛白堂》、《閑夜詠懷因招周協律劉薛二秀才》、《晚興》、《衰病》、《病中對病鶴》、《夜歸》、《臘後歲前遇景詠意》、《白髮》、《錢湖州以箬下酒李蘇州以五酘酒相次寄到無因同飲聊詠所懷》、《花樓望雪命宴賦詩》、《晚歲》、《宿竹閣》、《歲暮枉衢州張使君書并詩因以長句報之》、《和薛秀才尋梅花同飲見贈》、《與諸客空腹飲》等詩。

二月，元稹以工部侍郎同中書門下平章事。三月，裴度以司空同平章事。裴度與元稹爭相，或誣言稹遣刺客刺度，無佐驗。六月，罷度爲右僕射，罷稹爲同州刺史。以李逢吉同平章事。正月五日，劉禹錫至夔州刺史任。

正月，魏博軍亂，節度使田布自殺。二月，赦王廷湊。李德裕、李紳俱爲中書舍人、翰林學士。李聽爲太原尹、北都留守、河東節度使。九月，李德裕出爲浙西觀察使。是年，張籍除水部員外郎。崔韶歿。

【箋證】

《杭州刺史謝上表》(卷六一)：「臣某言：去七月十四日蒙恩除授杭州刺史。……」按：《舊唐書·穆宗紀》：「(長慶二年七月)壬寅(十四日)，出中書舍人白居易爲杭州刺史。」《陳譜》長慶二年壬寅：「十月一日到任，有謝上表。」參見《長慶二年七月，自中書舍人出守杭州，路次藍溪作》(卷八)、《初罷中書舍人》(卷二〇)等詩。又按：「去七月十四日」，「去」下馬本有「年」字，衍。唐人謝上表書除授之年月上均加一「去」字，即過去之意。據宋本、那波本改正。

《喜敏中及第偶示所懷》詩(卷十九)：「自知羣從爲儒少，豈料詞場中第頻？ 桂折一枝先許我，楊穿三葉盡驚人。 轉於文墨須留意，貴向煙霄早致身。 莫學爾兄年五十，蹉跎始得掌絲綸。」按：「敏中」爲白敏中。 字用晦，居易從弟。 長慶二年登進士第。 見《舊唐書》卷一六六、《新唐書》卷一一九《白居易傳》、《登科記考》卷十九。 據《登科記考》，敏中登進士第在長慶二年。 參見白氏《送敏中歸豳寧幕》(卷二五)、《見敏中初到豳寧秋日登城樓詩，詩中頗多鄉思，因以寄和》(卷三五)、《和敏中洛下即事》(卷三六)、《送敏中新授戶部員外郎西歸》(卷三六)等詩。 又按：花房英樹據《陳譜》及《汪譜》繫此詩於長慶元年，非是。《唐摭言》卷八云：「王相起，長慶中再主文柄，志欲以白敏中爲狀元，病其人與賀拔惎爲交友，惎有文而落拓。 因密令親知申意，俾敏中與惎絕。 前人復約敏中，爲具以待之。 敏中欣然曰：『皆如所教。』既而惎果造門，左右紿以敏中他適，惎遲留不言而去。 俄頃，敏中躍出，連呼左右召惎，於是悉以實告。 乃曰：『一第何門不致，奈輕負至交！』相與歡醉，負陽而瘦。前人覩之，大怒而去。愬告於起。且云不可必矣。起曰：『我比只得白敏中，今當更取賀拔惎矣。』」（汪立名引此下多「遂以第一人處惎，而敏中居二焉」兩句）。又按：顧學頡《白居易年譜簡編》長慶元年辛丑（八二一）：「從祖弟敏中中進士第。」亦承《陳譜》、《汪譜》之誤。

《久不見韓侍郎戲題四韻以寄之》詩（卷十九）：「近來韓閣老，疏我我心知。戶大嫌甜酒，才高笑小詩。靜吟乖月夜，閑醉曠花時。還有愁同處，春風滿鬢絲。」按：《舊唐書・穆宗紀》，韓愈自國子祭酒遷兵部侍郎在長慶元年七月，此詩云：「春風滿鬢絲」，必爲二年春間所作無疑。花房英樹據《汪譜》繫於長慶元年，非是。又按：長慶初之政局，人事極爲紛紜，韓爲裴度之舊僚，元、白則交誼深厚，裴度與元稹齟齬，必各樹黨援。故稹於長慶二年六月罷相，居易即於七月出守杭州，此間之關係至爲微妙也。是以白詩中於韓愈每有微詞，如此詩云：「近來韓閣老，疏我我心知。」則暗寓調侃之意。

《和韓侍郎題楊舍人林池見寄》詩（卷十九）：「渠水闇流春凍解，風吹日炙不成凝。鳳池冷暖君諳在，二月因何更有冰？」按：「韓侍郎」爲韓愈。「楊舍人」爲楊嗣復。字繼之，僕射於陵子。擢進士第。長慶元年十月以庫部郎中、知制誥，正拜中書舍人。見《舊唐書》卷一七六本傳。嗣復即韓愈詩中之「第三閣老」，亦即白氏《京使迴累得南省諸公書因以長句詩寄謝》詩（卷十八）中之「楊三員外」，並參見《與沈楊二舍人閣老同食勅賜櫻桃翫物感恩成十四韻》詩（卷十九）。

《過駱山人野居小池》詩（卷八）云：「善哉駱處士，安置身心了。何乃獨多君，丘園居者少。」按：「駱山人」爲駱峻。馮浩《玉谿生詩集詳注》卷一《宿駱氏亭寄懷崔雍崔袞》詩注云：「《白氏長慶集·過駱山人野居小池》詩自注：『駱生棄官居此二十年。』是爲長慶二年出守杭州，初由京城東南次藍溪而過之也。杜牧《駱處士墓誌》：『駱處士峻，楊州士曹參軍。元和初，母喪去職，於灞陵東阪下得水樹居之。朝之名士，多造其廬。栖退超脱三十六年，會昌元年卒。』此與白所詠或一或二必有此題合者。朱氏引《唐語林》：駱浚，度支司書手，李吉甫擢之，後典名郡，於春明門外築臺榭，似不符也。朱氏又引《唐年補錄》王廷湊爲駱山人搆亭事，時地尤謬矣。」馮氏之説是也。白氏有《授駱峻太子司議郎梧州刺史賜緋魚袋兼改名玄休制》（卷五〇）蓋即此人。考《樊川文集》卷九《駱處士墓誌》云：「長慶初桂府觀察使杜公凡兩拜章，乞爲梧州刺史，詔授之。……處士慘而讓，祇以疾辭解，訖不言其他，爾後人知其堅不可復動矣。」可知峻授梧州刺史辭官不就，《唐語林》所載之駱浚當非一人。

《感舊紗帽》詩（卷八）：「昔君烏紗帽，贈我白頭翁。帽今在頂上，君已歸泉中。物故猶堪用，人亡不可逢。岐山今夜月，墳樹正秋風。」題下自注：「帽即故李侍郎所贈。」按：「李侍郎」爲李建。建曾官禮部、刑部侍郎。長慶元年二月二十三日卒。見白氏《有唐善人墓碑銘》（卷四一）。李建墓在鳳翔，此指鳳翔府岐山縣。白氏《有唐善人墓碑銘》（卷四一）云：「長慶元年二月二十三日夜無疾即世於長安修行里第，是歲五月二十五日歸祔於鳳翔某縣某鄉某原之先塋。」

《蕭相公宅遇自遠禪師有感而贈》詩(卷十九)云:「半頭白髮慚蕭相,滿面紅塵問遠師。」按:「蕭相公」爲蕭俛。穆宗即位,拜中書侍郎、同中書門下平章事。見《舊唐書》卷一七二、《新唐書》卷一〇一本傳。

《與沈楊二舍人閣老同食勅賜櫻桃翫物感恩,因成十四韻》詩(卷十九)云:「清曉趨丹禁,紅櫻降紫宸。驅禽養得熟,和葉摘來新。……」按:「沈舍人閣老」爲沈傳師。丁居晦《重修承旨學士壁記》:「沈傳師:……長慶元年二月二十四日遷中書舍人。二月十九日出守本官,判史館事。」岑仲勉《翰林學士壁記注補》謂「二月十九日」上奪「二年」兩字,是也。則知白氏作此詩時,傳師已出守本官。「楊舍人閣老」爲楊嗣復。

《送嚴大夫赴桂州》詩(卷十九):「地壓坤方重,官兼憲府雄。桂林無瘴氣,柏署有清風。山水衙門外,旌旗艛艓中。大夫應絕席,詩酒與誰同?」按:「嚴大夫」爲嚴謩。《舊唐書·穆宗紀》:「(長慶二年四月)丁亥,以祕書監嚴譽爲桂管觀察使。」白氏《嚴謨可桂管觀察使制》(卷五一)稱「朝議大夫、前守祕書監、驍騎尉、賜紫金魚袋嚴謨」。《唐會要》卷七九:「故桂州觀察使嚴謨謚曰簡。」《郎官考》卷十四引《大唐傳載》云:「李相國程執政時,嚴謩、嚴休皆在南省,有萬年令闕,人多屬之,李公云:『二嚴不如譽。』」據此知嚴譽係另一人。岑仲勉《唐史餘瀋》謂李程爲相時,嚴謩已不在南省,嚴謩當作嚴譽,所考良是。今本《舊紀》均作「譽」,蓋係「謩」字之訛。「謩」與「謨」同。嚴謩赴桂州時,韓愈、張籍均有詩送其行。並參見白氏《酬嚴中丞晚黔江見寄》詩(卷十八)。

《七言十二句贈駕部吳郎中七兄》詩(卷十九)云:「幽懷靜境何人別?唯有南宮老駕兄。」按:「駕部吳郎中七兄」爲吳丹。白氏有《酬吳七見寄》(卷六)、《留別吳七正字》(卷十三)、《吳七郎中山人待制班中偶贈絕句》(卷十九)等詩,均係酬丹之作。據此詩,丹長慶二年仍官駕部。

《龍花寺主家小尼》詩(卷十九):「頭青眉眼細,十四女沙彌。夜靜雙林怕,春深一食飢。步慵行道困,起晚誦經遲。應似仙人子,花宮未嫁時。」題下自注:「郭代公愛姬薛氏幼嘗爲尼,小名仙人子。」按:《毛西河文集·詩話八》:「白樂天《贈龍花寺主家小尼》詩結句:『應似仙人子,花宮未嫁時。』自注云:『郭代公愛姬薛氏,幼嘗爲尼,小名仙人子。』此是以本朝故實用入詩句,故註之。後見類書,有『愛姬爲尼』一條,注云:『郭代公愛姬爲尼,名仙人子。樂天嘗贈以詩。』竊甚怪之。樂天安能與代公周旋耶?及見本集,則以此註註題下,不註詩下,遂疑此註是題中之註,遂以仙人子爲即龍華小尼,故曰樂天曾贈詩,誤矣。且代公愛姬是初爲尼而後爲姬者,故曰『花宮未嫁時』,謂此小尼可以比未嫁代公時之仙人子耳。若云愛姬爲尼,則先姬後尼矣,小尼安得作姬過耶?」白氏原注明甚,然西河所辨亦足糾類書之謬。

《商山路有感》詩序(卷二〇)云:「前年夏,予自忠州刺史除書歸闕。時刑部李十一侍郎、戶部崔二十員外亦自澧、果二郡守徵還,相次入關,皆同此路。今年予自中書舍人授杭州刺史,又由此途出。二君已逝,予獨南行；追歎興懷，慨然成詠。後來有與予杓直、虞平游者，見此短什，能無惻惻乎？……」按：「刑部李十一侍郎」爲李建。「戶部崔二十員外」爲崔韶。字虞平。元和十一年九月自禮部員外郎出爲果州刺史。見《舊唐書·憲宗紀》。並參見《東南行一百韻寄果州崔二十二使君（略）》（卷十六）、《宿西林寺早赴東林滿上人之會因寄崔二十二員外》（卷十六）、《京使迴累得南省諸公書因以長句詩寄謝崔二十二員外》（卷十八）等詩。考「崔二十」當作「崔二十二」。白氏《晚歸有感》詩（卷十一）云：「朝弔李家孤，暮問崔家疾。」則崔韶卒於李建及元宗簡之後，約爲長慶二年春夏之際。

《逢張十八員外籍》詩（卷二〇）：「旅思正茫茫，相逢此道傍。晚嵐林葉闇，秋露草花香。白髮江城守，青衫水部郎。客亭同宿處，忽似夜歸鄉。」按：此詩云：「旅思正茫茫，相逢此道傍。」則籍必歸長安途中與白氏相遇。又《全唐詩》卷三八四有張籍《使至藍谿驛寄太常王丞》詩亦作於此時，蓋此時王建已自秘書丞遷太常寺丞。

《赴杭州，重宿棣華驛，見楊八舊詩感題一絕》詩（卷二十）：「往恨今愁應不殊，題詩梁下又踟躕。羨君猶夢見兄弟，我到天明睡亦無。」按：「楊八」爲楊虞卿。白氏有《棣華驛見楊八題夢兄弟詩》（卷十八），同指一人。

《贈江州李十使君員外十二韻》詩（卷二十）云：「昔去曾同日，今來即後塵（自注：元和末，余與李員外同日黜官，今又相次出爲刺史）。中年俱白髮，左宦各朱輪。長短才雖異，榮枯事略均。殷勤李員外，不合不相親。」按：「江州李十使君員外」爲江州刺史李渤。穆宗卽位，召渤爲考功員外郎。長慶元年五月出爲虔州刺史。」見《舊唐書·穆宗紀》。又《全唐文》卷六三七李翺《江州南湖堤銘》：「長慶二年十二月，江州刺史李君濬之截南陂，築堤三千五百尺，……」《嘉泰吳興志》卷十四載錢徽長慶元年十二月十五日自江州刺史遷湖州刺史。據此，渤當爲錢徽之後任。居易以長慶二年七月十四日除杭州，過江州時亦可與渤任相及，則可證是年七月前渤已爲江州刺史。參見《京使迴累得南省諸公書因以長句詩寄謝李十員外》詩（卷十八）。

《題別遺愛草堂兼呈李十使君》詩（卷二十）：「曾住鑪峯下，書堂對藥臺。斬新蘿徑合，依舊竹窗開。砌水親開決，池荷手自栽。五年方暫至，一宿又須迴。縱未長歸得，猶勝不到來。君家白鹿洞，聞道亦生苔。」按：此詩《全唐詩》既收卷四六二白居易下，又收卷二九九王建下。詩題稱「題別遺愛草堂」，詩又云：「砌水親開決，池荷手自栽。五年方暫至，一宿又須迴。」考居易元和十三年十二月二十日代李景儉爲忠州刺史，至長慶二年適爲第五年，故此詩可斷爲居易所作無疑。《全唐詩》王建名下誤收。《唐宋詩醇》卷二四：「《草堂記》中有『清泉白石，實聞斯言』之語。『縱未長歸得』二句，殆自爲解嘲耳。」

《初到郡齋寄錢湖州李蘇州》詩（卷二十）：「俱來滄海郡，半作白頭翁。謾道風煙接，何曾笑語同？吏稀秋稅畢，客散晚亭空。霽後當樓月，潮來滿座風。霅溪殊冷僻，茂苑太繁雄。唯此錢塘郡，閑忙恰得中。」按：「錢湖州」爲湖州刺史錢徽。《嘉泰吳興志》卷十四：「錢徽，長慶元年十二月十五日自江州拜，遷尚書工部郎中。」白氏有《錢湖州以箬下酒，李蘇州以五酘酒相次寄到，無因同飲，聊詠所懷》（卷二〇）、《小歲日對酒吟錢湖州所寄詩》（卷二〇）等詩。「李蘇州」爲蘇州刺史李諒。字復言。元稹《孤山永福寺石壁法華經紀》云：「凡輸錢於經費者有若御史中丞、蘇州刺史李諒。」《全唐詩》卷四六三李諒《蘇州元日郡齋感懷寄越州元相公杭州白舍人》詩原注云：「時長慶四年也。」白氏又有《錢湖州以箬下酒，李蘇州以五酘酒相次寄到，無因同飲，聊詠所懷》（卷二〇）、《見李蘇州示男阿武詩自感成詠》（卷二〇）等詩，均係酬諒之作。考《唐語林》卷二云：「白居易，長慶二年以中書舍人爲杭州刺史，替嚴員外休復。休復有時名，居易喜爲之代。時吳興守錢徽、吳郡守李穰皆文學士，悉生平舊友，日以詩酒寄興。」「李穰」蓋爲「李諒」之誤。又據此詩及白氏《李諒授壽州刺史制》（卷五〇），諒長慶二年秋已自壽州移任蘇州。《郎官考》卷十二《度支郎中》引《姑蘇志》卷二謂李諒長慶四年自泗州刺史徙任蘇州刺史，亦失考。又白氏《再酬復言和誇州宅》詩（見《會稽掇英總集》卷一），亦係酬李諒之作。又按：居易除杭州爲元藇之後任，嚴休復乃元藇之前任，《唐語林》亦誤。參見前「箋證」。

《歲暮枉衢州張使君書并詩，因以長句報之》詩（卷二十）云：「西州彼此意何如？官職蹉跎歲欲除。浮石潭邊停五馬，望濤樓上得雙魚。萬言舊手才難敵，五字新題思有餘。貧薄詩家無好物，反投桃李報瓊琚。」按：「衢州張使君」爲衢州刺史張聿。《舊唐書》、《新唐書》俱無傳。貞元二十年九月自祕書省正字充翰林學士。元和二年出守本官。歷湖州長史及都水使者等職。長慶初自工部員外郎出爲衢州刺史。見白氏《張聿可衢州刺史制》（卷四八）、《張聿都水使者制》（卷五五）、丁居晦《重修承旨學士壁記》。元稹《永福寺石壁法華經記》云：「其輸錢之貴者，若……衢州刺史張聿。」又據《嚴州圖經》卷一，聿，寶曆間自屯田郎中拜嚴州刺史，當在刺衢州之後。聿又嘗爲華亭令。《清異錄》卷一：「張聿宰華亭，治政凜然，凡有府使賦外之需，直榜立門，民感其誠，指爲赤心榜。」又此詩自注云：「張曾應萬言登科。」《登科記考》卷十九長慶三年日試萬言科張□條云：「張涉登萬言科在天寶時，德宗朝已放歸田里，不應。至長慶中爲衢州刺史，蓋張使君於是年登科也。」考張聿長慶二年已爲衢州刺史，不應三年始應萬言登科。徐氏所考蓋誤。

長慶三年癸卯（八二三），五十二歲。

在杭州刺史任。屢遊西湖。秋初病。八月，遊靈隱冷泉亭。九月，遊恩德寺，看泉洞竹石。

有《禱仇王神文》、《祈皐亭神文》、《祭龍文》、《冷泉亭記》及《立春後五日》、《郡中即事》、《郡齋暇日，辱常州陳郎中使君早春晚坐水西館書事詩十六韻見寄，亦以十六韻酬之》、《官舍》、《題小橋前新竹招客》、《病中逢秋招客夜酌》、《食飽》、《醉歌》、《小歲日對酒吟錢湖州所寄詩》、《錢塘湖春行》、《題靈隱寺紅辛夷花戲酬光上人》、《重向火》、《候仙亭同諸客醉作》、《城上》、《早行林下》、《送李校書趁寒食歸義興山居》、《題孤山寺山石榴花示諸僧衆》、《獨行》、《二月五日花下作》、《戲題木蘭花》、《清明日觀妓舞聽客詩》、《西湖晚歸回望孤山寺贈諸客》、《湖中自照》、《贈蘇鍊師》、《杭州春望》、《飲散夜歸贈諸客》、《湖亭晚歸》、《東樓南望八韻》、《醉中酬殷協律》、《孤山寺遇雨》、《樟亭雙櫻樹》、《湖上夜飲》、《贈沙鷗》、《餘杭形勝》、《江樓夕望招客》、《新秋病起》、《木芙蓉花下招客飲》、《悲歌》、《江樓晚眺，景物鮮奇，吟玩成篇，寄水部張員外》、《夜招周協律兼答所贈》、《重酬周判官》、《飲後夜醒》、《代賣薪女贈諸妓》、《奉和李大夫題新詩二首各六韻》、《予以長慶二年冬十月到杭州，明年秋九月，始與范陽盧賈汝南周元範蘭陵蕭悅清河崔求東萊劉方輿同遊，恩德寺之泉洞竹石籍甚久矣，及茲目擊，果愜心期，因自嗟云，到郡周歲方來，入寺半日復去，俯視朱綬，仰睇白雲，有愧於心，遂留絕句》、《早冬》、《天竺寺七葉堂避暑》、《元微之除浙東觀察使，喜得杭越鄰州，先贈長句》、《席上答微之》、《答微之上船後留別》、《答微之泊西陵驛見寄》、《答微之誇越州州宅》、《微之重誇州居，其落句有西州羅刹之謔，因嘲茲石，聊以寄懷》、《張十八員外以新詩二十五首見寄，郡樓月下吟玩通夕，因題卷後，封寄微之》、《酬微之》、《餘思未盡，加爲六韻，重寄微之》、《答微之詠懷見寄》、《酬微之誇鏡湖》、《雪中卽事答微之》、《醉封詩筒寄微之》、《除夜寄微之》、《祭社宵興燈前偶作》、《閑臥》等詩。

八月，元稹自同州刺史遷浙東觀察使、越州刺史。十月，經杭州，與居易會，數日而別。別後二人詩筒往來，唱和甚富。《元氏長慶集》百卷編成。時崔玄亮爲湖州刺史，李諒爲蘇州刺史，張籍在長安，均與居易有詩篇酬唱。劉禹錫在夔州刺史任。

三月，牛僧孺同中書門下平章事，李德裕以爲李逢吉所引，牛、李之怨益深。六月，沈傳師爲湖南觀察使。十月，京兆尹韓愈爲兵部侍郎，再除吏部侍郎。杜元穎罷爲劍南西川節度使。是年，李訓進士及第。

【箋證】《冷泉亭記》（卷四三）：「……先是領郡者有相里君造作虛白亭，有韓僕射皐作候仙亭，有裴庶子棠棣作觀風亭，有盧給事元輔作見山亭，及右司郎中河南元藇最後作此亭。……」按：「冷泉亭」在杭州飛來峯下。「相里君造」爲相里造。盧文弨《鍾山札記》卷三：「唐杭州刺史相里君，志獨佚其名。余案：獨孤常州集中有祭相里造文》云：『舒州刺史獨孤及敬祭於河南少尹贈禮部侍郎相里公之靈：伊昔密蘤可否，廷折兇佞，京師童兒，亦知公名。其後江人、杭人頌德不暇，洛表耆老，徯公而蘇云云。』蓋從江州移杭州，後終於河南少尹也。其名曰造，字曰公度，志所以佚其名者，因白香山《冷泉記》云：『先是領郡者有相里君造虛白亭』，『造』字下本有『作』字，後人疑『造』、『作』文複，徑删去『作』字。今觀白《記》下云：『有韓僕射皐作候仙亭，有裴庶子棠棣作觀風亭，有盧給事元輔作見山亭，及右司郎中河南元藇最後作此亭。』後四君皆稱其名，白去相里君年代非甚遼邈，無緣舉世遂無有知其名者。且四君皆云『作亭』，不云『造亭』，『造』爲相里名，證之獨孤之文，尤瞭然也。舊杭郡志置之韓皋、盧元輔之後，云元和間任，皆失之不考。」盧氏所考良是。相里造，魏郡冠氏縣人，相里元將曾孫。大曆三年，爲戶部郎中，卒贈工部尙書。亦見勞格《讀書雜識》卷六《杭州刺史考》、《郎官考》卷十一。《全唐詩》卷一三四李頎有《送相里造入京》詩，當卽此人。「韓僕射皋」，《新唐書》卷一二六本傳：「貞元十四年，……貶撫州員外司馬。未幾，改杭州刺史。入拜尙書右丞。」《舊唐書·順宗紀》：「(貞元二十一年四月)戊辰，以杭州刺史韓皋爲尙書右丞。」則皋貞元末始離杭州任。「裴庶子棠棣」，《咸淳臨安志》卷四五：「裴常棣，河東聞喜人。兵部郎中。作觀風亭。」考棠棣除杭州刺史約在元和元年左右，三年仍在任，見勞格《杭州刺史考》。「盧給事元輔」，《舊唐書》卷一三五本傳：「歷杭、常、絳三州刺史，以課最高，徵爲吏部郎中，遷給事中。」《咸淳臨安志》卷四五：「盧元輔，自河南縣令除杭州刺史。《白集》有制詞。嘗於武林山作見山亭。」考元輔除杭州刺史在元和八年，見勞格《讀書雜識·杭州刺史考》。白氏作《盧元輔杭州刺史制》時，業已出翰林，故近人岑仲勉斷此制爲僞作，非爲無據。「右司郎中河南元藇」，《元和姓纂》二十二元：「荊州刺史元欽之孫藇，河南洛陽縣人。」元稹有《元藇杭州刺史等制》。《郎官考》卷一六《主客員外郎》中有元藇名。勞格《讀書雜識·杭州刺史考》據《新安志》卷九及《續定命錄》謂其除杭州刺史在元和十五年，時間近似。考居易長慶二年除杭州，非替嚴休復。據元稹《永福寺石壁法華經記》，休復元和十二年已至杭州。又據白氏《酬嚴十八郎中見示》詩（卷十九），休復長慶元年已在長安。故知元藇之除杭州必在嚴休復之後，而爲居易之前任也。又《唐語林》謂嚴休復爲居易之前任，誤。

《郡齋暇日，辱常州陳郎中使君早春晚坐水西館書事詩十六韻見寄，亦以十六韻酬之》詩（卷八）云：「遙思毘陵館，春深物嫋娜。」按：《全唐詩》卷四八二李紳《毘陵東山》詩自注：「東山在毘陵驛，南連水西館，館即獨孤及在郡所置，荒廢已久，至孟公簡重修，植以花木松竹等，可玩。孟公在郡日，余以校書郎從役，同宴於此，今則荒廢仍舊。」又按：「陳郎中」名未詳。《咸淳毘陵志·秩官類》中亦未見著錄，當係賈餗之前任。

《小歲日對酒吟錢湖州所寄詩》詩（卷二〇）：「獨酌無多興，閑吟有所思。一杯新歲酒，兩句故人詩。楊柳初黃日，髭鬚半白時。蹉跎春氣味，彼此老心知。」按：「錢湖州」爲錢徽。過臘一日謂之小歲。見《荊楚歲時記》注引《四民月令》。考長慶三年癸卯十一月十三日（癸亥）冬至，冬至後第三戌十二月十八日（戊戌）臘，臘後一日小歲爲十二月十九日（己亥）。

《戲題木蘭花》詩（卷二〇）：「紫房日照燕脂拆，素艷風吹膩粉開。怪得獨饒脂粉態，木蘭曾作女郎來。」按：程大昌《演繁露》卷十六：「樂府有木蘭迺女子，代父征戍，十年而歸，不受爵賞，人爲作詩。然不著何代人？獨詩中有『可汗大點兵』語，知其生世，非隋即唐也。女子能爲許事，其義且武，在緹縈上。或者疑爲寓言。然白樂天《題木蘭花》云：『怪得獨饒脂粉態，木蘭曾作女郎來。』又杜牧有《題木蘭廟》詩曰：『彎弓征戰作男兒，夢裏曾經與畫眉。幾度思歸還把酒，拂雲堆上祝明妃。』」考《木蘭詩》見於陳光大二年僧智匠所輯之《古今樂錄》中，程氏謂其「非隋卽唐」亦未確。白氏又有《題令狐家木蘭花》詩（卷三一）。《全唐詩》卷四七四有徐凝《和白使君木蘭花》詩云：「枝枝轉勢雕弓動，片片搖光玉劍斜。見說木蘭征戍女，不知那作酒邊花。」可知其故事在中唐時已廣泛流傳。

《杭州春望》詩（卷二〇）：「望海樓明照曙霞，護江隄白蹋晴沙。濤聲夜入伍員廟，柳色春藏蘇小家。紅袖織綾誇柿蔕，青旗沽酒趁梨花。誰開湖寺西南路？草綠裙腰一道斜。」按：劉禹錫有《白舍人自杭州寄新詩有柳色春藏蘇小家之句，因而戲酬，兼寄浙東元相公》詩云：「錢塘山水有奇聲，暫謫仙官守百城。女妓還聞名小小，使君誰許喚卿卿。鼇驚震海風雷起，蜃鬭噓天樓閣成。莫道騷人在三楚，文星今向斗牛明。」元稹自同州刺史遷浙東觀察使在長慶三年八月，則禹錫和詩必在四年春間。

《重酬周判官》詩（卷二〇）：「秋愛冷吟春愛醉，詩家眷屬酒家仙。若教早被浮名繫，可得閑遊三十年。」按：「周判官」爲周元範。白氏有《閑夜詠懷因招周協律劉蘼二秀才》（卷二〇）、《歲假內命酒贈周判蕭協律》（卷二〇）、《九日宴集醉題郡樓兼呈周殷二判官》（卷二一）、《日漸長贈周殷二判官》（卷二一）、《九日思杭州舊遊寄周判官及諸客》（卷二三）、《代諸妓贈送周判官》（卷二四）、《三月二十八日贈周判官》（卷二四）、《望亭驛酬別周判官》（卷二四）等詩，同指一人。

《奉和李大夫題新詩二首各六韻》詩之一《因嚴亭》（卷二〇）云：「遙知興未足，卽被詔徵還。」按：「李大夫」爲李德裕。《舊唐書・穆宗紀》：「(長慶二年)九月，御史中丞李德裕爲潤州刺史兼御史大夫、浙江西道都團練觀察處置等使，以代竇易直。」德裕原詩已佚。

《元微之除浙東觀察使，喜得杭越鄰州，先贈長句》詩(卷二三)：「稽山鏡水歡遊地，犀帶金章榮貴身。官職比君雖校小，封疆與我且爲鄰。郡樓對玩千峯月，江界平分兩岸春。杭越風光詩酒主，相看更合是何人？」

按：《舊唐書》卷一六六《元稹傳》：「(長慶三年)改授越州刺史兼御史大夫、浙東觀察使。」《會稽掇英總集》卷十八《唐太守題名記》：「元稹，長慶三年八月自同州防禦使授，大和三年九月除尙書左丞。」又按：元稹長慶二年六月罷相出爲同州刺史，乃由於裴度與稹之嫌隙，構於于方一獄，其事皆李逢吉之黨爲之。《舊唐書・李德裕傳》：「時德裕與李紳、元稹俱在翰林，以學識才名相類，情頗款密，而(李)逢吉之黨深惡之，……裴度自太原復輔政，是月李逢吉亦自襄陽入朝，乃密賂纖人構成于方獄。六月，元稹、裴度俱罷相。」又按：《汪譜》長慶三年癸卯：「是年冬，微之移浙東觀察、越州刺史。」顧學頡《白居易年譜簡編》長慶三年癸卯(八二三)：「冬，元稹自同州刺史遷越州刺史、浙東觀察使。十月，經杭州，與居易會，數日而別。」據《會稽掇英總集》卷十八《唐太守題名記》及《嘉泰會稽志》卷二《太守》所載，元稹除浙東在是年八月無疑，汪、顧兩譜所考俱誤。

長慶四年甲辰(八二四)，五十三歲。

在杭州刺史任。修築錢塘湖堤，蓄水，可灌田千頃。又濬城中李泌六井，以供飲用，三月十日作記。五月，除太子左庶子分司東都（《陳譜》據元稹《白氏長慶集序》作右庶子，今從《舊唐書》本傳）。月末離杭，過常州，宿淮口，經汴河路，秋至洛陽。買洛陽故楊憑舊履道里宅居之。冬，元稹爲編《白氏長慶集》五十卷，幷制序。是年，弟行簡爲司門員外郎。有《祭浙江文》、《錢唐湖石記》及《嚴十八郎中在郡日改制東南樓，因名淸輝，未立標牓，徵歸郎署，予旣到郡，性愛樓居，宴遊其間，頗有幽致，聊成十韻，兼戲寄嚴》、《南亭對酒送春》、《玩新庭樹因詠所懷》、《仲夏齋戒月》、《除官去未間》、《三年爲刺史二首》、《別萱桂》、《自餘杭歸宿淮口作》、《舟中李山人訪宿》、《洛下卜居》、《洛中偶作》、《贈蘇少府》、《移家入新宅》、《琴》、《鶴》、《自詠》、《林下閑步寄皇甫庶子》、《晏起》、《池畔二首》、《歲假內命酒贈周判官蕭協律》、《與諸客攜酒尋去年梅花有感》、《醉送李協律赴湖南辟命，因寄沈八中丞》、《內道場永讙上人就郡見訪，善說維摩經，臨別請詩，因以此贈》、《見李蘇州示男阿武詩自感成詠》、《正月十五日夜月》、《題州北路傍老柳樹》、《題淸頭陀》、《自歎二首》、《湖上醉中代諸妓寄嚴郎中》、《自詠》、《晚興》、《早興》、《竹樓宿》、《湖上招客送春汎舟》、《戲醉客》、《紫陽花》、《蘇州李中丞以元日郡齋感懷詩寄微之及予，輒依來篇七言八韻走筆奉答兼呈微之》、《早春西湖閑遊，悵然興懷，憶與微之同賞，因思在越官重事殷，鏡湖之遊，或恐未暇，偶成十八韻寄微之》、

《答微之見寄》、《新春江次》、《春題湖上》、《早春憶微之》、《失鶴》、《自感》、《得湖州崔十八使君書，喜與杭越鄰郡，因成長句代賀兼寄微之》、《同諸客攜酒早看櫻桃花》、《柳絮》、《早飲湖州酒寄崔使君》、《病中書事》、《與微之唱和，來去常以竹筒貯詩，陳協律美而成篇，因以此答》、《醉戲諸妓》、《北院》、《酬周協律》、《題石山人》、《詩解》、《潮》、《聞歌妓唱嚴郎中詩，因以絕句寄之》、《柘枝妓》、《急樂世辭》、《天竺寺送堅上人歸廬山》、《除官赴闕留贈微之》、《留題郡齋》、《別州民》、《留題天竺靈隱兩寺》、《西湖留別》、《重寄別微之》、《重題別東樓》、《別周軍事》、《看常州柘枝贈賈使君》、《汴河路有感》、《埇橋舊業》、《茅城驛》、《河陰夜泊憶微之》、《杭州回舫》、《途中題山泉》、《欲到東洛，得楊使君書，因以此報》、《洛下寓居》、《味道》、《好聽琴》、《愛詠詩》、《酬皇甫庶子見寄》、《臥疾》、《遠師》、《問遠師》、《小院酒醒》、《贈侯三郎中》、《求分司東都寄牛相公十韻》、《酬楊八》、《履道新居二十韻》、《九日思杭州舊遊寄周判官及諸客》、《秋晚》、《分司》、《河南王尹初到以詩代書先問之》、《池西亭》、《臨池閑臥》、《吾廬》、《題新居寄宣州崔相公》等詩。

元稹在浙東觀察使任。夏，劉禹錫移和州刺史。

正月，穆宗服方士金石藥卒，太子湛（敬宗）即位。二月，戶部侍郎李紳貶端州司馬。三月，張弘靖太子少師分司。令狐楚爲河南尹。五月，李程、竇易直同中書門下平章事。八月，楊虞卿爲吏部員外郞。九月，令狐楚爲宣武軍節度使。王起爲河南尹。十二月，吏部侍郞韓愈卒。時李逢吉用事，所親厚者甚衆，號「八關」、「十六子」。

【箋證】

按：《舊唐書・敬宗紀》：「（長慶四年二月）癸未，貶戶部侍郞李紳爲端州司馬。」劉禹錫《謝中使送上表》：「伏以發自巴峽，至於南荒。涉水陸湍險之途，當炎夏鬱蒸之候。」可知李紳是年二月貶爲端州司馬，劉禹錫是年夏轉和州刺史。顧學頡《白居易年譜簡編》長慶四年甲辰：「正月，李紳自戶部侍郞貶爲端州司馬。八月，劉禹錫自夔州刺史轉和州刺史。」誤。

《贈蘇少府》詩（卷八）云：「河亞懶出入，府寮多閑暇。」按：「蘇少府」疑卽蘇弘。白氏《答蘇庶子》（卷二五）、《答蘇六》（卷二七）、《答蘇庶子月夜聞家僮奏樂見贈》（卷二七）諸詩，均爲酬弘之作。此詩云：「河亞懶出入。」則「少府」當作「少尹」。

《林下閑步寄皇甫庶子》詩（卷八）云：「寄言東曹長，當知幽獨心。」按：「皇甫庶子」爲皇甫鏞。皇甫鎛之兄，字龢卿。歷官河南少尹，太子右庶子，太子賓客，祕書監分司等。開成元年七月十日以太子少保分司卒於東都宣教里第，年七十七。見《舊唐書》卷一三五、《新唐書》卷一六七本傳及白氏《唐銀青光祿大夫太子少保安定皇甫公墓誌銘》(卷七〇)。白氏《皇甫公墓誌銘》云：「公之仲弟居相位，操利權也。從而附離者有之，公獨超然，雖貴介之勢不能及。」則皇甫鏄乃鏞之仲弟。《舊傳》及《新傳》稱「鏄弟鏞」，俱誤。又《舊傳》謂鏞卒年四十九，亦誤。應以白氏《墓誌》爲正。白氏又有《酬皇甫庶子見寄》(卷二三)、《贈皇甫庶子》(卷二三)、《與皇甫庶子同遊城東》(卷二三)等詩，均係酬鏞之作。

《醉送李協律赴湖南辟命，因寄沈八中丞》詩(卷二十)：「富陽山底樟亭畔，立馬停舟飛酒盂。曾共中丞情繾綣，暫留協律語踟躕。紫微星北承恩去，青草湖南稱意無？不羨君官羨君幕，幕中收得阮元瑜。」按：「沈八中丞」爲沈傳師。《舊唐書》卷一四九、《新唐書》卷一三二有傳。《舊唐書．穆宗紀》：「(長慶三年)六月，宰相監修國史杜元穎奏史官沈傳師除鎭湖南。」《全唐詩》卷四八〇李紳《趨翰苑遭誣搆四十六韻》原注云：「沈八侍郎、武十五侍郎、元九相公、龐嚴京兆、蔣防舍人皆爲塵世。」沈八侍郎卽傳師也。

《見李蘇州示男阿武詩自感成詠》詩(卷二〇)：「遙羨青雲裏，祥鸞正引雛。自憐滄海畔，老蚌不生珠。」按：「李蘇州」爲蘇州刺史李諒。

《蘇州李中丞以元日郡齋感懷詩寄微之及予，輒依來篇七言八韻走筆奉答兼呈微之》詩(卷二三)云：「憑鶯傳語報李六，倩雁將書與元九。莫嗟一日日催人，且貴一年年入手。」按：「蘇州李中丞」爲蘇州刺史李諒。《郎官考》卷十三《度支郎中》據《姑蘇志》卷二，謂諒長慶四年自泗州刺史徙任蘇州刺史。白氏《李諒授壽州刺史薛公幹授泗州刺史制》(卷五〇)云：「吾前命諒爲泗守，未卽路，會壽守淮卒，因改諒守壽，命公幹守泗。……諒可壽州刺史，公幹可泗州刺史。」據此，諒蓋長慶二年自壽州徙任蘇州，《姑蘇志》及《郎官考》謂自泗州移任，俱誤。《全唐詩》卷四六三有李諒《蘇州元日郡齋感懷寄越州元相公杭州白舍人》詩原注云：「時長慶四年也。」又白氏《初到郡齋寄錢湖州李蘇州》（卷二〇）、《錢湖州以箬下酒，李蘇州以五酘酒相次寄到，無因同飲，聊詠所懷》（卷二〇）兩詩均作於長慶二年十月以後，則此時李諒已移任蘇州刺史，《郎官考》謂係長慶四年移任，亦誤。又白氏《重答汝州李六使君見和憶吳中舊遊五首》詩（卷二六）「何況蘇州勝汝州」句原注云：「李前刺蘇，故有是句。」則諒自蘇州移汝州約在寶曆初，與居易爲前後任。錢大昕《十駕齋養新錄》（卷二〇）云：「唐長慶四年李諒爲蘇州刺史，《元日郡齋感懷寄越州元相公杭州白舍人》詩，有『首開三百六旬曆，新知四十九年非。當官補拙猶勤慮，游宦量才已息機』之句。白樂天答詩云：『領郡慚當潦倒年，鄰州喜得平生友。』又云：『憑鶯傳語報李六，倩雁將書寄元九。莫歎一日日催人，且喜一年年入手。』……諒字復言，嘗官中丞。白樂天以是年罷杭州，以太子左庶子分司東都。明年改元寶曆，三月，除守蘇州，當卽與李交代也。」錢氏所考良是，然未詳諒長慶二年卽已刺蘇。白氏又有《見李蘇州示男阿武詩自感成詠》詩（卷二〇），亦指李諒。

《得湖州崔十八使君書，喜與杭越鄰郡，因成長句代賀兼寄微之》詩（卷二三）：「三郡何因此結緣？貞元科第忝同年。故情歡喜開書後，舊事思量在眼前。越國封疆吞碧海，杭城樓閣入青煙。吳興卑小君應屈，爲是蓬萊最後仙。」按：「湖州崔十八使君」爲湖州刺史崔玄亮。《嘉泰吳興志》卷十四：「崔玄亮，長慶三年十一月二十二日自刑部郎中拜。」又據《會稽掇英總集》卷十八《唐太守題名記》及《嘉泰會稽志》，元稹於長慶三年八月除浙東，十月上任，則知崔上湖州在元上越州之後。並參見白氏《崔湖州贈紅石琴薦，煥如錦文，無以答之，以詩酬謝》（卷二二）、《晚春寄微之并崔湖州》（卷二三）、《夜泛陽塢入明月灣卽事寄崔湖州》（卷二四）、《郡中閑獨寄微之及崔湖州》（卷二四）、《夜聞賈常州崔湖州茶山境會，想羨歡宴，因寄此詩》（卷二四）、《仲夏齋居偶題八韻寄微之及崔湖州》（卷二四）等詩。又按：白居易、元稹、崔玄亮三人，貞元十九年同以拔萃科登第。見元稹《酬哥舒大少府寄同年科第》詩注。白氏此詩自注云：「貞元初同登科，崔君名最在後。當時崔自詠云：『人間不會雲間事，應笑蓬萊最後仙。』」徐松《登科記考》卷十四貞元十六年下載進士十九人，崔玄亮名在榜末，并引此詩（按：此詩所指非貞元十六年）爲證，居易亦是年舉進士。白氏詩云：「三郡何因此結緣？貞元科第忝同年。」顯指與元稹同登科，則知并非貞元之初而係貞元之末，非傳刻之訛，卽係白氏偶誤記耳。又《登科記考》貞元十一年下進士二十七人亦載有崔玄亮之名，并引《舊唐書》本傳云：「玄亮字晦叔，山東磁州人。貞元十一年登進士第。」此條複出，疑爲承襲《舊傳》之誤。

《早飲湖州酒寄崔使君》詩（卷二三）云：「十分蘸甲酌，瀲灩滿銀盂。……不知崔太守，更有寄來無？」按：「崔使君」爲崔玄亮。「蘸甲」爲唐人習用語。劉禹錫《和樂天以鏡換酒》詩云：「把取菱花百鍊鏡，換他竹葉十分杯。嚬眉厭老終難去，蘸甲須歡便到來。妍醜太分迷忌諱，松喬俱傲絕嫌猜。校量功力相千萬，好去從空白玉臺。」

《酬周協律》詩（卷二三）：「五十錢塘守，應爲送老官。濫蒙辭客愛，猶作近臣看。鬢落愁須飮，琵琶悶遣彈。白頭雖強醉，不似少年歡。」按：「周協律」爲周元範。白氏有《閑夜詠懷因招周協律劉薛二秀才》（卷二〇）、《夜招周協律兼答所贈》（卷二〇）、《齊雲樓晚望偶題十韻兼呈馮侍御周殷二協律》（卷二四）、《寄答周協律》（卷二五）等詩，均係酬元範之作。

《天竺寺送堅上人歸廬山》詩（卷二三）：「錫杖登高寺，香爐憶舊峯。偶來舟不繫，忽去鳥無蹤。豈要留離偈？寧勞動別容。與師俱是夢，夢裏暫相逢。」按：「堅上人」爲廬山東林寺僧士堅。白氏《草堂記》（卷四三）：「四月九日，與河南元集虛、范陽張允中、南陽張深之、東西二林長老湊、朗、滿、晦、堅等凡二十有二人具齋施茶果以落之，因爲《草堂記》。」《遊大林寺序》（卷四三）：「余與河南元集虛、范陽張允中、南陽張深之、廣平宋郁、安定梁必復、范陽張特、東林寺沙門法演、智滿、士堅、利辯、道深、道建、神照、雲臯、息慈、寂然凡十七人。……」

《看常州柘枝贈賈使君》詩（卷二三）：「莫惜新衣舞《柘枝》，也從塵汙汗霑垂。料君即却歸朝去，不見銀泥衫故時。」按：「賈使君」爲賈餗。字子美。長慶四年爲張又新所構，出爲常州刺史。見《舊唐書》卷一六九本傳。白氏《醉後走筆酬劉五主簿長句之贈兼簡張大賈二十四先輩昆季》詩（卷十二）中之「賈二十四」，《戲和賈常州醉中絕句》（卷二四）、《夜聞賈常州崔湖州茶山境會，想羨歡宴，因寄此詩》（卷二四）兩詩中之「賈常州」，《赴蘇州至常州答賈舍人》（卷二四）、《自到郡齋僅經旬日，方專公務，未及宴遊，偷閑走筆題二十四韻兼寄常州賈舍人湖州崔郎中，仍呈吳中諸客》（卷二四）兩詩中之「賈舍人」，均指賈餗。

《埇橋舊業》詩（卷二三）：「別業埇城北，拋來二十春。改移新逕路，變換舊村鄰。有稅田疇薄，無官弟姪貧。田園何用問，強半屬他人。」按：「埇橋」在宿州符離縣。《元和郡縣志》卷九：「宿州，本徐州苻離縣也（按：各書均誤作符，《元和志》作苻，是）。元和四年，以其地南臨汴河，有埇橋爲舳艫之會，運漕所歷，防虞是資。又以蘄縣北屬徐州，疆界闊遠，有詔割苻離、蘄縣及泗州之虹縣置宿州，取古宿國爲名也。」《清統志·鳳陽府》二：「埇橋在宿州北二十里，一名符離橋，亦名永濟橋。跨汴水。」白氏自新鄭移家符離約在建中三年父任徐州別駕時，詩云：「拋來二十春」蓋指貞元十四年自符離移家洛陽，再移家下邽，「二十」蓋舉成數而言也。

《欲到東洛得楊使君書因以此報》詩（卷二三）：「向公心切向財疏，淮上休官洛下居。三郡政能從獨步，十年生計復何如？使君灘上久分手，別駕渡頭先得書。且喜平安又相見，其餘外事盡空虛。」按：「楊使君」爲楊歸厚。歷典萬、唐、壽、鄭、虢五州。據劉禹錫《管城新驛記》及《鄭州刺史東廳壁記》，知歸厚爲鄭州刺史在大和初，長慶四年已歷萬、唐、壽三州，此時以東都留守判官、檢校太子右庶子（見《全唐文》卷六九三李虞仲《投楊歸厚太子右庶子制》)，則自壽州刺史罷歸也。

《遠師》詩(卷二三)：「東宮白庶子，南寺遠禪師。何處遙相見？心無一事時。」按：「遠師」為東林寺僧。白氏有《問遠師》詩(卷二三)云：「笑問東林老，詩應不破齋。」又有《對小潭寄遠上人》詩(卷二八)，當同指一人。

《贈侯三郎中》詩(卷二三)云：「洛中縱未長居得，且與蘇田遊過春。」按：「侯三郎中」為侯繼。岑仲勉《唐人行第錄》：「《白氏集》五八《贈侯三郎中》，分司東都時作，未注名，集中亦少唱和之什，以時代考之，或得為勳中侯繼，然尚缺其他佐證也。」考《因話錄》卷五：「王并州璠，自河南尹拜右丞(城按：《稗海》本「丞」下有「相」字，衍)，除目纔到，少尹侯繼有宴，以書邀。」王璠寶曆二年八月代王起為河南尹。復自河南尹拜尚書右丞在大和二年十月，見《舊唐書》卷一六九本傳及《文宗紀》。則侯繼或自司勳郎中遷河南少尹，與此詩之時間亦合。又按：「蘇田」未詳，居易自田姓購得洛陽履道坊故散騎常侍楊憑宅第，其《求分司東都寄牛相公十韻》詩(卷二三)云：「王尹貰將馬，田家賣與池。」則「蘇田」疑當作「田蘇」。

《求分司東都寄牛相公十韻》詩(卷二三)云：「懶慢交遊許，衰羸相府知。官寮幸無事，可惜不分司。」按：「牛相公」為牛僧孺。長慶二年正月拜戶部侍郎，三年三月以本官同平章事。見《舊唐書》卷一七二、《新唐書》卷一七四本傳。

《履道新居二十韻》詩(卷二三)云：「履道坊西角，官河曲北頭。」按：「履道坊」在洛陽長夏門之東第四街。

《舊唐書》一六六《白居易傳》:「居易罷杭州，歸雒陽，於履道里得故散騎常侍楊憑宅，竹木池館，有林泉之致。……爲《池上篇》曰:『東都風土水木之勝在東南偏，東南之勝在履道里，里之勝在西北隅西閈北垣第一第，卽白氏叟樂天退老之地。地方十七畝，屋室三之一，水五之一，竹九之一，而島樹橋道間之。』」《新唐書》卷一一九《白居易傳》云:「後履道卒爲佛寺，東都、江州人爲立祠焉。」《河南邵氏聞見後錄》卷二五:「大字寺園，唐白樂天園也。樂天云『吾有第在履道坊，五畝之宅，十畝之園，有水一池，有竹千竿』者是也。今張氏得其半爲會隱園，水竹尙甲洛陽。但以其圖考之，則凡曰某堂有某水，某亭有某木，至今猶在，而曰堂曰亭者，無復彷彿矣。豈因於天理者可久，而成於人力者不足恃也。寺中樂天石刻尙多。」《陳譜》長慶四年甲辰:「公宅地方十七畝，……至後唐爲普明禪院，有秦王從榮所施大字經藏及寫公集寘藏中，洛人但曰大字寺。其園張氏得其半爲會隱園，水竹尙在。寺中有公石刻甚多，見宋敏求《河南志》、李格非《洛陽名園記》。」《兩京城坊考》卷五:「按居易宅在履道西門，宅西牆下臨伊水渠，渠又周其宅之北。宅去集賢裴度宅最近，故居易《和劉汝州》詩注云:『履道、集賢兩宅相去一百三十步。』」參見白氏《歸履道宅》(卷二七)、《履道春居》(卷二五)、《答王尙書問履道池舊橋》(卷二七)、《履道池上作》(卷二八)、《履道居》(卷二八)、《履道西門》(卷三六)等詩。

《河南王尹初到以詩代書先問之》詩(卷二三):「別來王閣老，三歲似須臾。鬢上班多少？杯前興有無？官從分緊慢，情莫問榮枯。許入朱門否？籃輿一病夫。」按：「河南王尹」爲河南尹王起。起長慶四年九月代令狐楚爲河南尹。見《舊唐書．敬宗紀》。居易與王起貞元末同爲校書郎，見白氏《常樂里偶題十六韻兼寄劉十五公輿王十一起等，時爲校書郎》詩（卷五）。

《題新居寄宣州崔相公》詩（卷二三）：「門庭有水巷無塵，好稱閑官作主人。冷似雀羅雖少客，寬於蝸舍足容身。疎通竹徑將迎月，掃掠莎臺欲待春。濟世料君歸未得，南園北曲謾爲鄰。」按：「宣州崔相公」爲崔羣。元和十二年七月拜中書侍郎，同中書門下平章事。穆宗即位。徵拜吏部侍郎。俄拜御史大夫。未幾檢校兵部尙書充武寧軍節度使。左遷祕書監分司東都。改華州刺史。歷宣歙池觀察使。徵拜兵部尙書。見《舊唐書》卷一五九、《新唐書》卷一六五本傳。吳廷燮《唐方鎭年表》據《舊傳》繫羣長慶三年莅宣歙任，並無確據，然以白詩相證，時間亦嫌過早。據白氏《華城西北雉堞最高，崔相公首創樓臺，錢左丞繼種花果，合爲勝境，題在雅篇，歲暮獨游，悵然成詠》詩（卷二五），則知錢徽初除華州刺史係繼崔羣之後任。又據白氏長慶二年冬所作《初到郡齋寄錢湖州李蘇州》（卷二〇）、《錢湖州以箬下酒，李蘇州以五酘酒相次寄到，無因同飲，聊詠所懷》（卷二〇）兩詩，錢徽長慶二年末猶未離湖州。考《嘉泰吳興志》卷十四，崔玄亮長慶三年十一月二十二日自刑部郎中拜，當爲錢徽之後任。則錢徽離湖州任必在長慶三年之末。《新唐書．錢徽傳》云：「轉湖州，……還遷工部侍郎（城按：《嘉泰吳興志》卷十四謂遷工部郎中，疑非是），出爲華州刺史。」《舊唐書·錢徽傳》亦云：「徽明年遷華州刺史、潼關防禦鎭國軍等使。」《舊傳》所云「明年」，卽長慶四年繼崔羣華州刺史任，而崔羣赴宣歙任亦在是年。劉禹錫《歷陽書事七十韻》云：「長慶四年八月，予自夔州轉歷陽，浮岷山，觀洞庭，歷夏口，涉潯陽而東，友人崔敦詩罷丞相，鎭宛陵，緘書來抵曰：……」與白氏此詩時間相近，亦可互爲參證。又崔羣離宣歙在大和元年正月，《舊唐書·文宗紀》云：「(大和)元年春正月，以前戶部侍郎于敖爲宣歙觀察使代崔羣。以崔羣爲兵部尙書。」並參見白氏《除忠州寄謝崔相公》(卷十七)、《花前有感兼呈崔相公劉郎中》(卷二五)等詩及《祭崔相公文》(卷七〇)。又按：崔羣宅在履道坊白宅之南。故白氏《聞樂感鄰》詩(卷二六)注云：「東鄰王大理去冬云亡，南鄰崔尙書今秋薨逝。」又《祭崔相公文》(卷七〇)云：「洛城東隅，履道西偏。修篁迴合，流水潺湲。與公居第，門巷相連。」卽此詩所云「南園北曲謾爲鄰」也。

敬宗寶曆元年乙巳(八二五)，五十四歲。

在洛陽。爲太子左庶子分司東都。春葺新居，王起爲宅內造橋。三月四日，除蘇州刺史。二十九日，發東都，過汴州，與令狐楚相會。渡淮水，經常州，五月五日，到蘇州任。秋，遊太湖，採橘獻上。與元稹、崔玄亮唱和，又與劉禹錫相贈答。是年，弟行簡還主客郎中。從弟敏中從李聽於滑州。有《如信大師功德幢記》、《吳郡詩石記》、《蘇州刺史謝上表》、《故饒州刺史吳府君神道碑銘》及《春葺新居》、《贈言》、《泛春池》、《郡齋旬假命宴呈座客示郡寮》、《題西亭》、

《郡中西園》、《北亭臥》、《一葉落》、《崔湖州贈紅石琴薦，煥如錦文，無以答之，以詩酬謝》、《九日宴集，醉題郡樓，兼呈周殷二判官》、《同微之贈別郭虛舟鍊師五十韻》、《霓裳羽衣歌》、《小童薛陽陶吹觱篥歌》、《啄木曲》、《和微之聽妻彈別鶴操，因為解釋其義，依韻加四句》、《題故元少尹集後二首》、《憶杭州梅花因敍舊遊寄蕭協律》、《病中辱張常侍題集賢院詩因以繼和》、《早春晚歸》、《贈楊使君》、《贈皇甫庶子》、《池上竹下作》、《閑出覓春戲贈諸郎官》、《別春爐》、《汎小艅二首》、《夢行簡》、《題新居呈王尹兼簡府中三掾》、《雲和》、《春老》、《春雪過皇甫家》、《崔侍御以孩子三日示其所生詩見示，因以二絕和之》、《與皇甫庶子同遊城東》、《洛城東花下作》、《晚春寄微之并崔湖州》、《城東閑行因題尉遲司業水閣》、《寄皇甫七》、《訪皇甫七》、《除蘇州刺史別洛城東花》、《奉和汴州令狐令公二十二韻》、《船夜援琴》、《答劉和州》、《渡淮》、《赴蘇州至常州答賈舍人》、《去歲罷杭州，今春領吳郡，慚無善政，聊寫鄙懷，兼寄三相公》、《宣武令狐相公以詩寄贈，傳播吳中，聊用短章，用伸酬謝》、《自詠》、《吟前篇因寄微之》、《紫薇花》、《自到郡齋，僅經旬日，方專公務，未及宴遊，偷閑走筆，題二十四韻，兼寄常州賈舍人湖州崔郎中，仍呈吳中諸客》、《題籠鶴》、《答客問杭州》、《登閶門閑望》、《代諸妓贈送周判官》、《秋寄微之十二韻》、《池上早秋》、《郡西亭偶詠》、《故衫》、《郡中夜聽李山人彈三樂》、《東城桂三首》、《題行簡恩賜章服喜成長句寄之》、《喚笙歌》、《對酒吟》、《偶飲》、《早發赴洞庭舟中作》、《宿湖中》、《揀貢橘書情》、《夜泛陽塢入明月灣卽事寄崔湖州》、《泛太湖書事寄微之》、《題新館》、《西樓喜雪命宴》、《新栽梅》、《酬劉和州戲贈》、《戲和賈常州醉中二絕句》、《歲暮寄微之三首》等詩。

元稹在浙東觀察使任。劉禹錫在和州刺史任。

正月，牛僧孺罷爲武昌軍節度使。四月，李絳爲左僕射。六月，吳丹卒。閏七月，李聽爲義成軍節度使。十一月，韋顗卒。十二月，李絳爲太子少師分司。

【箋證】

《如信大師功德幢記》(卷六八)：「……師姓康，號如信，襄城人。始成童，授《蓮花經》於釋巖。旣具戒，學《四分律》於釋晤。後傳六祖心要於本院先師，……同學大德繼居本院者曰智如，……」按：白氏有《感悟妄緣題如上人壁》詩(卷二五)，作於寶曆二年，時間相符，疑與如信同爲一人。「智如」乃繼如信主持東都聖善寺之僧人，與如信同爲禪宗弟子。白氏《如信大師功德幢記》(卷六八)：「同學大德繼居本院者曰智如。」《東都十律大德長聖善寺鉢塔院主智如和尙茶毗幢記》(卷六九)：「大師姓吉，號智如，絳郡正平人。……大和八年十二月二十三日終於本院，報年八十六，僧夏六十五。」

《吳郡詩石記》(卷六八)：「貞元初，韋應物爲蘇州牧，房孺復爲杭州牧，皆豪人也。……時予始年十四五，旅二郡，以幼賤不得與遊宴，尤覺其才調高而郡守尊。……去年脫杭印，今年佩蘇印，……前後相去三十七年，江山是而齒髮非，……寶曆元年七月二十日，蘇州刺史白居易題。」按：「韋應物」，兩《唐書》俱無傳，惟《國史補》數語存其生平爲人。宋沈作喆《韋刺史傳》云：「應物，京兆長安縣人。自江州刺史居二歲召至京師。貞元二年，（城按：韋應物刺蘇在貞元四年，乃孫晟之後任，沈《傳》誤）由左司郎中補外得蘇州刺史。」所記較《國史補》爲詳備，而刺蘇後復有「江淮鹽鐵轉運、守太僕少卿兼御史中丞」一銜，則採自劉禹錫大和六年《蘇州舉韋中丞自代狀》，誤合二者爲一人。胡震亨《唐音癸籤》卷二九、錢大昕《十駕齋養新錄》卷十二俱嘗辨其誤，錢氏之文云：「韋應物，貞元二年，由左司郎中出爲蘇州刺史，而《劉禹錫集》中有大和六年《除蘇州舉韋應物自代狀》，宋葉少蘊、胡元任已疑其非一人，而沈作喆撰《韋傳》合而一之，篇末雖亦有疑詞，而終未敢決。近世陳少章景雲據白樂天於元和中謫江州後貽書元微之，於文中盛稱韋蘇州詩，又言『當蘇州在時，人亦未甚愛重，必待身後，人始貴之』，則是時蘇州已歿，而劉狀又在此書十年以後，則其所舉必別是一人矣。樂天守蘇日，夢得以詩酬之云：『蘇州刺史例能詩，西掖今來替左司。』言白之名足繼左司耳，非謂實代其任也。沈傳謂『貞元二年補外，得蘇州刺史。久之，白居易自中書舍人出守吳門，應物罷郡，寓郡之永定佛寺』，則誤甚矣。白公出守在長慶間，距貞元初垂四十年，豈有與韋交代之理乎？大昕案：樂天刺蘇州在寶曆元年，陳以爲在長慶間亦誤。」所考頗詳。近人余嘉錫《四庫提要辨證》卷二〇《集部》一、岑仲勉《唐集質疑》俱疑此說，余氏據《舊唐書·德宗紀》證應物貞元二年刺蘇，爲孫晟之前任，罷郡後寓居佛寺，不久即卒。然均未考得《劉集》中之韋中丞爲何人。《淳熙祕閣續帖》載白居易《與劉禹錫書》云：「冬候斗寒，不審動止何似？居易蒙免。韋楊子（旁注：遞中）、李宗直、陳清等至，連牽三問，并慰馳心。」則知此人即曾爲揚子（揚通楊）留後之另一韋應物，與居易亦有往還也。又按：居易寶曆元年除蘇州刺史，上溯三十七年，當爲貞元四年（七八八）。考《舊唐書·德宗紀》：「（貞元四年秋七月）乙亥，以蘇州刺史孫晟爲桂州刺史、桂管觀察使。」則應物爲孫晟之後任，其罷郡在貞元六年以後（見傅璇琮《韋應物繫年考證》）。如爲貞元三年，則距寶曆元年應爲三十八年，而居易是年爲十六歲，非「十四五」，疑白氏此文所記有誤。

《崔湖州贈紅石琴薦，煥如錦文，無以答之，以詩酬謝》詩（卷二一）：「頳錦支綠綺，韻同相感深。千年古澗石，八月秋堂琴。引出山水思，助成金玉音。人間無可比，比我與君心。」按：「崔湖州」爲湖州刺史崔玄亮。《嘉泰吳興志》卷十四：「崔玄亮，長慶三年十一月二十二日自刑部郎中拜，還祕書少監分司東都。」同治《湖州府志》卷五：「長慶三年十一月自刑部郎出爲湖州刺史，還祕書少監。」宋張君房《雲笈七籤》卷一二二：「崔公玄亮，奕葉崇道。雖登龍射鵠，金印銀章，踐鵷鷺之庭，列珪組之貴，參玄趣道之志未嘗怠也。寶曆初除湖州刺史。二年乙巳於紫極宮修黃籙道場。」白氏有《吳興靈鶴贊》（卷六八）即作於寶曆二年，亦酬玄亮之作。考白氏長慶四年所作《湖上招客送春汎舟》詩（卷二〇）自注云：「時崔湖州寄新箬下酒來。」則可證玄亮長慶末已刺湖州，嘗爲錢徽之後任，亦與《嘉泰吳興志》所記時間相符，《雲笈七籤》謂其寶曆初除湖州，蓋誤。又據白氏《郡中閑獨寄微之及崔湖州》（卷二四）、《夜聞賈常州崔湖州茶山境會，想羨歡宴，因寄此詩》（卷二四）、《仲夏齋居偶題八韻寄微之及崔湖州》（卷二四）等詩，知寶曆二年秋前，玄亮仍在湖州任。

《小童薛陽陶吹觱篥歌》詩（卷二一）：「剪削乾蘆插寒竹，九孔漏聲五音足。近來吹者誰得名？關璀老死李袞生。袞今又老誰其嗣？薛氏樂童年十二。……嗟爾陽陶方稚齒，下手發聲已如此！若教頭白吹不休，但恐聲名壓關李。」按：劉禹錫有《和浙西李大夫霜夜對月聽小童吹觱篥歌依和本韻》詩。德裕原詩今已不全，《全唐詩》卷四七五中存有逸句云：「君不見秋山寂歷風飆歇，半夜靑崖吐明月。寒光乍出松篠間，萬籟蕭蕭從此發。忽聞歌管吟朔風，精魂想在幽巖中。」元稹亦有和篇，已佚。四人之中，惟居易與德裕之政見有異，若元、劉則與李素分至深，今觀白詩專就陽陶立言，未及德裕一字，不心許之意，可以想見。唐馮翊《桂苑叢談》：「咸通中，丞相姑臧公拜端揆日，自大梁移鎭淮海。……以其郡無勝遊之地，且風亭月榭既已荒涼，花圃釣臺未愜深旨。一朝命於戲馬亭西連玉鉤斜道，開闢池沼，搆葺亭臺。……都人士女得以遊觀。一旦聞浙右小校薛陽陶監押度支運米入城。公喜其姓同曩日朱崖左右者，遂令詢之，果是其人矣。公愈喜，似獲古物。乃命衙庭小將代押，留止別館。一日公召陶同遊，問及往日蘆管之事。陶因獻朱崖、陸暢、元、白所撰歌一曲，公亦喜之。即於茲亭奏之，其管絕微，每於一觱栗管中常容三管也。聲如天際自然而來，情思寬閑。公大佳賞之，亦贈其詩，不記終篇。其發端云：『虛心纖質雁銜餘，鳳吹龍吟定不如。』於是賜賚甚豐，出其二子，皆授牢盆倅職。初公搆池亭畢未有名，因名賞心。」所謂「丞相姑臧公」蓋指咸通中之淮南節度使李蔚，其祖上公，元和初爲陝虢觀察使，宜其備諳德裕在時之事。又《全唐詩》卷六六五羅隱《薛陽陶觱篥歌》「平泉上相東征日，曾爲陽陶歌觱篥。吳江太守會稽侯，相次三篇皆俊逸」句注云：「平泉爲李德裕，曾作《薛陽陶觱篥歌》。蘇州刺史白居易、越州刺史元稹並有和篇。」同書卷五一一張祜《聽薛陽陶吹蘆管》詩：「紫清人下薛陽陶，末曲新笳調更高。」又按：《國史補》卷下：「李衮善歌，初於江外，而名動京師。崔昭入朝，密載而至。乃邀賓客，請第一部樂及京邑之名倡，以爲盛會。紿言表弟，請登末坐，令衮弊衣以出，合坐嗤笑。頃命酒，昭曰：『欲請表弟歌。』坐中又笑，及轉喉一發，樂人皆大驚曰：『此必李八郎也。』遂羅拜階下。」據此詩，則李衮除善歌外，亦當時觱篥名手，惜《樂府雜錄》等書失載耳。

《題故元少尹集後二首》（卷二一）：「黃壤詎知我？白頭徒憶君。唯將老年淚，一灑故人文！」「遺文三十軸，軸軸金玉聲。龍門原上土，埋骨不埋名。」按：「元少尹」爲元宗簡。白氏《晚歸有感》詩（卷十一）自注云：「元八少尹今春櫻桃花時長逝。」又《元家花》詩（卷十九）云：「失却東園主，春風可得知？」櫻桃花開在春夏之際，元宗簡當死於長慶二年三月末四月初。

《病中辱張常侍題集賢院詩，因以繼和》（卷二三）：「天祿閣門開，甘泉侍從迴。圖書皆帝籍，寮友盡仙才。

騎省通中掖，龍樓隔上臺。猶憐病宮相，詩寄洛陽來。」按：「張常侍」爲張正甫。《舊唐書》卷一六二《張正甫傳》：「由尙書右丞爲同州刺史，入拜左散騎常侍、集賢殿學士判院事，轉工部尙書。（大和）五年，檢校兵部尙書，太子詹事。……」《舊唐書·文宗紀上》：「（大和元年）正月己亥，以右散騎常侍、集賢殿學士判院事張正甫爲工部尙書。」與白氏此詩時間正合。又卷二五《奉使途中戲贈張常侍》中之「張常侍」亦爲張正甫。

《題新居呈王尹兼簡府中三掾》詩（卷二三）：「弊宅須重葺，貧家乏羨財。橋憑川守造，樹倩府寮栽。朱板新猶濕，紅英暖漸開。仍期更攜酒，倚檻看花來。」按：「王尹」爲河南尹王起。與《河南王尹初到以詩代書先問之》詩（卷二三）中所指同爲一人。

《春雪過皇甫家》詩（卷二三）：「晚來籃轝雪中回，喜遇君家門正開。唯要主人青眼待，琴詩談笑自將來。」按：「皇甫家」爲皇甫鏞宅。在東都長夏門之東第二街宣教坊。白氏《唐銀青光祿大夫太子少保安定皇甫公墓誌銘》（卷七〇）：「以開成元年七月十日寢疾薨於東都宣教里第。」

《城東閑行，因題尉遲司業水閣》詩（卷二三）：「閑遶洛陽城，無人知姓名。病乘籃輿出，老著茜衫行。處處花相引，時時酒一傾。借君溪閣上，醉詠兩三聲。」按：「尉遲司業」疑爲尉遲汾。白氏《答尉遲少監水閣重宴》詩（卷二五）云：「人情依舊歲華新，今日重招往日賓。雞黍重迴千里駕，林園暗換四年春。水軒平寫琉璃鏡，草岸斜鋪翡翠茵。聞道經營費心力，忍教成後屬他人。」寶曆元年至大和二年重宴，故云「林園暗換四年春。」至大和三年所作之《答尉遲少尹問所須》詩（卷二七）云：「乍到頻勞問所須，所須非玉亦非珠。愛君水閣宜閑詠，每有詩成許去無？」蓋此年尉遲司業已自少監遷河南少尹，可知白氏詩中之「尉遲司業」、「尉遲少監」、「尉遲少尹」係同一人。《全唐文》卷七二一小傳謂汾官太常博士，祠部員外郎。有《贈太傅杜佑謚議》。《全唐詩》卷八八七有尉遲汾《府尹王侍郎准制拜獄，因狀嵩高靈勝寄呈三十韻》詩。《舊唐書》卷一七一《張仲方傳》：「吉甫卒，入爲度支郎中。時太常定吉甫謚爲『恭懿』，博士尉遲汾請爲『敬憲』。仲方駁議曰……」《唐會要》卷八〇云：「初，太常博士柳應規謚（杜）佑『忠簡』，博士尉遲汾又議曰……請謚爲『安簡』。」李吉甫卒於元和九年，杜佑卒於元和七年，則汾官太常博士當在此前後，其爲祠部員外郎必在太常博士之後。《郎官考》卷二一《祠部員外郎》有汾名，並引石刻尉遲汾《府尹王侍郎准制拜獄，因狀嵩高靈勝，寄呈三十韻》詩結銜爲「朝散大夫守衞尉少卿尉遲汾，河南登封，大和三年」。考此石雖刻於大和三年，詩則作於大和三年前，蓋河南尹王璠於大和二年十月入爲尙書右丞，見《舊唐書》卷一六九《王璠傳》。又據白氏大和三年所作之《答尉遲少尹問所須》詩推測，汾或於是年自衞尉少卿遷河南少尹。又《劉禹錫集》卷二四《尉遲郎中見示自南遷牽復卻至洛城東舊居之作因以和之》詩中之「尉遲郎中」，疑亦爲同一人，俟考。

《奉和汴州令狐令公二十二韻》詩（卷二四）：「客有東征者，夷門一落帆。二年方得到，五日未爲淹。在浚旌重葺，遊梁館更添。……」按：「汴州令狐令公」爲汴州宣武軍節度使令狐楚。令狐楚自元和十五年罷相屢貶，長慶初以賓客分司東都。時李逢吉作相，極力援楚，以李紳在禁密，沮之，未能擅柄。敬宗即位，逢吉逐李紳，尋用楚爲河南尹。授宣武軍節度在長慶四年九月，《舊唐書·敬宗紀》：「（長慶四年九月）庚戌，以河南尹令狐楚檢校禮部尚書、汴州刺史、宣武軍節度使、宋汴亳觀察使。」參見《宣武令狐相公以詩寄贈，傳播吳中，聊用短章，用伸酬謝》（卷二四）、《早春同劉郎中寄宣武令狐相公》（卷二五）等詩。令狐楚未嘗官中書令，而此詩稱令狐令公，頗不得其解，疑傳刻有誤。及見馮浩《玉谿生詩詳注》卷一《天平公座中呈令狐令公》詩注云：「按《舊書·志》，中書有中書令，唐之宰相曰同中書，固以此也。令狐雖未實進中書令，而《香山集》中亦稱令狐令公矣。」其惑益深。後覽岑仲勉《唐史餘瀋》卷四《李溫詩注》條辨正馮注之誤云：「余按唐階，中書令雖亞於僕射，但因中書令是眞宰相，故中唐以前，使相帶中令者極罕見，楚無赫赫功，此特涉上『令』字而訛『相公』爲『令公』耳。……後檢《玉谿生詩詳注》一云：……考中書省又有中書侍郎，同中書豈能遽稱令公？若《香山詩集》（汪本）二八《早春同劉郎中寄宣武令狐相公》等兩首，二九《令狐相公拜尚書後》等三首，三一《和令狐相公寄劉郎中》等兩首，三二《早春醉吟寄太原令狐相公》一首，均作相公，不作令公，集中著令公不姓者乃裴度，馮實誤證。」據此則『令狐令公』當作『令狐相公』，王鳴盛《蛾術編》卷七七及張采田《玉谿生年譜會箋》均未能正馮注之誤。《劉禹錫集》外一有《和汴州令狐相公到鎭改月偶書所懷二十二韻》詩，作於和州，亦和令狐之作。《文苑英華》白詩題作《奉和汴州令狐相公二十二韻》，當據劉氏和詩及《英華》改正。又按：劉禹錫有《和汴州令狐相公到鎮改月偶書所懷二十二韻》詩，作於和州，亦和令狐之作。令狐原作未見，劉、白和作皆用一韻，必原詩如是。唐人和韻不必次韻也。居易與楚之交誼遜於禹錫，故此詩詞意較劉詩稍泛，然其中亦可見唐時節鎮之規制。

《答劉和州禹錫》詩（卷二四）：「換印雖頻命未通，歷陽湖上又秋風。不教才展休明代，爲罰詩爭造化功。我亦思歸田舍下，君應厭臥郡齋中。好相收拾爲閑伴，年齒官班約略同。」按：「劉和州」爲劉禹錫。劉禹錫《歷陽書事七十韻序》云：「長慶四年八月，予自夔州轉歷陽。」和州即歷陽郡，唐屬淮南道，見《新唐書·地理志》。禹錫罷和州刺史在寶曆二年。參見白氏《酬劉和州戲贈》（卷二四）、《重答劉和州》（卷二四）等詩。又按：《陳譜》謂白氏此詩作於洛陽赴蘇州途中，非是。詩云：「歷陽湖上又秋風」，則當作於寶曆元年秋至蘇州後。劉禹錫有《白舍人見酬拙詩因以寄謝》詩。

《赴蘇州至常州答賈舍人》詩（卷二四）云：「杭城隔歲轉蘇臺，還擁前時五馬回。」按：「賈舍人」爲賈餗。字子美。長慶初以本官知制誥。遷庫部郎中充職。四年出爲常州刺史。見《舊唐書》卷一六九本傳。唐人知制誥亦得稱爲舍人。參見白氏《看常州柘枝贈賈使君》（卷二三）、《自到郡齋，僅經旬日，方專公務，未及宴遊，偷閑走筆，題二十四韻兼寄常州賈舍人湖州崔郎中，仍呈吳中諸客》（卷二四）、《戲和賈常州醉中二絕句》（卷二四）、《夜聞賈常州崔湖州茶山境會，想羨歡宴，因寄此詩》（卷二四）等詩。

《去歲罷杭州，今春領吳郡，慚無善政，聊寫鄙懷，兼寄三相公》詩（卷二四）云：「爲問三丞相，如何秉國鈞？那將最劇郡，付與苦慵人。」按：「三相公」指李程、竇易直、裴度三人。長慶四年五月乙卯，吏部侍郎李程、戶部侍郎判度支竇易直並同中書門下平章事。六月丙申，裴度同平章事。見《新唐書》卷六三《宰相表》下。《聞行簡恩賜章服，喜成長句寄之》詩（卷二四）：「吾年五十加朝散，爾亦今年賜服章。齒髮恰同知命歲，官銜俱是客曹郎。榮傳錦帳花聯蕚，彩動綾袍雁趁行。大抵著緋宜老大，莫嫌秋鬢數莖霜。」按：白氏《初著緋戲贈元九》詩（卷十九）云：「那知垂白日，始是著緋年。」又有《酬元郎中同制加朝散大夫書懷見贈》詩（卷十九），均作於長慶元年五十歲加朝散大夫階官時。故此詩云：「吾年五十加朝散」，又按：程大昌《演繁露》卷十五云：「白樂天聞白行簡服緋有詩：『榮傳錦帳花聯蕚，彩動綾袍雁趁行。』注云：『緋多以雁銜瑞莎爲之。』則知唐章服以綾且用織花者，與今制不同。」

寶曆二年丙午（八二六），五十五歲。

在蘇州刺史任。二月末，落馬傷足，臥三旬。（卷二四《馬墜強出贈同座》詩云：「足傷遭馬墜，腰重倩人擡。」又卷二四《病中多雨逢寒食》詩云：「三旬臥度鶯花月，一半春銷風雨天。」）五月末，又以眼病肺傷，請百日長假。九月初，假滿，罷官。（卷二四《河亭晴望》詩云：「郡靜官初罷，鄉遙信未回。明朝是重九，誰勸菊花杯？」題下自注：「九月八日。」）十月初，發蘇州。

與劉禹錫相遇於揚子津，結伴遊揚州、楚州。是年冬，弟膳部郎中行簡卒。有《華嚴經社石記》及《題靈巖寺》、《雙石》、《宿東亭曉興》、《日漸長贈周殷二判官》、《花前歎》、《自詠五首》、《和微之四月一日作》、《吳中好風景二首》、《答劉禹錫白太守行》、《別蘇州》、《卯時酒》、《自問行何遲》、《除日答夢得同發楚州》、《問楊瓊》、《歲日家宴，戲示弟姪等，兼呈張侍御二十八丈殷判官二十三兄》、《正月三日閑行》、《夜歸》、《自歎》、《郡中閑獨寄微之及崔湖州》、《小舫》、《馬墜強出贈同座》、《夜聞賈常州崔湖州茶山境會，想羡歡宴，因寄此詩》、《酬微之開拆新樓初畢，相報末聯見戲之作》、《病中多雨逢寒食》、《清明夜》、《蘇州柳》、《三月二十八日贈周判官》、《偶作》、《重答劉和州》、《奉送三兄》、《城上夜宴》、《重題小舫贈周從事兼戲微之》、《吳櫻桃》、《春盡勸客酒》、《仲夏齋居偶題八韻寄微之及崔湖州》、《官宅》、《六月三日夜聞蟬》、《蓮石》、《眼病二首》、《題東武丘寺六韻》、《夜遊西武丘寺八韻》、《詠懷》、《重詠》、《百日假滿》、《九日寄微之》、《題報恩寺》、《晚起》、《自思益寺次楞伽寺作》、《松江亭攜樂觀漁宴宿》、《宿靈巖寺上院》、《酬別周從事二首》、《武丘寺路》、《齊雲樓晚望偶題十韻兼呈馮侍御周殷二協律》、《河亭晴望》、《留別微之》、《自喜》、《武丘寺路宴留別諸妓》、《江上對酒二首》、《望亭驛酬別周判官》、《見小姪龜兒詠燈詩并臘娘製衣因寄行簡》、《酒筵上答張居士》、《鸚鵡》、《聽琵琶妓彈略略》、《寫新詩寄微之偶題卷後》、《寶曆二年八月三十日夜夢後作》、《與夢得同登棲靈塔》、《夢蘇州水閣寄馮侍御》、《喜罷郡》、《答次休上人》、《感悟妄緣題如上人壁》、《思子臺有感二首》、《賦得邊城角》、《憶洛中所居》、《想歸田園》、《贈楚州郭使君》、《和郭使君題枸杞》、《醉贈劉二十八使君》等詩。

元稹在浙東觀察使任。

冬，劉禹錫罷和州刺史任返洛陽。

二月，山南西道節度使裴度同中書門下平章事。八月，王播爲河南尹。崔從爲東都留守。九月，李程罷爲北都留守。十一月，胡證爲廣州刺史、嶺南節度使。李逢吉罷。十二月，劉克明等宦官弒敬宗，立絳王悟。樞密使王守澄、中尉魏從簡以兵誅劉克明，迎江王(昂)，立爲天子(文宗)。裴度以參予密謀，功加門下侍郎、集賢殿大學士、太清宮使，餘如故。韋處厚同中書門下平章事。是年，劉蕡進士登第。

【箋證】

《華嚴經社石記》(卷六八)：「……寶曆二年九月二十五日，前蘇州刺史白居易記。」按：《輿地紀勝》卷二《臨安府》：「《龍興寺華嚴經社石記》，寶曆二年九月二十五日蘇州刺史白居易撰，寺僧南操立。」考寶曆無三年，各本《白集》俱題「寶曆二年九月二十五日前蘇州刺史白居易記」，蓋作記時白已罷蘇任，故稱「前」。「三年」，字誤。

《花前歎》詩（卷二一）云：「幾人得老莫自嫌，樊、李、吳、韋盡成土。」詩句下自注云：「樊絳州宗師、李諫議景儉、吳饒州丹、韋侍郎顗皆舊往還，相次喪逝。」按：「樊絳州宗師」，韓愈《南陽樊紹述墓誌銘》：「嘗以金部郎中告哀南方，還言某師不治，罷之，以此出爲綿州刺史。一年，徵拜左司郎中，又出刺絳州。綿、絳之人至今皆曰：『於我有德。』以爲諫議大夫，命且下，遂病以卒。」韓文未載其卒年。《新唐書》卷一五九本傳云：「進諫議大夫，未拜卒。」告哀南方在元和十五年正月，則其卒當在長慶初年，與白氏此詩時間相合。「李諫議景儉」，元和末自忠州入朝，拜倉部員外郎。月餘驟遷諫議大夫。長慶元年十二月貶漳州刺史。元稹作相，改楚州刺史。後追還授少府少監，卒。見《舊唐書》卷一七一本傳。考元稹作相在長慶二年二月，則景儉之卒當在二年至三年間。「吳饒州丹」，白氏《故饒州刺史吳府君神道碑銘》（卷六九）：「寶曆元年六月某日薨於饒州官次。」「韋侍郎顗」，《新唐書》卷一一八本傳：「敬宗立，授御史中丞，爲戶部侍郎，徙吏部卒，贈禮部尚書。」《舊唐書》卷一〇八本傳：「寶曆元年七月卒，贈禮部尚書。」

《答劉禹錫白太守行》詩（卷二一）云：「今年去郡日，稻花白霏霏。」按：白氏在蘇州所作《華嚴經社石記》題云「寶曆二年九月二十五日前蘇州刺史白居易記」，則知其九月二十五日前仍未離蘇州。此詩云：「今年去郡日，稻花白霏霏。」所指當是晚稻之花。東南諸省晚稻熟於立冬前後，據此，居易離蘇時必在十月初旬。白氏又有《寶曆二年八月三十日夜夢後作》詩（卷二四）云：「塵纓忽解誠堪喜，世網重來未可知。莫忘全吳館中夢，嶺南泥雨步行時。」八月底、九月初蓋即居易罷蘇州刺史任之日，去「稻花白霏霏」之時僅月餘。然居易刺蘇甫一年，非報滿之時，何至請百日長告而亟亟去官？蓋寶曆元年乃李逢吉用事之時，而二年則裴度復入知政事，故由度之援手，去官還京，相繼有祕書監，刑部侍郎之授。禹錫《白太守行》謂「棄官歸舊谿」，恐尚未深悉居易內中隱情。

《自問行何遲》詩（卷二一）云：「前月發京口，今辰次淮涯。二旬四百里，自問行何遲？」按：居易及劉禹錫寶曆二年十二月間行抵楚州，故此詩云：「前月發京口，今辰次淮涯。」按：劉禹錫有《歲杪將發楚州呈樂天》詩。據白氏《自問行何遲》詩，居易是年十二月抵楚州。又據此詩，知遲至除夕始離去，蓋由於刺史郭行餘之挽留。

《歲日家宴，戲示弟姪等，兼呈張侍御二十八丈，殷判官二十三兄》詩（卷二四）云：「猶有誇張少年處，笑呼張丈喚殷兄。」按：「張侍御二十八丈」疑即張彤。《全唐詩》卷四六三有張彤《奉和白太守揀橘》詩一首，並謂彤係「長慶時人」，時代正合，當即此人。「殷判官二十三兄」爲殷堯藩。參見白氏《九日宴集醉題郡樓兼呈周殷二判官》（卷二一）、《日漸長贈周殷二判官》（卷二一）等詩。

《題東武丘寺六韻》詩（卷二四）：「香刹看非遠，祇園入始深。龍蟠松矯矯，玉立竹森森。怪石千僧坐，靈池一劍沉。海當亭兩面，山在寺中心。酒熟憑花勸，詩成倩鳥吟。寄言軒冕客，此地好抽簪。」按：「東武丘寺」，《吳郡志》卷三二：「雲巖寺，即虎邱山寺，晉司徒王珣及弟司空王珉之別業也。咸和二年捨以爲寺。即劍池而分東西，今合爲一。寺之勝聞天下，四方遊客過吳者，未有不訪焉。」唐諱虎，虎改爲武。《吳郡志》謂東西兩寺自劍池分，亦未必然。清顧祿《桐橋倚櫂錄》卷三云：「按《續圖經》云：寺舊在（虎邱）山下，唐會昌間毀，後人乃建山上。或謂晉咸和二年王珣與弟珉以別墅捨建，即劍池分東西二寺，會昌毀後合爲一。顧敏恒曰：李翺《來南錄》：登虎邱，窺劍池，夜宿望海樓。又云：將遊報恩寺，水涸不果。是唐時東西二寺相去甚遠，中有大溪間之，必舟楫而後能至。謂即劍池分東西二寺，似未然也。即味白傅二詩景色亦絕不相蒙。其賦西寺云：『舟船轉雲島』，而張祜詩云：『輕棹駐回流』，則是西寺舊在水鄉，滄桑實易，邱壑亦與，今不同矣。」

《百日假滿》詩（卷二四）云：「長告初從百日滿，故鄉元約一年回。」按：白氏百日長告約始於是年五月下旬，至九月初假滿。

《武丘寺路宴留別諸妓》詩（卷二四）：「銀泥裙映錦障泥，畫舸停橈馬簇蹄。清管曲終鸚鵡語，紅旗影動駁鶾嘶。漸銷醉色朱顏淺，欲語離情翠黛低。莫忘使君吟詠處，女墳湖北虎丘西。」按：此詩《文苑英華》誤作張籍《蘇州江岸留別樂天》詩。「駁鶾」作「薄寒」，「女墳」作「汝墳」。各本《張籍集》中均不載此詩（中華書局本《張籍詩集》卷四據《全唐詩》、《四庫》本補入此詩，失考）。《文苑英華辨證》卷九有考辨，其說良是。《全唐詩》卷三八五載此詩，亦沿《英華》之誤。

《寶曆二年八月三十日夜夢後作》詩（卷二四）：「塵纓忽解誠堪喜，世網重來未可知。莫忘全吳館中夢，嶺南泥雨步行時。」按：吳地有館八所：全吳、通波、龍門、臨頓、升羽、烏鵲、江風、夷亭。見《吳地記》。

《與夢得同登棲靈塔》詩（卷二四）：「半月悠悠在廣陵，何樓何塔不同登。共憐筋力猶堪在，上到棲靈第九層。」按：「棲靈塔」在揚州棲靈寺。塔焚於唐會昌時。《李白集·秋日登揚州西靈塔》詩王琦注引《太平廣記》云：「揚州西靈塔，中國之尤峻特者。唐武宗未拆寺之前一年，天火焚塔俱盡，白雨如瀉，旁有草堂，一無所損。」西靈塔即棲靈塔。贊寧《宋高僧傳》卷十九《唐揚州西靈塔寺懷信傳》云：「會昌三年癸亥歲，武宗爲趙歸眞排毀釋門，將欲堙滅教法。……後數日，天火焚塔俱盡。」考武宗毀佛寺在會昌五年，贊寧所記有誤。近人孫蔚民《揚州大明寺考》（《揚州師院學報》第十七期）謂棲靈塔在揚州大明寺，棲靈寺即大明寺之別名。

《贈楚州郭使君》詩（卷二五）：「淮水東南第一州，山圍雉堞月當樓。黃金印綬懸腰底，《白雪》歌詩落筆頭。笑看兒童騎竹馬，醉攜賓客上仙舟。當家美事堆身上，何啻林宗與細侯？」按：「楚州郭使君」爲楚州刺史郭行餘。《舊唐書》卷一六九《郭行餘傳》：「大和初累官至楚州刺史。」據白氏此詩，則寶曆間郭已守楚州，《舊傳》所記有誤。又《劉禹錫集》外一有《罷郡歸洛，途次山陽，留辭郭中丞使君》詩，其中之郭中丞使君亦即郭行餘。白氏又有《和郭使君題枸杞》詩。又《全唐文》卷七二九郭行餘小傳云：「元和時第進士，累擢京兆少尹，大和初遷楚州刺史。」所謂「大和初」亦係承《舊傳》之誤。

《醉贈劉二十八使君》詩（卷二五）：「爲我引杯添酒飲，與君把筯擊盤歌。詩稱國手徒爲爾，命壓人頭不奈何。舉眼風光長寂寞，滿朝官職獨蹉跎。亦知合被才名折，二十三年折太多。」按：「劉二十八使君」爲劉禹錫。居易自蘇州行抵揚州約在十一月間，停留半月，其《與夢得同登棲靈塔》詩（卷二四）云「半月悠悠在廣陵」可證。考劉、白在揚州並非初次相見，禹錫永貞元年九月外貶前，是否與居易相識，雖未可遽定，但元和十年春自朗州召回長安，必有與元稹、白居易晤面之可能，今《劉禹錫集》外一有《翰林白二十二學士見寄詩一百篇因以答貺》詩，約作於元和二年至六年間，可知兩人在元和初已有往還。又白氏大和五年冬所作《初見劉二十八郎中有感》詩（那波本卷五七），在《醉贈劉二十八使君》詩之後。題中亦稱「初見」，可知「初逢」、「初見」均係久別初逢之意，並非初次相見。又按：白氏此詩云：「二十三年折太多」，劉詩亦謂「二十三年棄置身」，彼此皆言二十三年，當有實據。惟禹錫永貞元年貶官，永貞一年，元和十五年，長慶四年，寶曆二年，合計實止二十二年。揚州初逢在寶曆二年歲杪，豈大和元年預計入耶？

文宗大和元年丁未（八二七），五十六歲。

春，經滎陽，返洛陽。三月十七日，徵爲祕書監，賜金紫。復居長安新昌里第。與楊汝士、裴度、庾敬休等交遊。十月十日，文宗誕日，詔居易與安國寺沙門義林、太清宮道士楊弘元於麟德殿論儒、釋、道三教教義。歲暮，奉使洛陽。在洛陽，與皇甫鏞、蘇弘、劉禹錫、姚合等交遊。

有《三教論衡》、《海州刺史裴君夫人李氏墓誌銘》及《宿滎陽》、《經溱洧》、《就花枝》、《喜雨》、《寄庾侍郎》、《初到洛下閑遊》、《過敷水》、《南院》、《閑詠》、《初授秘監并賜金紫閑吟小酌偶寫所懷》、《新昌閑居招楊郎中兄弟》、《秘省後廳》、《松齋偶興》、《和楊郎中賀楊僕射致仕後楊侍郎門生合宴席上作》、《松下琴贈客》、《秋齋》、《塗山寺獨遊》、《登觀音臺望城》、《登靈應臺北望》、《酬裴相公題興化小池見招長句》、《閑行》、《閑出》、《與僧智如夜話》、《憶廬山舊隱及洛下新居》、《晚寒》、《偶眠》、《華城西北，雉堞最高，崔相公首創樓臺，錢左丞繼種花果，合爲勝境，題在雅篇，歲暮獨遊，悵然成詠》、《奉使途中戲贈張常侍》、《有小白馬乘馭多時，奉使東行，至稠桑驛溘然而斃，足可驚傷，不能忘情，題二十韻》、《題噴玉泉》、《酬皇甫賓客》、《種白蓮》、《答蘇庶子》、《寄答周協律》。

九月，元稹加檢校禮部尚書，仍在浙東觀察使任。六月，劉禹錫爲主客郎中分司東都。

正月，宣歙觀察使崔羣爲兵部尚書。二月，崔植爲戶部尚書。李絳爲太常卿。錢徽爲尚書左丞。四月，楊於陵以右僕射致仕。十二月，錢徽再除華州刺史。是年，楊嗣復爲戶部侍郎，楊汝士爲職方郎中。

【箋證】

《三教論衡》(卷六八)：「大和元年十月，皇帝降誕日，奉勅召入麟德殿內道場，對御三教談論，略錄大端，不可具載。……」按：《舊唐書》卷一六六《白居易傳》：「文宗卽位，徵拜祕書監，賜金紫。九月，上誕節，召居易與僧惟澄、道士趙常盈對御講論於麟德殿。居易論難鋒起，辭辨泉注，上疑宿搆，深嗟挹之。」所載僧惟澄、道士趙常盈與此文異。又按：唐承北朝風氣，歷代皆舉行三教論衡。當時儒釋道三教並重，每由朝廷主持三教論衡，肆其駁難，如白氏文中所述者是。久之，逐漸戲劇化，終由李可及演爲滑稽戲。以後宋雜劇、金院本內，以「三教」爲題材，不勝枚舉。又三教論衡在德宗時已不啻聽說書，看雜技。如《新唐書》卷一六一《徐岱傳》：「帝以誕日，歲歲詔佛老者大論麟德殿，並召岱及趙需、許孟容、韋渠牟講說。始三家若矛盾然，卒而同歸於善，帝大悅。」足見三家預有謀酌及脚本，旨在取帝大悅而已。其事自非使藝化不可，後來演變愈具體，甚且戲劇化。據白氏此文所載，在麟德殿之內道場設三高座，乃其場面也。升座者，儒官原服賜紫金魚袋，釋爲賜紫引駕沙門，道亦賜紫道士，乃其服裝也。儒難僧答，儒問道答，儒難道答，道問儒對，道難儒對，然後退，乃其情節與科白也。《新唐書·藝文志》載初唐之孫思邈早有《會三教論》一卷，內容或不外此，則又其脚本之所本也。以上考證見任半塘《唐戲弄》二《辨體》及三《劇錄》兩節。

《宿滎陽》詩(卷二一)：「生長在滎陽，少小辭鄉曲。迢迢四十載，復向滎陽宿。去時十一二，今年五十六。追思兒戲時，宛然猶在目。舊居失處所，故里無宗族。豈唯變市朝？兼亦遷陵谷。獨有溱洧水，無情依舊綠。」按：白居易《醉吟先生墓誌銘幷序》（卷七一）云：「大曆六年正月二十日生於鄭州新鄭縣東郭宅。」《陳譜》大和元年丁未：「公生於新鄭，自蘇遷道過之。」乾隆《新鄭縣志》卷四《風土志·鄉士》：「東郭里：《白香山年譜》：代宗大曆七年壬子正月二十日，公始生於鄭州新鄭縣東郭宅。按：在今縣西十五里。」白氏詩中之「滎陽」卽指新鄭縣。

《寄庾侍郎》詩（卷二一）云：「懷哉庾順之，好是今宵客。」按：「庾侍郎」爲庾敬休。敬休大和初官工部侍郎，見《舊唐書》卷一八七下本傳。

《初授秘監幷賜金紫，閑吟小酌，偶寫所懷》詩（卷二五）云：「紫袍新秘監，白首舊書生。」按：白氏《祭弟文》（卷六九）：「維大和二年歲次戊申十二月壬子朔三十日辛巳，二十二哥居易以淸酌庶羞之奠致祭於郎中二十三郎知退之靈……去年春授祕書監賜紫。」《舊唐書·文宗紀》：「（大和元年三月）戊寅，以前蘇州刺史白居易爲祕書監，仍賜金紫。」《陳譜》大和元年丁未：「三月召爲祕書監，有《初除賜金紫》詩。《舊譜》云『祕丞』，大誤。」

《新昌閑居招楊郎中兄弟》詩（卷二五）云：「暑月貧家何所有？客來唯贈北窗風。」按：「楊郎中」爲楊汝士。《舊唐書》卷一七六《楊汝士傳》：「長慶元年爲右補闕，坐弟殷士貢舉覆落，貶開江令。入爲戶部員外，再遷職方郎中。大和三年七月以本官知制誥。」則大和元年汝士巳官職方郎中。

《和楊郎中賀楊僕射致仕後楊侍郎門生合宴席上作》詩（卷二五）：「業重關西繼大名，恩深闕下遂高情。祥鱣降伴趨庭鯉，賀燕飛和出谷鶯。范蠡舟中無子弟，疏家席上欠門生。可憐玉樹連桃李，從古無如此會榮。」

按：「楊僕射」爲楊於陵。《舊唐書》卷一六四《楊於陵傳》：「寶曆二年授檢校右僕射兼太子太傅，旋以左僕射致仕，詔給全俸，懇讓不受。」《舊唐書·文宗紀》：「（大和元年）四月壬辰朔，癸巳，以太子少傅楊於陵守右僕射致仕，俸料全給。」《唐摭言》卷三：「寶歷年中，楊嗣復相公具慶下繼放兩榜。時先僕射自東洛入覲，嗣復率生徒迎於潼關。既而大宴於新昌里第，僕射與所執坐於正寢，公領諸生翼坐於兩序。時元、白俱在，皆賦詩於席上。唯刑部楊汝士侍郎詩後成，元、白覽之失色。詩曰：『隔坐應須賜御屛，盡將仙翰入高冥。文章舊價留鸞掖，桃李新陰在鯉庭。再歲生徒陳賀宴，一時良史盡傳馨。當年疏傅雖云盛，詎有茲筵醉醁醽！』汝士其日大醉，歸謂子弟曰：『我今日壓倒元、白。』」據白氏此詩，楊汝士大和初官郎中，非刑部侍郎，《唐摭言》所記官稱不合。又據白氏《元稹墓誌銘》（卷七〇）及《舊唐書》卷一六六《元稹傳》，大和三年九月自浙東觀察使入爲尚書左丞。則大和元年稹方居越，安得與嗣復之宴？故《唐摭言》此條所記有誤。詳見岑仲勉《跋唐摭言》考證。「楊侍郎」爲楊嗣復。於陵子。爲牛黨中要人之一。與牛僧孺、李宗閔皆權德輿貢舉門生，情義相得，進退取捨多與之同。長慶四年，僧孺作相，欲薦拔大用，又以楊於陵爲東都留守，乃令嗣復權知禮部侍郎。主寶曆元、二年貢舉。文宗即位拜戶部侍郎。見《舊唐書》卷一七六本傳、《登科記考》卷二〇。

又《新唐書》一七四《楊嗣復傳》：「嗣復領貢舉時，於陵自洛入朝，乃率門生出迎，置酒第中。於陵坐堂上，嗣復與諸生坐兩序。始於陵在考功，擢浙東觀察使李師稷及第，時亦在焉。人謂楊氏上下門生，世以爲美。」可與白氏此詩及《唐摭言》互相參證。《李文公集》卷十四《楊於陵墓誌》云：「又一年，改太常卿。又一年，改東都留守。……既三年，方將告休，會以疾而罷。……疾平，遷檢校左僕射兼太子少傅。……遂西至京師。」《舊唐書・文宗紀》：「（寶曆二年十一月）癸巳，以前東都留守楊於陵爲太子少傅。」於陵至京蓋在寶曆末或大和初，與白氏作此詩之時間亦相合。

《塗山寺獨遊》詩（卷二五）：「野徑行無伴，僧房宿有期。塗山來去熟，唯是馬蹄知。」按：「塗山寺」在長安城南。宋張禮《遊城南記》云：「渡潏水而南，上原觀瓬湫，憩塗山寺。望翠微百塔。」又云：「續注云：塗山寺在皇甫村神禾原之東南。」考明人多誤此爲蜀中之塗山寺。曹學佺《蜀中名勝記》卷十七《重慶府》：「白樂天《塗山寺獨遊》詩云：『野徑行無伴，僧房宿有期。塗山來去熟，唯是馬蹄知。』則今之覺林寺矣。」又《四川通志》卷三九《輿地・寺觀》：「覺林寺在（巴）縣東五里，即塗山寺。白居易詩云。」以時間考之，均非是。

《酬裴相公題興化小池見招長句》詩（卷二五）云：「爲愛小塘招散客，不嫌老監與新詩。」按：「裴相公」爲裴度。寶曆二年二月，守司空、同中書門下平章事。敬宗遇害，度與中貴人密謀，誅劉克明等，迎江王立爲天子，以功加門下侍郎、集賢殿大學士、太清宮使，餘如故。見《舊唐書》卷一七〇《裴度傳》及《新唐書》卷六三

《宰相表》下。又按：裴度長安興化坊第，在朱雀門街西第一街。見《兩京城坊考》卷四。

《華城西北雉堞最高，崔相公首創樓臺，錢左丞繼種花果，合爲勝境，題在雅篇，歲暮獨遊，悵然成詠》詩(卷二五)：「高居稱君子，瀟灑四無鄰。丞相棟梁久，使君桃李新。凝情看麗句，駐步想淸塵。況是寒天客，樓空無主人。」按：「崔相公」爲崔羣。見前長慶四年「箋證」。「錢左丞」爲錢徽。錢徽初除華州刺史在長慶四年，乃崔羣之後任。文宗卽位，徵拜尙書左丞。大和元年十二月復授華州刺史。見《舊唐書》卷一六八本傳、《文宗紀》。白氏此詩自注云：「時華州未除刺史。」則必作於錢徽再除華州之前。

《奉使塗中戲贈張常侍》詩(卷二五)：「早風吹土滿長衢，馹騎星軺盡疾驅。共笑籃輿亦稱使，日馳一驛向東都。」按：「張常侍」爲張正甫。與白氏《病中辱張常侍題集賢院詩因以繼和》詩(卷二三)中之「張常侍」同爲一人。又劉禹錫《王少尹宅宴張常侍二十六兄，見白舍人大監，兼呈盧郎中李員外二副使》(城按：此據《文苑英華》卷二一六，各本《劉集》俱脫「二十六兄」及「大監」六字)詩中之「張常侍二十六兄」亦指張正甫，與大和元年奉使之事亦合。花房英樹《白氏文集の批判的研究》謂白詩中之「張常侍」均指張仲方，誤。蓋仲方大和元年八月已出爲福建觀察使也。又按：白氏《酬皇甫賓客》詩(卷二五)云：「閑官兼慢使，著處易停輪。況欲逢新歲，仍初見故人。」《華城西北雉堞最高，崔相公首創樓臺，錢左丞繼種花果，合爲勝境，題在雅篇，歲暮獨遊，悵然成詠》詩謂「歲暮獨遊」，故奉使必在是年十二月無疑。又此行除正使外，且有兩副使，不知爲何事？然白氏此詩云：「共笑籃輿亦稱使，日馳一驛向東都。」閑散如此，必非急務。《答蘇庶子》詩（卷二五）云：「偶作關東使，重陪洛下遊。」按：「蘇庶子」爲蘇弘。白氏《會昌二年春題池西小樓》詩（卷三六）原注云：「蘇庶子弘、李中丞道樞及陳、樊二妓，十餘年皆樓中歌酒中伴，或歿或散，獨予在焉。」考蘇弘，藍田人，蘇端之子，歷官不詳。《新唐書》卷一五九《盧坦傳》：「初劉闢壻蘇彊坐誅，彊兄弘官晉州，自免去，人莫敢用者。坦奏弘有才行，其弟從闢時，距三千里，宜不通謀，今坐廢，非用人意。因請署判官。帝曰：『使彊不誅，尙錄其材，況彼兄耶！』」當卽其人。

大和二年戊申（八二八），五十七歲。

春，自洛陽使還，返長安。二月十九日，由秘書監除刑部侍郎，封晉陽縣男。繼元稹所編《白氏長慶集》五十卷後，續編《後集》五卷，作《後序》。又續編與元稹唱和集《因繼集》二卷成，有《因繼集重序》。十二月，乞百日病假。又爲弟行簡編次文集二十卷，題爲《白郎中集》。是年有《祭弟文》及《和微之詩二十三首》之一《和晨霞》、之二《和送劉道士遊天臺》、之三《和櫛沐寄道友》、之四《和祝蒼華》、之五至七《和我年三首》、之八《和三月三十日四十韻》、之九《和寄樂天》、之十《和寄問劉白》、之十一《和新樓北園偶集，從孫公度周巡官韓秀才盧秀才范處士小飲，鄭侍御判官周劉二從事皆先歸》、之二十《和晨興因報問龜兒》、《答尉遲少監水閣重宴》、《和劉郎中傷鄂姬》、《贈東鄰王十三》、《早春同劉郎中寄宣武令狐相公》、《寄太原李相公》、《宿竇使君莊水亭》、《龍門下作》、《姚侍御見過戲贈》、《履道春居》、《題洛中第宅》、《寄殷協律》、《洛下諸客就宅相送偶題西亭》、《答林泉》、《將發洛中，枉令狐相公手札，兼辱二篇寵行，以長句答之》、《臨都驛答夢得六言二首》、《喜錢左丞再除華州以詩伸賀》、《和錢華州題少華清光絶句》、《送陜府王大夫》、《代迎春花招劉郎中》、《閑出》、《座上贈盧判官》、《曲江有感》、《杏園花下贈劉郎中》、《花前有感兼呈崔相公劉郎中》、《微之就拜尚書，居易續除刑部，因書賀意，兼詠離懷》、《喜與韋左丞同入南省因敍舊以贈之》、《伊州》、《早朝》、《答裴相公乞鶴》、《晚從省歸》、《北窗閑坐》、《酬嚴給事》、《大和戊申歲大有年，詔賜百寮出城觀稼，謹書盛事，以俟采詩》、《贈悼懷太子挽歌辭二首》、《雨中招張司業宿》、《和集賢劉學士早朝作》、《送陜州王司馬建赴任》、《對琴待月》、《楊家南亭》、《早寒》、《齋月靜居》、《宿裴相公興化池亭》、《和劉郎中望終南山秋雪》、《廣府胡尚書頻寄詩因答絶句》、《送鶴與裴相臨別贈詩》、《令狐相公拜尚書後有喜從鎭歸朝之作，劉郎中先和，因以繼之》、《送河南尹馮學士赴任》、《讀鄂公傳》、《賦得烏夜啼》、《鏡換杯》、《冬夜聞蟲》、《雙鸚鵡》、《贈朱道士》、《昨以拙詩十首寄西川杜相公，相公亦以新作十首惠然報示，首數雖等，工拙不倫，重以一章，用伸答謝》、《和令狐相公新於郡內栽竹百竿，拆壁開軒，旦夕對玩，偶題七言五韻》、《重答汝州李六使君見和憶吳中舊遊五首》、《見殷堯藩侍御憶江南詩三十首，詩中多敍蘇杭勝事，余嘗典二郡，因繼和之》、《聞新蟬贈劉二十八》、《贈王山人》、《和劉郎中學士題集賢閣》、《觀幻》、《病假中龐少尹攜魚酒相過》、《聽田順兒歌》、《聽曹剛琵琶兼示重蓮》、《戊申歲暮詠懷三首》等詩。

元稹在浙東觀察使任。春，劉禹錫至長安，除主客郎中、集賢殿學士。

十月，令狐楚爲戶部尚書，馮宿爲河南尹。十二月，韋處厚暴卒。路隋中書侍郎、同平章事。

【箋證】

《和微之詩二十三首序》（卷二十二）云：「微之又以近作四十三首寄來，命僕繼和，其間瘀絮四百字、車斜二十篇者流，皆韻劇辭殫，瓌奇怪譎。又題云：奉煩只此一度，乞不見辭。意欲定霸取威，置僕於窮地耳。……近來《因繼》已十六卷，凡千餘首矣；其爲敵也，當今不見；其爲多也，從古未聞；所謂天下英雄唯使君與操耳。戲及此者，亦欲三千里外一破愁顏，勿示他人以取笑誚。樂天白。」按：宋張表臣《珊瑚鉤詩話》云：「前人作詩，未始和韻。自唐白樂天爲杭州刺史，元微之爲浙東觀察，往來置郵筒，倡和始依韻。而多至千言，少或百數十言，篇章甚富。其自耀云：『曹公謂劉玄德曰：天下英雄，惟使君與操耳。予於微之亦云。』豈詩人豪氣例愛矜誇邪？安知後世士有異論。」表臣所記時地均有誤。陳友琴《白居易詩評述彙編》云：「白居易與元微之在杭、越兩地唱和，據汪立名所編《白香山年譜》，乃長慶三年至四年間事，居易年正五十二至五十三。至引用『天下英雄惟使君與操耳』等語，實見於《和微之二十三首》詩小序中。作此詩序時，居易已在洛，年五十七歲，和詩中有『我年五十七』之章，可以證明。」陳氏所考良是，惟白氏《和微之詩二十三首》作於長安任刑部侍郎時，並不在洛陽。陳氏亦微誤。又岑仲勉《論白氏長慶集源流并評東洋本白集》云：「《和微之詩二十三首》之序云：『微之又以近四十三首寄來，命僕繼和。……四十二章麾掃並畢，不知大敵以爲如何，……況曩者唱酬，近來《因繼》已十六卷，凡千餘首矣。』《全詩》七函五册同。然前云四十三首，後云四十二章，大敵當前，居易未必示弱，則疑任一數目有誤。且今存二十三首，尤與卌三，卌二相差太遠，非白氏自行删汰，卽傳本有闕矣。」盧文弨《羣書拾補》云：「四十二章當依前作二十三章。」考白氏此文並無脫誤，盧、岑兩氏均失考。詩序中所言「車斜二十篇者流」，蓋指《白集》卷二六《和春深二十首》而言，微之《春深二十首》已佚，《劉集》外集卷二《同樂天和微之深春二十首》題下自注云：「同用家花車斜四韻。」（卞孝萱《劉禹錫年譜》謂《同樂天和微之深春好二十首》爲元稹《生春二十首》和篇，亦誤。）則與《和微之詩二十三首》合計適爲四十三首之數。白氏大和二年十月十五日作之《因繼集重序》（卷六九）云：「《和晨興》一章錄在別紙。」此文較《和微之二十三首序》之時間爲早，《和晨興》卽二十三首中之《和晨興因報問龜兒》，此一首詩蓋先草成寄與微之，故後成餘四十二章矣。

《和劉郎中傷鄂姬》詩(卷二五)：「不獨君嗟我亦嗟，西風北雪殺南花。不知月夜魂歸處，鸚鵡洲頭第幾家？」按：「劉郎中」爲劉禹錫。大和元年自和州刺史除主客郎中分司東都。二年春始至長安，以主客郎中充集賢學士。《舊唐書》卷一六〇本傳謂大和二年自和州徵還，非是。《新唐書》卷一六八本傳所記亦誤。《十駕齋養新錄》卷六云：「《劉禹錫傳》：由和州刺史入爲主客郎中，復作《游玄都觀》詩。且言：始謫十年，還京師，道士植桃，其盛如霞。又十四年，過之，無復一存，唯兔葵燕麥動搖春風耳。……俄分司東都。今以《禹錫集》考之，《再游玄都觀絕句》在大和二年三月，是歲歲次戊申。而自和州刺史除主客郎中分司東都，則在大和元年六月，是分司在前，題詩在後也。以郎中分司東都，本是一事，初未到京師也。次年以裴度薦，起元官直集賢院，方得還都。《玄都詩》正在此時，距元和十年乙未自朗州被召，恰十四年矣。集中又有《蒙恩轉儀曹郎依前充集賢學士舉韓湖州自代》詩，可見初入集賢，猶是主客郎中，後乃轉禮部也。史云：以薦爲禮部郎中、集賢直學士，猶未甚核。至《玄都詩》雖含譏刺，亦詞人感慨今昔之常情，何至遂薄其行。史家不考年月，誤仞分司與主客爲兩任，疑由題詩獲咎，遂甚其詞耳。」錢氏所考是也。又按：白氏此詩原注云：「姬，鄂人也。」劉禹錫《有所嗟》詩云：「庾令樓中初見時，武昌春柳鬬腰肢。相逢相笑盡如夢，爲雨爲雲今不知。」又云：「鄂渚濛濛煙雨微，女郎魂逐暮雲歸。只應長在漢陽渡，化作鴛鴦一隻飛。」則鄂姬蓋禹錫長慶四年自夔州東下過武昌時所納之姬人。《有所嗟二首》，《全唐詩》亦編在元稹卷內，以詩之風格而言，亦未敢遽定，以白氏詩證之，或當屬劉也。

《贈東鄰王十三》詩（卷二五）：「攜手池邊月，開襟竹下風。驅愁知酒力，破睡見茶功。居處東西接，年顏老少同。能來爲伴否？伊上作漁翁。」按：「王十三」名未詳。白氏《聞樂感鄰》詩（卷二六）原注云：「東鄰王大理去冬云亡，南鄰崔尙書今秋薨逝。」則知王大理爲白氏之東鄰，死於大和五年冬，即詩中之「王十三」。《劉禹錫集》外一《鶴歎》詩原注云：「東鄰卽王家。」亦指王十三家。

《早春同劉郎中寄宣武令狐相公》詩（卷二五）云：「梁園不到一年強，遙想淸吟對綠觴。」按：「宣武令狐相公」爲宣武節度令狐楚。居易及禹錫會於大和元年春路過汴州，應令狐楚之款接，停留小遊，至二年春已將一年。故令狐楚有《節度宣武酬樂天夢得》詩云：「蓬萊仙監客曹郎（注云：劉爲主客），曾枉高車客大梁。」蓋卽指此。

《寄太原李相公》詩（卷二五）云：「聞道北都今一變，政和軍樂萬人安。」按：「太原李相公」爲北都留守、河東節度使李程。程長慶四年五月以吏部侍郎守本官、同中書書下平章事。寶曆二年九月，出爲北都留守、河東節度使。大和四年三月檢校尙書左僕射、同平章事、河中尹、河中晉絳節度使。見《舊唐書》卷十七《敬宗紀》、《舊唐書》卷一六七《李程傳》。並參見白氏《出使在途，所騎馬死，改乘肩輿，將歸長安，偶詠旅懷，寄太原李相公》（卷二五）詩。

《宿竇使君莊水亭》詩（卷二五）：「使君何在在江東，池柳初黃杏欲紅。有興卽來閑便宿，不知誰是主人翁？」按：「竇使君」爲竇鞏。《全唐文》卷七六一褚藏言《竇鞏傳》：「府君諱鞏，字友封，……元和二年舉進士。……故相左轄元稹觀察浙東，固請公副戎，分實舊交，辭不能免，遂除祕書少監兼中丞加金紫。無何元公下世，公亦北歸，道途遘疾，迨至轂下，告終於崇德里之私第，享年六十。」竇鞏此時爲元稹浙東副使，故亦得稱使君。鞏在長安曾居永寧坊及崇德坊，見《兩京城坊考》卷三。東都宅未詳。

《姚侍御見過戲贈》詩（卷二五）：「晚起春寒慵裹頭，客來池上偶同遊。東臺御史多提舉，莫按金章繫布裘。」按：「姚侍御」爲姚合。《新唐書》卷一二四《姚崇傳》：「合，元和中進士及第，調武功尉。善詩，世號姚武功者。遷監察御史，累轉給事中。」《舊唐書》卷九六《姚崇傳》：「玄孫合，登進士第。授武功尉，遷監察御史。」據岑仲勉《唐集質疑》考證，合爲崇之曾姪孫。《舊傳》謂係崇之曾孫，《新傳》謂係崇之玄孫，均誤。又《舊傳》、《新傳》均不載合官監察之時間。考晁公武《郡齋讀書志》卷一八云：「右唐姚合也。崇曾孫，以詩聞。元和十一年李逢吉知舉進士。歷武功主簿，富平、萬年尉。寶應中監察、殿中御史，戶部員外郎。出金、杭二州刺史。爲刑、戶二部郎中，諫議大夫，給事中，陝虢觀察使。開成末終祕書監，世號姚武功云。」證之白氏此詩則合大和二年仍官御史，與晁氏所記時間相合。《唐才子傳》卷六云：「寶應中除監察御史，遷戶部員外郎，出爲金、杭二州刺史。」「寶應」爲「寶曆」之訛文，辛文房蓋承晁氏之誤。白氏又有《送姚杭州赴任因思舊遊二首》詩（卷三二）作於大和七年，亦係酬合之作。

《送陝府王大夫》詩(卷二五)：「金馬門前迴劍珮，鐵牛城下擁旌旗。他時萬一爲交代，留取甘棠三兩枝。」

按：「陝府王大夫」爲陝虢觀察使王起。《舊唐書》卷一六四本傳：「大和二年，出爲陝虢觀察使兼御史大夫。四年，入拜尙書左丞。」又《舊唐書·文宗紀》：「(大和二年)二月丁亥朔，以兵部侍郎王起爲陝虢觀察使代韋弘景，以弘景爲尙書左丞。」幷參見白氏《陝府王大夫相迎偶贈》詩(卷二七)。

《微之就拜尙書，居易續除刑部，因書賀意，兼詠離懷》詩(卷二五)云：「我爲憲部入南宮，君作尙書鎭浙東。」按：《舊唐書·文宗紀》：「(大和元年九月)丁丑，浙西觀察使李德裕、浙東觀察使元稹就加檢校禮部尙書。」又云：「(大和二年二月)乙巳，以刑部侍郎盧元輔爲兵部侍郎，祕書監白居易爲刑部侍郎。」白氏大和二年十二月《祭弟文》(卷六九)云：「今年春除刑部侍郎。」與《舊紀》所記時間相合。《陳譜》大和二年戊申云：「正月除刑部侍郎。」非是。又按：元稹與裴度不睦，構於于方一獄，致長慶二年六月俱罷相位。至大和三年，稹入爲尙書左丞，正度在中書秉政時，殆由於度與稹始隙而終睦，非度悔悟於爲二李(李逢吉、李宗閔)所愚，卽出於劉禹錫、白居易二人爲之居間解釋所致也。

《喜與韋左丞同入南省因敍舊以贈之》詩(卷二五)云：「差肩北省慚非據，接武南宮幸再容。」按：「韋左丞」爲韋弘景。《舊唐書》卷一五七、《新唐書》卷一一六有傳。《舊唐書·文宗紀》：「(大和二年)二月丁亥朔，以兵部侍郎王起爲陝虢觀察使代韋弘景，以弘景爲尙書左丞。」又丁居晦《重修承旨學士壁記》云：「韋弘景，元和四年七月一日自左拾遺、集賢院直學士充。」可知弘景與居易同在翰林，故白氏此詩注云：「憲宗朝與韋同入翰林。」又按：《汪譜》繫此詩於大和元年，誤。

《酬嚴給事》（原注：「聞玉蕊花下有《遊仙絕句》。」）詩（卷二五）：「瀛女偷乘鳳去時，洞中潛歇弄瓊枝。不緣啼鳥春饒舌，青瑣仙郎可得知？」按：「嚴給事」爲嚴休復。《舊唐書》卷一七六《楊虞卿傳》：「大和二年，南曹令史李賨等六人僞出告身簽符賣鑿空僞官……乃詔給事中嚴休復、中書舍人高鉞、左丞韋景休充三司推案。」《新傳》所記略同。則知休復大和二年爲給事中，證之白氏此詩，時間相符。考《舊唐書》卷一五七《韋弘景傳》：「掌選二歲，改陝虢觀察使。歲滿徵拜尚書左丞，駮吏部授官不當者六十人。弘景素以鯁亮稱，及居綱轄之地，郎吏望風修整，會吏部員外郎楊虞卿以公事爲下吏所訕，獄未能辨，詔下弘景與憲司就尚書省詳讞。」據此，則《舊唐書》、《新唐書·楊虞卿傳》所載之「韋景休」當係「韋弘景」之誤，應以作「韋弘景」爲正。

又按：《劇談錄》卷下：「上都安業坊唐昌觀舊有玉蕊花，其花每發，若瑤林瓊樹。元和中，春物方盛，車馬尋玩者相繼。忽一日，有女子年可十七八，衣綠繡衣乘馬，峩髻雙鬟，無簪珥之飾，容色婉約，迥出於衆。從以二女冠、三小僕，僕者皆丱頭黃衫，端麗無比。既下馬，以白角扇障面，直造花所，異香芬馥，聞於數十步之外，觀者以爲出自宮掖，莫敢逼而視之。佇立良久，令小僕取花數枝而出。將乘馬回，謂黃冠者曰：『曩者玉峯之約，自此可以行矣。』時觀者如堵，咸覺煙霏鶴唳，景物煇煥，舉轡百餘步，有輕風擁塵，隨之而去。須臾塵滅，望之已在半空，方悟神仙之遊，餘香不散者經月餘日，時嚴給事休復、元相國、劉賓客、白醉吟俱有聞玉蕊院眞人降詩。」蓋「仙」字，唐人多用於妖豔婦人或風流放誕女道士及娼妓之代稱，則嚴、劉、元、白此詩，非寓艷情卽屬關係政治之作。《劇談錄》所云「元和中」顯係「大和中」之誤。

《雨中招張司業宿》詩（卷二六）：「過夏衣香潤，迎秋簟色鮮。斜支花石枕，臥詠《蕊珠篇》。泥濘非遊日，陰沈好睡天。能來同宿否？聽雨對牀眠。」按：「張司業」爲張籍。《全唐詩》卷三八六張籍《贈主客劉郎中》詩云：「憶昔君登南省日，老夫猶是褐衣身。誰知二十餘年後，來作客曹相替人。」劉禹錫爲主客郎中、充集賢學士在大和二年春，則知張籍自主客郎中遷國子司業必在此時，禹錫蓋籍之後任。卞孝萱《劉禹錫年譜》謂張籍接替禹錫爲主客郎中，失考。

《和集賢劉學士早朝作》詩（卷二六）：「吟君昨日早朝詩，金御爐前喚仗時。煙吐白龍頭宛轉，扇開青雉尾參差。暫留春殿多稱屈，合入綸闈卽可知。從此摩霄去非晚，鬢間未有一莖絲。」按：「集賢劉學士」爲劉禹錫。劉禹錫有《闕下待傳點呈諸同舍》詩云：「禁漏晨鐘聲欲絕，旌旗組綬影相交。殿含佳氣當龍首，閣倚晴天見鳳巢。山色葱蘢丹檻外，霞光泛灩翠松梢。多慚再入金門籍，不敢爲文學《解嘲》。」疑卽白氏此詩所和之篇。觀居易此詩，可見當時物望固以禹錫宜掌綸誥，一二年間卽可正拜中書舍人，繼入政地，而以集賢散秩爲可惜也。

《送陝州王司馬建赴任》詩（卷二六）：「陝州司馬去何如？養靜資貧兩有餘。公事閑忙同少尹，料錢多少敵尚書。祇擕美酒爲行伴，唯作新詩趁下車。自有鐵牛無詠者，料君投刃必應虛。」按：王建，兩《唐書》無傳。《直齋書錄解題》卷十九《詩集類》上：「建長於樂府，與張籍相上下，大曆十年進士也。歷官昭應縣丞。太(大)和中爲陝州司馬。」《唐才子傳》卷四云：「建字仲初，潁川人。大曆十年丁澤榜第二人及第。(按：據中華書局本《王建詩集》考證，疑在貞元中及第。又據王建《山中寄及第故人》等詩，則建似未中進士第，俟考。)釋褐授渭南尉，調昭應縣丞，諸司歷荐，遷太府寺丞，祕書丞，侍御史。大和中出爲陝州司馬。」據白氏此詩，建授陝州司馬蓋在大和二年。《全唐詩》卷三八五有張籍《贈別王侍御赴任陝州司馬》(原注云：一作「贈王司馬赴陝州。」)詩，岑仲勉《唐人行第錄》王六建條據以謂「建正由侍御史改官陝州司馬者」。考《劉禹錫集》卷二八《送王司馬之陝州》詩云：「暫輟清齋出太常，空擕詩卷赴甘棠。」此詩題下原注云：「自太常寺丞授，工(城按：「工」字據《文苑英華》、紹興本、董本《劉集》)爲詩。」又白氏《授王建祕書郎制》(《文苑英華》卷四〇〇、《全唐文》卷六五七)云：「勅太府丞王建：太府丞與祕書郎，品秩同而祿廩一……可祕書郎。」此制蓋作於長慶元年，其《寄王祕書》詩(卷十九)卽酬王建之作，亦作於長慶元年。張籍有《酬祕書王丞見寄》詩(《全唐詩》卷三八五)云：「芸閣水曹雖最冷，與君長喜得身閑。」考張籍除水部員外郎在長慶二年春間，見白氏《喜張十八博士除水部員外郎》詩(卷十九)及《張籍可水部員外郎制》(卷四九)，則建長慶二年春間已自祕書郎遷祕書丞。是年秋間張籍出使在外，白氏有《逢張十八員外籍》詩(卷二〇)，蓋作於赴杭州刺史途中，張籍使回，相遇於道旁也。《全唐詩》卷三八四又有張籍《使至藍谿驛寄太常王丞》詩，亦作於此次出使時，可證王建此際已自祕書丞遷太常寺丞。又據《新唐書．百官志》，侍御史爲從六品下，太常寺丞爲從五品下，建自祕書丞改官太常寺丞，其間絕無經侍御史一階之可能，故知王建非自侍御史除陝州司馬，其爲侍御史當在太府寺丞之前，《唐才子傳》所記蓋誤。又張籍詩稱「王侍御」者，或係歷來傳刻之誤，未足爲據，岑氏亦失考。　並參見白氏《別陝州王司馬》（卷二七）、《文苑英華》卷二七八賈島《送陝府王建司馬》等詩。

《楊家南亭》詩（卷二六）：「小亭門向月斜開，滿地涼風滿地苔。此院好彈《秋思》處，終須一夜抱琴來。」

按：「楊家南亭」在長安朱雀門街東第五街靖恭坊楊虞卿宅。《續談助》卷三劉軻《牛羊日曆》：「僧孺新昌里第，與虞卿夾街對門。虞卿別起高榭於僧孺之牆東，謂之南亭。列燭往來，里人謂之半夜客，亦號此亭爲『行中書』。」《南部新書》己集：「大和中，人指楊虞卿宅南亭爲『行中書』，蓋朋黨聚議於此爾。」《兩京城坊考》卷三：「（汝士）與其弟虞卿、漢公、魯士同居，號靖恭楊家，爲冠蓋之盛游。」程鴻詔《兩京城坊考校補記》：「《新唐書．楊汝士傳》：『所居靖恭里，兄弟並列門戟。』歐陽修《楊侃墓誌銘》：『大和、開成之間，汝士、虞卿、魯士、漢公居靖恭坊，大以其族著。』」又按：何義門云：「《牛羊日曆》所謂『行中書』即此亭也。二子皆居新昌，公所以亟求分司以避之歟！」（北京圖書館藏失名臨何焯校一隅草堂刊本《白香山詩集》引）牛僧孺居新昌坊，楊虞卿則居靖恭坊，何氏失考。

《廣府胡尚書頻寄詩因答絶句》詩(卷二六):「尚書清白臨南海,雖飲貪泉心不回。唯向詩中得珠玉,時時寄到帝鄉來。」按:「廣府胡尚書」爲嶺南節度使胡證。寶曆初,拜戶部尚書,判度支。二年十一月,檢校兵部尚書、廣州刺史、充嶺南節度使。大和二年,以疾上表求還京師,是歲十月卒於嶺南。見《舊唐書》卷一六三、《新唐書》卷一六四本傳、《舊唐書·敬宗紀》、《郎官考》卷十一。韓愈有《奉酬振武胡十二丈大夫》詩,亦酬胡證之作。又按:證豪俠多膂力,《太平廣記》卷一九五引《摭言》云:「唐尚書胡證質狀魁偉,膂力絶人。與晉公裴度同年,常狎遊,爲兩軍力人十許輩凌轢,勢甚危窘。度潛遣一介,求救於證。證衣皂貂金帶,突門而入,諸力士睨之失色。證飲後到酒,一舉三鍾,不啻數升,杯盤無餘瀝。逡巡,主人上燈。證起,取鐵燈臺,摘去枝葉而合其跗,橫置膝上,謂衆人曰:『鄙夫請非次改令,凡三鍾引滿,一遍三臺,酒須盡,仍不得有滴瀝,犯令者一鐵躋(原注:自謂燈臺)。』證復一舉三鍾。次及一角觝者,三臺三遍,酒未能盡,淋漓殆至並座。證舉躋將擊之,衆惡皆起設拜,叩頭乞命,呼爲神人。證曰:『鼠輩敢爾,乞今赦汝破命。』叱之令出。」此事《新傳》亦載之,當採自《摭言》。

《令狐相公拜尚書後,有喜從鎮歸朝之作,劉郎中先和,因以繼之》詩(卷二六)云:「車騎從新梁苑迴,履聲珮響入中臺。」按:「令狐相公」爲令狐楚。《舊唐書·文宗紀》:「(大和二年十月)癸酉,以尚書右僕射、同平章事竇易直檢校左僕射、同平章事,充山南東道節度使、臨漢監牧等使,代李逢吉,以逢吉爲宣武軍節度使,代令狐楚,以楚爲戶部尚書。」又劉禹錫《唐故相國贈司空令狐公集紀》云:「文宗纂服三年冬,上表以大臣未識天子，願朝正月。制曰：可。操節入覲，遷戶部尙書。」與《舊紀》合。張采田《玉谿生年譜會箋》卷一云：「《舊傳》作大和二年九月徵爲戶部尙書，小誤。今從《紀》。」張氏所考是也。

《送河南尹馮學士赴任》詩（卷二六）：「石渠金谷中間路，軒騎翩翩十日程。」按：「河南尹馮學士」爲馮宿。敬宗即位，改左散騎常侍兼集賢殿學士。大和二年十月，拜河南尹。四年十二月，入爲工部侍郎。見《舊唐書》卷一六八本傳、《文宗紀》。白氏有《馮閣老處見與嚴郎中酬和詩因戲贈絕句》（卷十九）、《送馮舍人閣老往襄陽》（卷十九）、《同崔十八宿龍門兼寄令狐尙書馮常侍》（那波本卷五七）等詩，均係酬馮宿之作。

《昨以拙詩十首寄西川杜相公，相公亦以新作十首惠然報示，首數雖等，工拙不倫，重以一章用伸答謝》詩（卷二六）：「詩家律手在成都，權與尋常將相殊。」按：「西川杜相公」爲劍南西川節度使杜元穎。元穎貞元十六年與白居易同登進士第。長慶元年二月十五日守戶部侍郎、同中書門下平章事。三年冬帶平章事出爲劍南西川節度使。大和三年十二月貶爲循州司馬。見《舊唐書》卷一六三、《新唐書》卷九六本傳、《舊唐書·文宗紀》、丁居晦《重修承旨學士壁記》。白氏《東南行一百韻》詩（卷十六）中之「杜十四拾遺」亦指元穎。

《重答汝州李六使君見和憶吳中舊遊五首》詩（卷二六）：「爲憶娃宮與虎丘，翫君新作不能休。蜀牋寫出篇篇好，吳調吟時句句愁。洛下林園終共住，江南風月會重遊。由來事過多堪惜，何況蘇州勝汝州。」按：「汝州李六使君」爲汝州刺史李諒。諒長慶二年爲蘇州刺史，乃居易之前任。據白氏此詩末句下自注云：

「李前刺蘇，故有是句。」蓋寶曆初諒自蘇州移刺汝州。白氏長慶四年作《蘇州李中丞以元日郡齋感懷詩寄微之及予，輒依來篇七言八韻走筆奉答兼呈微之》（卷二三）詩云：「憑鶯傳語報李六」，可知李諒行六。又葉奕苞《金石錄補》卷十九《唐李諒跋胡證詩》：「右汝州刺史李諒《跋胡證少室詩》云：『寶曆二年冬，公自戶部尙書、判度支，推轂受脤，出鎭交、廣，麾旌過汝，言訪舊題。諒易公所濡翰之板，琢於石而志之。』按《證傳》：寶曆初以戶部尙書判度支，證固辭讓，拜嶺南節度使。觀此跋，自戶部尙書判度支則未嘗辭也。史家之言，可盡信乎。」此亦爲諒寶曆初刺汝之證。

《聞新蟬贈劉二十八》詩（卷二六）：「蟬發一聲時，槐花帶兩枝。只應催我老，兼遣報君知。白髮生頭速，青雲入手遲。無過一杯酒，相勸數開眉。」按：「劉二十八」爲劉禹錫。劉禹錫有《答白刑部新蟬》詩，卽和此篇。據《舊紀》，居易大和二年二月自祕書監遷刑部侍郎，蓋由於裴度、韋處厚兩人之推薦，處厚卽以是年之末暴卒於位，度亦行將出鎭，居易所以不得不於三年乞歸也。《聞新蟬》當作於二年之秋，是時禹錫已除主客郎中入京，其和詩亦作於是時。以官職論，居易正在最得意之時，而詩中有「催我老」、「入手遲」之語，疑居易求入相而未遂，致有此感慨耳。

《病假中龐少尹攜魚酒相過》詩（卷二六）云：「勞動故人龐閣老，提魚攜酒遠相尋。」按：「龐少尹」爲龐嚴。《舊唐書》卷一六六、《新唐書》卷一〇四本傳均未載嚴歷少尹一職。考《新傳》云：「累遷駕部郎中、知制誥，坐累出，復入。稍遷太常少卿。太(大)和五年權京兆尹。」《舊傳》云：「嚴入爲庫部郎中，大(太)和二年二月上試制舉人，命嚴與左散騎常侍馮宿、太常少卿賈餗爲試官。……嚴再遷太常少卿。五年權知京兆尹。」《舊唐書》卷十七上《文宗紀》則謂嚴充制策考官在大和二年三月辛巳，與《舊傳》異。則知嚴自庫部郎中遷太常少卿之間或歷京兆少尹一職。又按：《全唐詩》卷五七四有賈島《賀龐少尹除太常少卿》詩云：「太白山前終日見，十旬假滿擬秋尋。中峯絕頂疑無路，北闕除書阻入林。朝謁此時閑野屐，宿齋何處止鳴砧？省中石鐙陪隨步，唯賞煙霞不厭深。」此「龐少尹」即龐嚴，蓋可證予所考之不誣。

《聽田順兒歌》詩(卷二六)：「戛玉敲冰聲未停，嫌雲不遏入青冥。爭得黃金滿衫袖，一時拋與斷年聽？

按：「田順兒」即田順郎。貞元時著名之歌童。《樂府雜錄》：「唐貞元中有田順郎，曾爲宮中御史娘子。」《劉禹錫集》卷三五《與歌童田順郎》詩：「天下能歌御史娘，花前月底奉君王。九重深處無人見，分付新聲與順郎。」考御史娘原係歌者之名，田順郎乃御史娘之弟子。馮翊《桂苑叢談》云：「國樂有永新婦、御史娘、柳青娘，皆一時之妙。」《詩話總龜》前集卷四〇誤劉氏「與歌童田順郎」題爲「與御史娘」，時代不合，蓋劉禹錫難與御史娘同時。又胡震亨《唐音癸籤》卷十三《樂通》二謂：「御史娘乃貞元時宮中御史娘子田順，皆以善歌聞，詳見《樂府雜錄》。」所考亦誤。宋長白《柳亭詩話》卷十一云：「劉夢得《與歌童田順郎》詩：『天下能歌御史娘，……』《樂府雜錄》云：『貞元中有善歌田順，爲宮中御史娘子。』今據此詩，又似御史娘授曲於田順者，呼之曰郎，則非娘子可知。其次章亦云：『惟有順郎全學得，一聲飛出九重深。』宋氏所考良是，惟於《樂府雜錄》「御史娘子」仍疑莫能解。任半塘《教坊記箋訂·曲名》云：「按：《樂府雜錄》但曰：『貞元中有田順郎，曾爲宮中御史娘子』，下接敍他事。『子』上必脫『弟』字。不然，田既爲郎，何以又爲娘子？於意顯忤。當以劉詩所述爲是。」所考蓋可補宋氏之不足。

大和三年己酉（八二九），五十八歲。

春，和微之詩四十二首詩成。（按白氏《和微之詩二十三首》大和三年春作約居半數，見前箋證。）三月五日，編《劉白唱和集》二卷成。月末，百日假滿，罷刑部侍郎，以太子賓客分司東都。裴度等於興化里第置酒送行。四月初，發長安，經陝州，至洛陽。居履道里第，與崔玄亮往來，以詩贈答。九月，元稹自浙東觀察使徵爲尚書左丞，返長安途中，與居易會於洛陽。冬，居易生子阿崔，元稹亦生子道保，共喜作詩。十二月，從弟敏中隨李聽移邠寧。有《蘇州重玄寺法華院石壁經碑文》、《池上篇幷序》、《劉白唱和集解》、《祭中書韋相公文》及《和微之詩二十三首》之十二《和除夜作》、之十三《和知非》、之十四《和望曉》、之十五《和李勢女》、之十六《和酬鄭侍御東陽春悶放懷追越遊見寄》、之十七《和自勸》之一、之十八《和自勸》之二、之十九《和雨中花》、之二十二《和順之琴者》、《感舊寫眞》、《授太子賓客歸洛》、《秋池二首》、《中隱》、《問秋光》、《引泉》、《知足吟》、《酬集賢劉郎中對月見寄兼懷元浙東》、《太湖石》、《偶作二首》、《葺池上舊亭》、《崔十八新池》、《玩止水》、《京路》、《華州西》、《從陝至東京》、《送春》、《宿杜曲花下》、《繡婦歎》、《春詞》、《恨詞》、《酬令狐相公春日尋花見寄六韻》、《和劉郎中曲江春望見示》、《送東都留守令狐尙書赴任》、《自題新昌居止因招楊郎中小飲》、《南園試小樂》、《和微之春日投簡陽明洞天五十韻》、《酬鄭侍御多雨春空過詩三十韻》、《和春深二十首》、《詠家醞十韻》、《池鶴二首》、《對酒五首》、《僧院花》、《老戒》、《贈夢得》、《想東遊五十韻》、《病免後喜除賓客》、《長樂亭留別》、《陝府王大夫相迎偶贈》、《別陝州王司馬》、《將至東都先寄令狐留守》、《答崔十八見寄》、《贈皇甫賓客》、《歸履道宅》、《問江南物》、《蕭庶子相過》、《答尉遲少尹問所須》、《詠閑》、《同崔十八寄元浙東王陝州》、《答蘇庶子月夜聞家僮奏樂見贈》、《偶吟》、《白蓮池汎舟》、《池上即事》、《酬裴相公見寄二絕》、《答夢得聞蟬見寄》、《令狐尙書許過弊居見贈長句》、《自題》、《答崔十八》、《偶詠》、《答蘇六》、《秋遊》、《偶作》、《遊平泉贈晦叔》、《不出門》、《歎病鶴》、《臨都驛送崔十八》、《對鏡》、《分司初到洛中偶題六韻兼戲呈馮尹》、《嘗黃醅新酎憶微之》、《予與微之老而無子，發於言歎，著在詩篇，今年冬各有一子，戲作二什，一以相賀，一以自嘲》、《自問》、《晚桃花》、《夜調琴憶崔少卿》、《阿崔》、《贈鄰里往還》、《王子晉廟》等詩。

劉禹錫轉禮部郎中，依前充集賢學士。

正月，孔戣、錢徽、崔植卒。三月，令狐楚爲東都留守。八月，李宗閔同中書門下平章事。九月，李德裕出爲義成軍節度使。陸亘爲越州刺史、浙東觀察使代元稹，以稹爲尙書左丞代韋弘景，以韋弘景爲禮部尙書。十二月，貶劍南西川節度使杜元穎爲韶州刺史，再貶循州司馬。太子少師李聽爲邠寧節度使。令狐楚爲天平軍節度使。是年，崔玄亮以秘書少監改曹州刺史，辭病不就歸洛。年終復赴長安爲太常少卿。楊汝士知制誥。楊虞卿爲左司郎中。

【箋證】

《劉白唱和集解》（卷六九）：「彭城劉夢得，詩豪者也。其鋒森然，少敢當者。予不量力，往往犯之。……一二年來，日尋筆硯，同和贈答，不覺滋多。至大和三年春已前，紙墨所存者凡一百三十八首。其餘乘興扶醉，率然口號者，不在此數。因命小姪龜兒編錄，勒成兩卷。一付龜兒，一授夢得小兒崙郎，……」按：白氏《與劉蘇州書》（卷六八）云：「與閣下在長安時，合所著詩數百首，題爲《劉白唱和集》卷上下。……今復編而次焉，以附前集，合前三卷，題此卷爲下，遷前下爲中，命曰《劉白吳洛寄和卷》。」又《白氏集後記》稱「劉白唱和集五卷」，則係後來又增編者。此題稱「劉白唱和集解」而不云序者，蓋避禹錫父緒嫌名也。又按：劉禹錫《名子說》：「長子曰咸允，字信臣。次曰同廙，字敬臣。」又《全唐詩》卷三五二有柳宗元《殷賢戲批書後寄劉連州并示孟崙二童》詩，孟郎當是禹錫長子咸允之乳名，崙郎當是次子同廙之乳名。

《祭中書韋相公文》（卷六九）：「維大和三年歲次己酉，六月己酉朔三十日戊寅，中大夫、守太子賓客分司東都、上柱國、晉陽縣開國男、食邑三百戶、賜紫金魚袋白居易，謹以茶果之奠，敬祭于故中書侍郎平章事、贈司空韋公德載……」按：「中書韋相公」爲韋處厚。字德載。寶曆二年十二月拜中書侍郎、同中書門下平章事。卒於大和二年十二月壬申（二十一日），年五十六。贈司空。見《舊唐書》卷一五九、《新唐書》卷一四二本傳、《舊唐書·文宗紀》。又白氏大和三年初作《和自勸》詩（卷二二）自注云：「韋中書、孔京兆、錢尙書、崔華州，十五日間相次病逝。」亦指處厚。

《和微之詩二十三首》之十二《和除夜作》（卷二二）云：「君賦此詩夜，窮陰歲之餘。……」按：元稹賦此詩時在大和二年除夜，則白氏和作必在大和三年春無疑。又其《和望曉》詩（卷二二）云：「一別春七換」，蓋指長慶三年至大和三年也。《陳譜》繫此詩於二年，誤。

《和微之詩二十三首》之十八《和自勸》（卷二二）之二云：「請看韋孔與錢崔，半月之間四人死。」自注云：「韋中書、孔京兆、錢尙書、崔華州，十五日間相次而逝。」按：「韋中書」爲韋處厚，已見前「箋證」。「孔京兆」爲孔戢。巢父從子，孔戣之弟。大和二年正月自右散騎常侍除京兆尹。大和三年正月丁亥（初六日）卒。見《舊唐書》卷一五四本傳、《文宗紀》。「錢尙書」爲錢徽。《舊唐書·文宗紀》：「（大和三年正月）庚寅（初九日)，吏部尙書致仕錢徽卒。」與白氏此詩相合，可證《舊唐書》本傳謂徽卒於三年三月，誤。「崔華州」爲崔植。《舊唐書．文宗紀》：「(大和三年正月)甲辰(二十三日)，華州刺史、鎭國軍潼關防禦使崔植卒。」

《和微之詩二十三首》之二〇《和晨興因報問龜兒》云：「冬旦寒慘澹，雲日無晶輝。當此歲暮感，見君《晨興詩》。……西院病孀婦，後牀孤姪兒。……雙目失一目，四肢斷兩肢。不如溘然盡，安用半活爲？……前時君寄詩，憂念問阿龜。喉燥聲氣窒，經年無報辭。……」按：岑仲勉《論白氏長慶集源流幷評東洋本白集》云「行簡『寶曆二年冬病卒』，附見《舊唐書》一六六《居易傳》，故詩言孤姪、斷肢。居易寶曆二年八月三十方辭蘇州，而詩謂經年無報，合此以推，知斷爲大和二年無疑矣。」岑氏所考是也。

《授太子賓客歸洛》詩(卷二二)云：「南省去拂衣，東都來掩扉。」按：居易百日長告假滿，自刑部侍郎除太子賓客分司，在大和三年三月末，有《病免後喜除賓客》詩(卷二七)。

《問秋光》詩(卷二二)云：「殷卿領北鎭，崔尹開南幕。」按：「殷卿」爲殷侑。侑大和三年七月自衞尉卿檢校工部尙書、充齊德滄節度使。見《舊唐書．文宗紀》。又《舊唐書》卷一六五《殷侑傳》云：「大和四年，加檢校工部尙書、滄齊德觀察使。」證以白氏此詩，《舊傳》所記時間有誤。

《酬集賢劉郎中對月見寄兼懷元浙東》詩(卷二二)：「月在洛陽天，天高淨如水。下有白頭人，攬衣中夜起。思遠鏡亭上，光深書殿裏。眇然三處心，相去各千里。」按：「集賢劉郎中」爲劉禹錫。大和元年，除主客郎中分司東都。二年春，以主客郎中充集賢學士。三年，遷禮部郎中，依前充集賢學士。見錢大昕《十駕齋養新錄》卷六考證。又歐陽棐《集古錄目》卷五《唐令狐楚先廟碑》條云：「禮部郎中、集賢院學士劉禹錫撰並書。」又云：「碑以大和三年立。」據此，白氏作此詩時，禹錫當已遷禮部郎中，依前充集賢學士。又按：「元浙東」爲元稹。《會稽掇英總集》卷十八《唐太守題名記》：「元稹，長慶三年八月，自同州防禦使授。大和三年九月，除尚書左丞。」劉禹錫有《月夜憶樂天兼寄微之》詩，與白氏此詩俱作於大和三年夏秋間，時元稹尚未聞內召之命。

《崔十八新池》詩（卷二二）：「愛君新小池，池色無人知。見底月明夜，無波風定時。忽看不似水，一泊稀琉璃。」按：「崔十八」爲崔玄亮。白氏《唐故虢州刺史贈禮部尚書崔公墓誌銘》（卷七〇）云：「俄改湖州刺史……入爲祕書少監，改曹州刺史兼御史中丞，謝病不就。」則白氏此詩當作於大和三年秋前，玄亮自祕書少監改官告病歸洛期間。

《從陝至東京》詩（卷二五）：「從陝至東京，山低路漸平。風光四百里，車馬十三程。花共垂鞭看，杯多並轡傾。笙歌與談笑，隨分自將行。」按：陝州東至洛陽三百五十里，見《元和郡縣志》卷六。白氏詩云「四百里」蓋言其大數也。《日知錄》卷十：「《續漢輿服志》曰：驛馬三十里一置。《史記》：田橫乘傳詣雒陽，未至三十里，至尸鄉廄置。是也。唐制亦然（原注：《唐書·百官志》：凡三十里有驛。）白居易詩『從陝至東京……』，是也。」

《春詞》詩（卷二五）：「低花樹映小妝樓，春入眉心兩點愁。斜倚欄干臂鸚鵡，思量何事不回頭？」按：劉禹錫有《和樂天春詞》詩。劉、白兩詩均有所刺而作。蓋韋處厚暴卒於大和二年十二月，李宗閔將入相，二人失所憑依。又大和三年正月，王涯自山南西道節度使入爲太常卿，爲大用張本，居易江州之謫涯有力焉。居易因不能與之同立於朝，故三年春辭刑部侍郎歸洛陽。題爲《春詞》者，記三者春初之事也。此詩前一首《繡婦歎》及後一首《恨詞》均可參看。禹錫和詩「蜻蜓飛上玉搔頭」句刺新貴尤爲明顯。

《酬令狐相公春日尋花見寄六韻》詩（卷二六）云：「病臥帝王州，花時不得遊。……吟君悵望句，如到曲江頭。」按：「令狐相公」爲令狐楚。楚大和二年十月自宣武節度使入爲戶部尚書，大和三年三月復出爲東都留守。白氏作此詩時，楚尚在長安，詩云「花時不得遊」者，居易必在病告中也。又劉禹錫有《和令狐相公春尋花有懷白侍郎閣老》詩。

《送東都留守令狐尚書赴任》詩（卷二六）云：「龍門卽擬爲遊客，金谷先憑作主人。」按：「東都留守令狐尚書」爲令狐楚。《舊唐書·文宗紀》：「（大和三年）三月辛巳朔，以戶部尚書令狐楚爲東都留守。」令狐楚赴任洛陽，居易、禹錫置酒送之，居易詩云：「龍門卽擬爲游客，金谷先憑作主人。」蓋回洛之意已決。

《和微之春日投簡陽明洞天五十韻》詩（卷二六）：「青陽行已半，白日坐將徂。越國強仍大，稽城高且孤。……」按：《全唐詩》卷四二三有元稹《春分投簡陽明洞天》詩。《嘉泰會稽志》卷十六《碑刻》：「白居易《繼春分投簡陽明洞天》詩，王璹分書，大和三年八月十五日。」又按：「投簡」或稱投龍。《唐會要》卷五〇：「開元二十四年五月十三日勅：每年春季，鎭金龍王殿功德事畢，合獻投山水龍璧，出日宜差散官給驛送，合投州縣，便取當處送出，准式投告。」《劉禹錫集》外三有《和令狐相公送趙常盈鍊師與中貴人同拜嶽及天臺投龍畢卻赴京師》詩。投龍簡傳世者有唐銅簡、吳越玉簡及宋徽宗投龍王簡。投龍王簡出黃河沿，高建初尺一尺五寸八，寬三寸二，刻文七行，爲崇甯四年乙酉六月三日趙佶所投。見《東方雜誌》美術專號。

《陝府王大夫相迎偶贈》詩（卷二七）云：「紫微閣老自多情，白首園公豈要迎？」按：「陝府王大夫」爲王起。見前「箋證」。

《別陝州王司馬》詩（卷二七）：「笙歌惆悵欲爲別，風景闌珊初過春。爭得遣君詩不苦？黃河岸上白頭人。」按：「陝州王司馬」爲王建。見前「箋證」。居易長假告滿，免刑部侍郎官，詔授太子賓客分司東都。自長安返洛陽，路過陝州，陝虢觀察使王起及陝州司馬王建相迎宴敍。可知建大和三年仍在陝州司馬任。

《將至東都先寄令狐留守》詩（卷二七）：「黃鳥無聲葉滿枝，閑吟想到洛城時。惜逢金谷三春盡，恨拜銅樓一月遲。詩境忽來還自得，醉鄉潛去與誰期？東都添個狂賓客，先報壺觴風月知。」按：《陳譜》大和三年己酉：「將至東都，有《寄令狐留守》詩云：『惜逢金谷三春盡』，蓋以春暮至洛也。」然白氏此詩又云：「恨拜銅樓一月遲」，《別陝州王司馬》詩云：「風景闌珊初過春。」居易過陝州時已「初過春」，以行程推算，至洛陽當在四月下旬，《陳譜》蓋誤。

《蕭庶子相過》詩（卷二七）：「半日停車馬，何人在白家？慇懃蕭庶子，愛酒不嫌茶。」按：「蕭庶子」爲蕭籍。

白氏《開成二年三月三日，河南尹李待價以人和歲稔將禊於洛濱，前一日啓留守裴令公，公明日召太子少傅白居易太子賓客蕭籍》詩（卷三三）中之「蕭籍」當卽其人。

《臨都驛送崔十八》詩（卷二七）：「勿言臨都五六里，扶病出城相送來。莫道長安一步地，馬頭西去幾時迴？與君後會知何處？爲我今朝盡一杯。」按：「崔十八」爲崔玄亮。《新唐書》卷一六四本傳云：「歷湖、曹二州，辭曹不拜。大和四年由太常少卿改諫議大夫。」據白氏《同崔十八寄元浙東王陝州》、《同崔十八宿龍門兼寄令狐尚書馮常侍》、《遊平泉贈晦叔》諸詩。知玄亮大和三年春後辭曹不拜歸洛，而年終復赴長安爲太常少卿也。又按：臨都驛在洛陽近郊，當是洛陽近城第一驛。白氏有《臨都驛答夢得六言二首》詩（卷二五），劉禹錫有《答樂天臨都驛見贈》及《再贈樂天》兩詩。

《分司初到洛中偶題六韻兼戲呈馮尹》詩（卷二七）云：「不知金谷主，早晚賀筵開。」按：「馮尹」爲河南尹馮宿。大和二年十月，自左散騎常侍拜河南尹。大和四年，入爲工部侍郎。見《舊唐書》卷一六八、《新唐書》卷一七七本傳、《舊唐書·文宗紀》。又按：馮宿在裴度淮西幕中，與李宗閔同僚，其爲牛李黨與否不可知，然觀其遷官在大和四年後，顯出於牛僧孺、李宗閔之援。

《嘗黃醅新酎憶微之》詩（卷二八）云：「元九計程殊未到，甕頭一盞共誰嘗？」按：《舊唐書·文宗紀》，大和三年九月戊戌，以元稹爲尙書左丞。此是除官月日，比稹從浙東到京，已在歲杪，次年正月乙丑，又出爲武昌軍節度使矣。故稹贈其妻柔之詩云：「窮冬到鄉國，正歲別京華。自恨風塵眼，常看遠地花。」居易時在洛陽，爲稹入京必經之路，則白詩必係三年冬所作。

《夜調琴憶崔少卿》詩（卷二八）：「今夜調琴忽有情，欲彈惆悵憶崔卿。何人解愛中徽上？《秋思》頭邊八九聲。」按：「崔少卿」爲崔玄亮。《新唐書》卷一六四本傳：「大和四年由太常少卿改諫議大夫。」據白氏是年在洛陽與玄亮酬答諸詩，知玄亮授太常少卿赴長安在大和三年秋冬之際。又按：崔玄亮擅琴，嘗贈琴於居易，白氏《池上篇序》：「博陵崔晦叔與琴，韻甚清。蜀客姜發授《秋思》，聲甚淡。」又有《崔湖州贈紅石琴薦，煥如錦文，無以答之，以詩酬謝》詩（卷二一）。後玄亮歿於大和七年，卒前以玉磬琴留別居易，請爲墓誌。見白氏《崔玄亮墓誌銘》（卷七〇）。

大和四年庚戌（八三〇），五十九歲。

在洛陽。爲太子賓客分司。屢遊龍門。與徐凝交遊。（有《期宿客不至》詩云：「宿客不來嫌冷落，一樽酒對一張琴。」徐凝有《和侍郎邀宿不至》詩，見《全唐詩》卷四七四。）冬，病眼。十二月二十八日，代韋弘景爲河南尹。（《汪譜》誤繫於大和五年）有《祭李司徒文》及《聞崔十八宿予新昌弊宅，時予亦宿崔家依仁新亭，一宵偶同，兩興暗合，因而成詠，聊以寫懷》、

《日長》、《三月三十日作》、《慵不能》、《晨興》、《朝課》、《香山寺石樓潭夜浴》、《嗟髮落》、《安穩眠》、《池上夜境》、《書紳》、《秋遊平泉贈韋處士閑禪師》、《勸酒十四首》、《卽事》、《期宿客不至》、《問移竹》、《重陽席上賦白菊》、《偶吟二首》、《何處春先到》、《勉閑遊》、《洛陽春》、《恨去年》、《早出晚歸》、《魏王堤》、《晚起》、《酬皇甫賓客》、《池上贈韋山人》、《無夢》、《對小潭寄遠上人》、《閑吟二首》、《獨遊玉泉寺》、《晚出尋人不遇》、《苦熱》、《銷暑》、《行香歸》、《同王十七庶子李六員外鄭二侍御同年四人遊龍門有感而作》、《池上小宴問程秀才》、《橋亭卯飲》、《舟中夜坐》、《戲和微之答竇七行軍之作》、《閑忙》、《西風》、《觀遊魚》、《看採蓮》、《看採菱》、《天老》、《秋池》、《登天宮閣》、《新雪二首》、《日高卧》、《和微之任校書郎日過三鄉》、《和微之十七與君別及朧月花枝之詠》、《和微之歎槿花》、《思往喜今》、《題平泉薛家雪堆莊》、《和微之道保生三日》、《哭皇甫七郎中》、《晚起》、《疑夢二首》、《夜宴惜別》、《早飲醉中除河南尹勑到》、《除夜》等詩。

正月，元稹自尚書左丞除武昌軍節度使代牛僧孺。

劉禹錫在禮部郎中、集賢學士任。

正月，武昌軍節度使牛僧孺入朝，李宗閔引爲兵部尚書、同平章事，共排李德裕黨。二月，興元軍亂，殺節度使李絳。四月，崔元略爲東都留守。七月，宋申錫同中書門下平章事。李諒爲桂管觀察使。十二月，楊於陵卒。韋弘景爲東都留守。

馮宿爲工部侍郎。

是年，皇甫湜卒。張籍卒於此年或稍前。

【箋證】

按：《新唐書》卷一六八《劉禹錫傳》云：「宰相裴度兼集賢殿大學士，雅知禹錫，薦爲禮部郎中、集賢直學士。」據劉禹錫《蒙恩轉儀曹郎依前充集賢學士舉韓湖州自代》詩，可知禹錫大和二年春爲主客郎中、集賢學士，至大和三年轉禮部郎中，依前充集賢學士，《新傳》謂禹錫充「集賢直學士」，蓋誤。又顧學頡《白居易年譜簡編》大和四年庚戌（八三〇）：「劉禹錫時爲禮部郎中、集賢殿直學士。」亦承《新傳》之誤。

《祭李司徒文》（卷六九）：「維大和四年歲次庚戌，七月癸酉朔十九日辛卯，中大夫、守太子賓客分司東都、上柱國、賜紫金魚袋白居易，內重表弟朝請大夫、守少府監、上柱國李翺，謹以清酌庶羞之奠敬祭於故相國興元節度贈司徒李公……」按：「李司徒」爲李絳。字深之。趙郡贊皇人。元和二年，自監察御史充翰林學士，與白居易同在院，情誼甚篤。元和六年，拜中書侍郎、同中書門下平章事。同列李吉甫便僻善逢迎帝意，絳梗直，多所規諫，故與吉甫不協。大和二年，出爲興元尹、山南西道節度使。四年二月，在鎮爲亂兵所害，贈司徒。見《新唐書》卷一五二本傳及《舊唐書·憲宗紀》、《文宗紀》、《重修承旨學士壁記》。

《聞崔十八宿予新昌弊宅，時予亦宿崔家依仁新亭，一宵偶同，兩興暗合，因而成詠，聊以寫懷》詩（卷二二）：「陋巷掩弊廬，高居敞華屋。新昌七株松，依仁萬莖竹。松前月臺白，竹下風池綠。君向我齋眠，我在君亭宿。平生有微尚，彼此多幽獨。何必本主人，兩心聊自足。」按：「崔十八」爲崔玄亮。《新唐書》卷一六四本傳：「大和四年由太常少卿改諫議大夫。」則白氏作此詩時，玄亮當在長安官太常少卿也。白居易宅在長安朱雀門街東第五街新昌坊，故曰「新昌弊宅」。崔玄亮宅，在洛陽長夏門之東第五街永通坊，本曰依仁坊，其宅有水竹之盛。《元河南志》云：「本曰依仁。按韋述《記》，此坊東出外城之永通門，其後門塞，又改坊名。唐虢州刺史崔玄亮宅，失其處所。」

《期宿客不至》詩（卷二七）：「風飄雨灑簾帷故，竹映松遮燈火深。宿客不來嫌冷落，一樽酒對一張琴。」按：「宿客」指徐凝。徐凝有《和侍郎邀宿不至》詩，即和此篇。此外又有《和夜題玉泉寺》、《和秋遊洛陽》、《侍郎宅泛池》、《自鄂渚至河南將歸江外留辭侍郎》等詩，俱見《全唐詩》卷四七四，爲大和間徐凝至洛陽與居易交遊之證。并參見白氏《憑李睦州訪徐凝山人》詩。

《獨遊玉泉寺》詩（卷二八）：「雲樹玉泉寺，肩舁半日程。更無人作伴，祇共酒同行。新葉千萬影，殘鶯三兩聲。閑遊竟未足，春盡有餘情。」按：「玉泉寺」在洛陽東南玉泉山。唐郭子儀奉勅造。玉泉寺上有泉水如碧玉色，泉上有白龍祠。見乾隆《河南府志》卷十一引《名勝志》。又《太平寰宇記》卷三《河南府》：「玉泉山在(河南)縣東南四十里,山內有玉泉寺。」參見白氏《玉泉寺南三里澗下多深紅躑躅繁豔殊常感惜題詩以示遊者》(卷三一)詩。

《同王十七庶子李六員外鄭二侍御同年四人遊龍門有感而作》詩(卷二八)云:「一曲悲歌酒一樽,同年零落幾人存?」按:「王十七庶子」爲王鑑。《全唐詩》卷四六四有王鑑《賦得玉水記方流》詩一首,王鑑與居易同在貞元十六年陳權榜下進士及第。見《登科記考》卷十二。「李六員外」名未詳。疑即《早春雪後贈洛陽李長官長水鄭明府二同年》詩(卷二八)中之「李長官」及《酬鄭二司錄與李六郎中寒食相遇同宴見贈》詩(卷三三)中之「李郎中」。「鄭二侍郎」爲鄭俞。白氏《吟四雖》詩(卷二九)「命雖薄猶勝於鄭長水」句自注云:「同年鄭俞始受長水縣令。」即《早春雪後贈洛陽李長官長水鄭明府二同年》詩(卷二八)中之「鄭明府」及《酬鄭二司錄與李六郎中寒食相遇同宴見贈》詩(卷三三)中之「鄭二司錄」。

《戲和微之答竇七行軍之作》詩(卷二八)云:「旌鉞從橐鞬,賓僚禮數全。」按:「竇七」爲竇鞏。元稹觀察浙東,奏爲副使、檢校祕書少監、兼御史中丞。稹移鎭武昌,鞏又從之。見《舊唐書》卷一五五、《新唐書》卷一七五本傳及《全唐文》卷七六一褚藏言《竇鞏傳》。考元稹移鎭武昌在大和四年正月,此詩當爲是年所作。參見白氏《東南行一百韻》詩(卷十六)。又元稹《戲酬副使中丞見示四韻》、令狐楚《和寄竇七中丞》、裴度《竇七中丞見示初至夏口獻元戎詩輒戲和之》詩,皆係酬鞏之作。

《登天宫閣》詩(卷二八):「午時乘輿出,薄暮未能還。高上烟中閣,平看雪後山。委形羣動裹,任性一生間。洛下多閑客,其中我最閑。」按:「天宫閣」爲洛陽天宫寺閣。《圖畫見聞誌》(卷五):「開元中將軍裴旻居喪,詣吳道子,請於東都天宫寺畫神鬼數壁,以資冥助。道子答曰:『吾畫筆久廢,若將軍有意爲吾纏結舞劍一曲,庶因猛勵,以通幽冥。』旻於是脫去縗服,若常時裝束,走馬如飛,左旋右轉,揮劍入雲,高數十丈,若電光下射,引手執鞘承之,劍透室而入。觀者數千人無不驚慄。道子於是援毫圖壁,颯然風起,爲天下之壯觀。道子平生繪事得意無出於此。」并參見白氏《早秋登天宫寺閣贈諸客》詩(卷三一)。

《新雪二首》詩(卷二八)之一云:「唯憶靜恭楊閣老,小園新雪暖爐前。」按:「靜恭楊閣老」爲楊汝士。此詩自注云:「寄楊舍人。」汝士大和三年七月,以職方郎中知制誥,故得稱爲舍人。汝士宅在長安朱雀門街東第五街靖恭坊。「靖恭」亦作「靜恭」。

《和微之任校書郎日過三鄉》詩(卷二八):「三鄉過日君年幾?今日君年五十餘。不獨年催身亦變,校書郎變作尙書。」按:「三鄉」爲三鄉驛。劉禹錫有《三鄉驛樓伏覩玄宗望女几山詩小臣斐然有感》詩。考《元和郡縣志》卷五:「女几山在(河南府福昌縣)西南三十四里。」據此,則三鄉驛當在洛陽附近。

《和微之道保生三日》詩(卷二八):「嘉名稱道保,乞姓號崔兒。」按:「道保」即道護,元稹繼娶裴柔之所生。白氏大和六年所作《元稹墓誌銘》(卷七〇)云:「今夫人河東裴氏,……生三女,……一子曰道護,三歲。」故知道保生於大和三年。葛立方《韻語陽秋》卷十：「白樂天、元微之皆老而無子，屢見於詩章。樂天五十八歲始得阿崔，微之五十一歲始得道保。同時得嗣，相與酬唱喜甚。樂天詩云：『膩剃新胎髮，香綳小繡襦。玉牙開手爪，蘇顆點肌膚。』微之云：『且有承家望，誰論得力時。』又云：『嘉名稱道保，乞姓號崔兒。』後崔兒三歲而亡。白賦詩云：『懷抱又空天默默，依前仍作鄧攸身。』傷哉！微之五十三而亡。按《墓誌》有子道護，年三歲而卒，以歲月考之，即道保也。」白氏《墓誌》並未言道護三歲而卒，葛氏蓋失考。又按：元詩今已佚。

《哭皇甫七郎中》詩（卷二八）：「志業過玄晏，詞華似禰衡。多才非福祿，薄命是聰明。不得人間壽，還留身後名。《涉江》文一首，便可敵公卿。」按：「皇甫七郎中」爲皇甫湜。參見白氏《寄皇甫七》（卷二七）、《訪皇甫七》詩（卷二四）。《新唐書》卷一七六本傳未載湜生卒年，據白氏此詩當卒於大和四年。湜《涉江》文今已佚。

《早飲醉中除河南尹敕到》詩（卷二八）：「雪擁衡門水滿池，溫爐卯後煖寒時。綠醅新酎嘗初醉，黃紙除書到不知。……」按：《舊唐書．文宗紀》：「（大和四年十二月）戊辰（二十八日），以太子賓客分司白居易爲河南尹以代韋弘景。」《陳譜》大和四年庚戌：「十二月除河南尹，有《醉中除尹敕到》詩。」《汪譜》繫此詩於大和五年，蓋誤。白氏《洛中春遊呈諸親友》詩（卷三一）云：「府中三遇臘，洛下五逢春。」考居易於大和七年三月罷任，亦爲四年臘月入府之證。

大和五年辛亥（八三一），六十歲。

在河南尹任。子阿崔夭，年三歲。從弟敏中旅洛陽，旋返豳寧幕。有《祭微之文》、《唐故湖州長城縣令贈戶部侍郎博陵崔府君神道碑銘》及《送敏中歸豳寧幕》、《宴散》、《人定》、《池上》、《池窗》、《花酒》、《題崔常侍濟源莊》、《認春戲呈馮少尹李郎中陳主簿》、《魏堤有懷》、《柘枝詞》、《代夢得吟》、《和令狐相公寄劉郎中兼見示長句》、《寄兩銀榼與裴侍郎因題兩絕》、《小橋柳》、《哭微之二首》、《馬上晚吟》、《醉中重留夢得》、《雪夜喜李郎中見訪，兼酬所贈》、《春風》、《題西亭》、《歸來二周歲》、《吾土》、《題岐王舊山池石壁》、《病眼花》、《府西池》、《天津橋》、《不准擬二首》、《府中夜賞》、《府西池北新葺水齋即事招賓偶題十六韻》、《哭崔兒》、《初喪崔兒報微之晦叔》、《府齋感懷酬夢得》、《齋居》、《與諸道者同遊二室至九龍潭作》、《履道池上作》、《六十拜河南尹》、《重修府西水亭院》、《與諸公同出城觀稼》、《水堂醉臥問杜三十一》、《歲暮言懷》、《座中戲呈諸少年》、《雪後早過天津橋偶呈諸客》、《新製綾襖成感而有詠》、《送劉郎中赴任蘇州》、《福先寺雪中餞劉蘇州》等詩。

七月二十二日，元稹卒於武昌任所。

十月，劉禹錫除蘇州刺史。過洛陽，留十五日，與居易朝觴夕詠，極平生之歡。

二月，宋申錫爲神策中尉王守澄誣搆與漳王謀反，罷相。七月，溫造爲東都留守。八月，貶刑部員外郎舒元輿爲著作郎分司東都。李逢吉爲東都留守。京兆尹龐嚴卒。是年，楊虞卿爲弘文館學士。

【箋證】

《祭微之文》（卷六九）：「維大和五年歲次辛亥（城按：各本《白集》俱誤作己亥），十月乙丑朔十日辛巳，中大夫、守河南尹、上柱國、晉陵縣開國男、食邑三百戶、賜紫金魚袋白居易以清酌庶羞之奠敬祭於故相國鄂岳節度使贈尚書右僕射元相微之……」按：元稹，大和五年七月二十二日卒於鄂岳節度使任所。見白氏《元稹墓誌銘》（卷七〇）。

《唐故湖州長城縣令贈戶部侍郎博陵崔府君神道碑銘并序》（卷六九）云：「公諱孚，字某，古太嶽胤也，今博陵人也。……善慶所積，實生司空。司空諱弘禮，公之幼子也。以學發身，以文飾吏，以幹蠱克家，以忠壯許國。典十郡，領二鎮，再釐東土，追命上公。雖天與之才，國與之位，亦由公義方之訓輔而成焉。大丈夫貯著材術，樹置功利，鎡錤富貴，焯燿家邦，不當其身而得於後。父析子荷，相去幾何？嗚呼，崔公！何不足之有？按國典，官五品已上墓廟得立碑。又按喪葬令，凡諸贈官得同正官之制。其孫彥防、彥佐等奉父命，述祖德，揭石於墓，勒銘於碑。……」按：此碑《寶刻叢編》四清河縣下引《訪碑錄》誤作《崔弘禮碑》，居易撰書者乃弘禮父碑也。又按:「弘禮」,《舊唐書》卷一六三《崔弘禮傳》:「崔弘禮,字從周,博陵人。北齊懷遠之七代孫。祖育,常州江陰令。父孚,湖州長城令。……文宗即位,就加檢校左僕射。理鄆三載,改授東都留守。仍遷刑部尙書,詔赴闕,以疾未至。太(大)和四年十月,復除留守。是歲十二月卒,年六十四,贈司空。」《舊唐書·文宗紀》:「(大和四年十二月)癸亥(二十三日),東都留守崔弘禮卒。」則弘禮卒時,居易猶未除河南尹,此碑云「其孫彥防彥佐等奉父命」,當係四年末弘禮未卒時所請託。

《送敏中歸豳寧幕》詩(卷二五):「六十衰翁兒女悲,傍人應笑爾應知。弟兄垂老相逢日,杯酒臨歡欲散時。前路加餐須努力,今宵盡醉莫推辭。司徒知我難爲別,直過秋歸未訝遲。」按:「敏中」爲白敏中。居易從弟。長慶初登進士第。佐李聽,歷河東、鄭滑、邠寧三府節度掌書記。見《舊唐書》卷一六六、《新唐書》卷一一九《白居易傳》。白氏《唐故溧水縣令太原白府君墓誌銘》(卷七〇):「後夫人高陽敬氏,父諱某,某官,生一子二女,女皆早夭。子曰敏中,進士出身,前試大理評事,歷河東、鄭滑、邠寧三府掌記。」「司徒」即李聽,《舊唐書》卷一三三《李聽傳》:「居無何,復檢校司徒,起爲邠寧節度使。」《文宗紀》:「(大和)三年十二月辛未,以大子少師李聽爲邠寧節度使。」又云:「(大和六年三月辛丑),以邠寧節度使李聽爲武寧軍節度、徐泗濠觀察使。」白氏此詩作於大和五年,可證敏中是時仍在邠寧幕。

《題崔常侍濟源莊》詩(卷二五)云:「主人何處去?蘿薜換貂蟬。」按:「崔常侍」爲崔玄亮。《舊唐書》卷一六五本傳：「（大和）四年拜諫議大夫，中謝日面賜金紫，朝廷推其名望，遷右散騎常侍。」《新唐書》卷一六四本傳：「大和四年繇太常少卿改諫議大夫，朝廷推爲宿望，拜右散騎常侍。」俱言玄亮拜右散騎常侍。而《舊唐書・文宗紀》云：「（大和五年二月）壬寅，左常侍崔玄亮及諫官等十四人伏奏王階，……」則云玄亮爲左散騎常侍，與《舊傳》、《新傳》所記異。白氏《唐故虢州刺史贈禮部尙書崔公墓誌銘》（卷七〇）亦述焉未詳，俟考。幷參見白氏《題崔常侍濟上別墅》詩（卷二七）及《祭崔常侍文》（卷七〇）。

《認春戲呈馮少尹李郎中陳主簿》詩（卷二五）云：「知君未別陽和意，直待春深始擬遊。」按：「馮少尹」爲河南少尹馮定。定乃馮宿之弟，寶曆二年出爲鄂州刺史。尋除國子司業，河南少尹。大和九年八月，遷太常少卿。見《舊唐書》卷一六八《馮宿傳》。白氏《六年寒食，洛下宴遊，贈馮李二少尹》詩（卷二二）中之「馮少尹」亦指馮定。

《和令狐相公寄劉郎中兼見示長句》詩（卷二七）：「日月天衢仰面看，尙淹池鳳滯臺鸞。碧幢千里空移鎭，赤筆三年未轉官。別後縱吟終少興，病來雖飲不多歡。酒軍詩敵如相遇，臨老猶能一據鞍。」按：「令狐相公」爲令狐楚。《舊唐書》卷一七二本傳：「（大和三年）十一月，進位檢校右僕射、鄆州刺史、天平軍節度、鄆曹濮觀察等使。……（大和）六年二月，改太原尹、北都留守。」令狐楚《寄禮部劉郎中》詩云：「一別三年在上京，仙垣終日選羣英。除書每下皆先看，唯有劉郎無姓名。」劉禹錫《酬令狐相公見寄》詩云：「羣玉山頭住四年，每聞笙鶴看諸仙。何時得把浮丘袂，白日將昇第九天。」即酬《寄禮部劉郎中》一詩所作。時度在天平節度使任上，禹錫則爲禮部郎中、集賢學士，視詩意度以不能提挈禹錫踐歷樞要爲恨，禹錫仍以其再入秉政相期。白氏此詩所和蓋即令狐楚寄禹錫之詩。

《寄兩銀榼與裴侍郎因題兩絕》詩（卷二七）：「貧無好物堪爲信，雙榼雖輕意不輕。願奉謝公池上酌，丹心綠酒一時傾。」「慣和麴蘗堪盛否？重用鹽梅試洗看。小器不知容幾許？襄陽米賤酒升寬。」按：「裴侍郎」爲裴度。《舊唐書·文宗紀》：「（大和四年九月壬午），以守司徒、平章軍國重事、晉國公裴度守司徒、兼侍中、充山南東道節度使。」至大和八年三月，裴度始自山南東道節度使除東都留守。白氏大和五年作此詩時，度仍在襄州任，故此詩云：「小器不知容幾許？襄陽米賤酒升寬。」則此詩中之「裴侍郎」必爲「裴侍中」之訛文，各本俱誤。

《哭微之二首》詩（卷二七）：「八月涼風吹白幕，寢門廊下哭微之。妻孥朋友來相弔，唯道皇天無所知。」「文章卓犖生無敵，風骨英靈歿有神。哭送咸陽北原上，可能隨例作灰塵？」按：白氏《元稹墓誌銘》（卷七〇）云：「大和五年七月二十二日遇暴疾，一日薨於位，春秋五十三。……以六年七月十二日祔葬於咸陽縣奉賢鄉洪瀆原，從先宅兆也。」考白氏《祭微之文》（卷六九）作於大和五年十月，其中已錄此詩，則必作於五年八月，微之遺櫬已抵洛，猶未下葬。詩云：「哭送咸陽北原上」，蓋先言將祔葬於祖塋也。又白氏《元相公挽歌詞三首》

詩（卷二六）云：「六年七月葬咸陽」，可以參證。又《哭微之》（見《文苑英華》白氏《祭微之文》）云：「從此三篇收淚後，終身無復更吟詩。」蓋合此《哭微之二首》爲三篇也。

《水堂醉臥問杜三十一》詩（卷二八）：「聞君洛下住多年，何處春流最可憐？爲問魏王堤岸下，何如同德寺門前？無妨水色堪閑翫，不得泉聲伴醉眠。那似此堂簾幕底，連明連夜碧潺湲。」按：「杜三十一」疑即白氏《和杜錄事題紅葉》（卷二七）、《天壇峯下贈杜錄事》（卷二七）詩中之「杜錄事」。「水堂」在洛陽河南尹治所內。白氏有《宴後題府中水堂贈盧尹中丞》詩（卷三六）。「同德寺」在洛陽城東。韋應物《同德精舍養疾寄河南兵曹東廳掾》詩云：「逍遙東城隅，雙樹寒葱蒨。」

《送劉郎中赴任蘇州》詩（那波本卷五七）云：「宣城獨詠窗中岫，柳惲單題汀上蘋。何似姑蘇詩太守，吟詩相繼有三人。」按：「劉郎中」爲劉禹錫。此詩又見汪立名本《補遺》卷上、《全唐詩》卷四六二。劉禹錫有《赴蘇州酬別樂天》詩，即酬此篇。又按：裴度罷相出爲山南東道節度使在大和四年九月，蓋由於牛僧孺、李宗閔之排擠，禹錫受知於裴度，故大和五年十月亦出爲蘇州刺史。

《福先寺雪中餞劉蘇州》詩（那波本卷五七）云：「送君何處展離筵，大梵王宮大雪天。」按：據此詩可知禹錫自長安赴蘇州刺史任，先至洛陽，居易於福先寺雪中爲之餞別，可證爲大和五年冬無疑。劉禹錫有《福先寺雪中酬別樂天》詩，即和此篇。

大和六年壬子（八三二），六十一歲。

在洛陽，爲河南尹。夏，大旱熱，有詩。與舒元輿交遊。七月，元稹葬於咸陽。爲元稹撰墓誌，其家饋潤筆六七十萬錢，居易悉布施修香山寺。八月，修香山寺成。崔羣卒，有祭文。冬，與崔玄亮往還。十二月二十五日，循州司戶杜元穎卒，有詩。（《七年元日對酒五首》詩之五云：「同歲崔何在，同年杜又無。」自注云：「余與吏部崔相公甲子同歲，與循州杜相公及第同年，秋冬二人俱逝。」）是年，《劉白唱和集》三卷編成。有《沃州山禪院記》、《修香山寺記》、《薦李晏韋楚狀》、《河南元公墓誌銘》、《祭崔相公文》、《與劉蘇州書》及《六年春贈分司東都諸公》、《憶舊遊》、《答崔賓客晦叔十二月四日見寄》、《勸我酒》、《贈韋處士六年夏大熱旱》、《六年寒食洛下宴遊贈馮李二少尹》、《苦熱中寄舒員外》、《閑夕》、《寄情》、《舒員外遊香山寺數日不歸，兼辱尺書，大誇勝事，時正値坐衙慮囚之際，走筆題長句以贈之》、《早冬遊王屋，自靈都抵陽臺上方望天壇，偶吟成章，寄溫谷周尊師中書李相公》、《濟源上枉舒員外兩篇因酬六韻》、《洛橋寒食日作十韻》、《快活》、《送令狐相公赴太原》、《不出》、《惜落花》、《老病》、《憶晦叔》、《送徐州高僕射赴鎮》、《琴酒》、《聽幽蘭》、《六年秋重題白蓮》、《元相公挽歌詞三首》、《臥聽法曲霓裳》、《五鳳樓晚望》、《寄劉蘇州》、《送客》、《秋思》、《酬夢得秋夕不寐見寄》、《題周家歌者》、

《憶夢得》、《贈同座》、《失婢》、《夜招晦叔》、《戲答皇甫監》、《和楊師皐傷小姬英英》、《池邊即事》、《聞樂感鄰》、《任老》、《勸歡》、《從龍潭寺至少林寺題贈同遊者》、《夜從法王寺下歸嶽寺》、《宿龍潭寺》、《嵩陽觀夜奏霓裳》、《過元家履信宅》、《和杜錄事題紅葉》、《題崔常侍濟上別墅》、《過溫尚書舊莊》、《天壇峯下贈杜錄事》、《贈僧五首》、《彈秋思》、《自詠》、《早春雪後贈洛陽李長官長水鄭明府二同年》、《醉吟》、《府酒五絕》、《晚歸早出》、《南龍興寺殘雪》、《天宮閣早春》、《履道居三首》、《和夢得冬日晨興》、《雪夜對酒招客》、《贈晦叔憶夢得》、《醉後重贈晦叔》、《睡覺》、《六年冬暮贈崔常侍晦叔》、《戲招諸客》、《十二月二十三日作兼呈晦叔》、《洛下送牛相公出鎮淮南》、《重修香山寺畢題二十二韻以紀之》、《初入香山院對月》等詩。

劉禹錫在蘇州刺史任。

二月，令狐楚自天平軍節度使移任太原尹、北都留守、河東節度使。三月，邠寧節度使李聽爲武寧軍節度使。十二月，牛僧孺罷爲淮南節度使。李德裕自西川節度使入爲兵部尚書，李宗閔、楊虞卿百計阻之。同年，楊虞卿自弘文館學士遷給事中。楊歸厚卒於虢州任所。

【箋證】《沃州山禪院記》(卷六八)：「大和二年春，有頭陀僧白寂然來遊玆山，見道猷、支、竺遺跡，泉石盡在，依依然如歸故鄉，戀不能去。時浙東廉使元相國聞之，始爲卜築。次廉使陸中丞知之，助其繕完。……六年夏，寂然遺門徒僧常贇自剡抵洛，持書與圖，詣從叔樂天乞爲禪院記云。……」按：《嘉泰會稽志》卷八：「沃州山眞覺院在(新昌)縣東四十里。方新昌未爲縣時在剡縣南三十里。居沃州之陽，天姥之陰，南對天台山之華頂、赤城，北對四明山之金庭、石鼓，西北有支遁養馬坡、放鶴峯，東南有石橋溪，溪源出天臺石橋，故以爲名。晉白道猷、竺法潛、支道林……皆嘗居焉。會昌廢。大中二年，有頭陀白寂然來游，戀戀不能去，廉使元微之始爲卜築。白樂天爲作記，以爲『東南山水，越爲首，剡爲面，沃州、天姥爲眉目』，其稱之如此。舊名眞封寺，不知其始，治平三年賜今額。」「大和二年」，《嘉泰會稽志》誤作「大中二年」，當以白氏此文爲正。又「陸中丞」爲陸亙。《舊唐書·文宗紀》：「(大和三年九月)戊戌，以前睦州刺史陸亙爲越州刺史、浙東觀察使代元稹。」

《修香山寺記》(卷六八)：「洛都四郊，山水之勝，龍門首焉。龍門十寺，觀遊之勝，香山首焉。……去年秋，微之將薨，以墓誌文見託。既而元氏之老狀其臧獲與馬綾帛洎銀鞍玉帶之物，價當六七十萬爲謝文之贄，來致於予。予念平生分，文不當辭，贄不當納。自秦抵洛，往返再三，訖不得已，迴施茲寺。因請悲智僧清閑主張之，命謹幹將士復掌治之。……雖一日必葺，越三月而就。……因此行願，安知他生不與微之復同遊於茲寺乎？……」按：《寶刻叢編》四引《諸道石刻錄》載《唐香山寺碑》，末題「唐大和六年八月一日河南尹太原白居易記」，卽此文。幷參見白氏《重修香山寺畢題二十二韻以記之》詩(卷三一)。

《與劉蘇州書》(卷六八)：「……去年冬，夢得由禮部郎中、集賢學士遷蘇州刺史。冰雪塞路，自秦徂吳。僕方守三川，得爲東道主。閣下爲僕稅駕十五日，朝觴夕詠，頗極平生之歡。各賦數篇，視草而別。歲月易得，行復周星。一往一來，忽又盈篋。……所以輒自愛重，今復編而次焉。以附前集，合爲三卷，題此卷爲下，遷前下爲中。命曰《劉白吳洛寄和卷》，自大和五年冬送夢得之任之作始。居易頓首。」按：劉禹錫，大和五年十月自禮部郎中、集賢學士出爲蘇州刺史。岑仲勉《論白氏長慶集源流并評東洋本白集》一文謂此文作於大和七年，誤。又此文末「大和五年冬」，各本俱誤作「大和六年冬」，今改正。

《九日代羅樊二妓招舒著作》詩(卷二一)：「羅敷斂雙袂，樊姬獻一杯。不見舒員外，秋菊爲誰開？」按：「樊妓」爲樊素。白氏《不能忘情吟序》(卷七一)云：「妓有樊素者，年二十餘，綽綽有歌舞態，善唱《楊枝》，人多以曲名名之。」「舒著作」爲舒元輿。《舊唐書》卷一六九本傳：「(大和)五年八月改授著作郎分司東都。」參見白氏《秋日與張賓客舒著作同遊龍門，醉中狂歌凡百三十八字》(卷二九)、《送舒著作重授省郎赴闕》(卷三一)等詩。又元輿自刑部員外郎改授著作郎分司東都，故詩云「不見舒員外」。

《答崔賓客晦叔十二月四日見寄》詩(卷二一)云：「早晚相從歸醉鄉，醉鄉去此無多地。」按：「崔賓客晦叔」爲崔玄亮。大和五年，玄亮爲右散騎常侍(《舊唐書·文宗紀》作「左散騎常侍」)，宰相宋申錫爲鄭注所搆，獄自內起，衆以爲怨。玄亮首率諫官十二人詣延英請對。文宗初欲寘申錫於法，玄亮不屈，文宗爲之感悟。

六年，拜太子賓客分司東都。見《舊唐書》卷一六五、《新唐書》卷一六四本傳及白氏《唐故虢州刺史贈禮部尙書崔公墓誌銘》（卷七〇）。

《苦熱中寄舒員外》詩（卷二二）云：「非君固不可，何夕枉高躡？」按：「舒員外」爲舒元輿。大和五年八月自刑部員外郎改授著作郎分司東都。見《舊唐書》卷一六九、《新唐書》卷一七九本傳。幷參見白氏《舒員外遊香山寺，數日不歸，兼辱尺書，大誇勝事，時正値坐衙慮囚之際，走筆題長句以贈之》（卷二二）、《履信池櫻桃島上醉後走筆送別舒員外兼寄宗正李卿考功崔郎中》（卷二九）、《普提寺上方晚望香山寺，寄舒員外》（卷三〇）、《酬舒三員外見贈長句》（卷三一）等詩。

《早冬遊王屋，自靈都抵陽臺上方望天壇，偶吟成章寄溫谷周尊師中書李相公》詩（卷二二）云：「嘗聞此遊者，隱客與損之。……一人佩金印，一人翳玉芝。我來高其事，詠歎偶成詩。爲君題石上，欲使故山知。」按：「中書李相公」爲李宗閔。據《舊唐書》卷一七六本傳、《新唐書》卷六三《宰相表》下，宗閔大和三年八月拜吏部侍郎、同中書門下平章事。引牛僧孺同秉政，號稱「牛黨」。大和七年六月罷知政事，出爲山南西道節度使。白氏作此詩時，宗閔方居相位，覩詩意則其亦嘗隱居王屋山。

《送令狐相公赴太原》詩（卷二六）：「六纛雙旌萬鐵衣，幷汾舊路滿光輝。靑衫書記何年去？紅旆將軍昨日歸。詩作馬蹄隨筆走，獵酣鷹翅伴觥飛。北都莫作多時計，再爲蒼生入紫微。」按：「令狐相公」爲令狐楚。

《舊唐書・文宗紀》:「(大和六年)二月甲子朔,以前義昌軍節度使殷侑檢校吏部尙書、充天平軍節度、鄆曹濮等州觀察使代令狐楚。以楚檢校右僕射、兼太原尹、北都留守、河東節度使。」《舊傳》同。又劉禹錫有《和白侍郎令狐相公鎭太原》及《令狐相公自天平移鎭太原以詩申賀》兩詩,亦同時所作。是時禹錫甫至蘇州,居易猶任河南尹,楚自鄆州移鎭,無緣相會,知唐人送行之詩,雖遙寄亦謂之送,不可泥也。又按:令狐楚以父掾太原,有庭闈之戀,李說、嚴綬、鄭儋相繼鎭太原,高其行義,皆辟爲從事,自掌書記至節度判官。見《舊唐書》卷一七二《令狐楚傳》。故白詩云「靑衫書記何年去」,劉詩云「從事中郎舊路歸」。舊府僚來爲節帥,是楚生平得意之事,而白詩却云:「北都莫作多時計,再爲蒼生入紫微。」劉詩亦云:「邊庭自此無烽火,擁節還來坐紫微。」則望其勿久於外鎭也。

《送徐州高僕射赴鎭》詩(卷二六)云:「大紅旆引碧幢旌,新拜將軍指點行。」按:「徐州高僕射」爲武寧軍節度使高瑀。《舊唐書・文宗紀》:「(大和六年三月)辛酉,以前忠武軍節度使高瑀檢校右僕射、充武寧軍節度、徐泗濠觀察等使。」又云:「(大和七年六月)甲戌,以刑部尙書高瑀爲太子少保分司。……(八月戊申),以刑部尙書高瑀爲忠武軍節度使。」白氏又有《和高僕射罷節度讓尙書授少保分司喜遂山水之作》(卷三一)、《送陳許高僕射赴鎭》(卷三一)兩詩均係酬瑀之作。

《元相公挽歌詞三首》詩(卷二六):「銘旌官重威儀盛,騎吹聲繁鹵簿長。」後魏帝孫唐宰相,六年七月葬咸陽。」「墓門已閉笳簫去，唯有夫人哭不休。蒼蒼露草咸陽壠，此是千秋第一秋。」「送葬萬人皆慘澹，反虞駟馬亦悲鳴。琴書劍珮誰收拾？三歲遺孤新學行。」按：「元相公」爲元稹。長慶二年二月拜同中書門下平章事。大和五年七月卒於武昌節度使任所。其以大和三年自浙東入爲尙書左丞，是再起秉鈞之機，而四年出鎭武昌則再失意也。故稹贈妻裴柔之詩云：「窮冬到鄉國，正歲別京歲。自恨風塵眼，常看遠地花。」其悵恨之情，可以想見。又按：此詩歷來多有元、白隙末之說，如吳喬《圍爐詩話》卷二：「樂天挽微之詩云：『銘旌官重威儀盛，鼓吹聲繁鹵簿長。後魏帝孫唐宰相，六年七月葬咸陽。』極其鋪張而無哀惜之意。白傅自作《墓誌》，但言與劉夢得爲詩友不及於元，則二人之隙末，詩如是也。」考居易晚年所作如《感舊》（卷三六）、《哭劉尙書夢得二首》（卷三六）等詩，均念及微之，情感彌篤，吳氏隙末之說殊不可信。

《結之》詩（卷二六）：「歡愛今何在？悲啼亦是空。同爲一夜夢，共過十年中。」按：「結之」爲陳結之。居易之姬人桃葉。其《對酒有懷寄李十九郎中》詩（卷三五）「往年江外拋桃葉」句原注云：「結之也。」《感舊石上字》詩（卷三五）云：「太湖石上鐫三字，十五年前陳結之。」《浩然齋雅談》卷下云：「樂天有《感石上舊字》詩云：『太湖石上鐫三字，十五年前陳結之。』蓋其妾桃葉也。自昔未有以家妓字鐫石者。」

《戲答皇甫監》（卷二六）：「寒宵勸酒君須飮，君是孤眠七十身。莫道非人身不煖，十分一盞煖於人。」按：「皇甫監」爲皇甫鏞。白氏《皇甫鏞墓誌銘》（卷七〇）云：「改太子賓客，轉祕書監分司，又就拜檢校左散騎常侍、兼太子賓客，轉祕書監分司。」《舊唐書》卷一三五本傳云：「以太子賓客、秘書監開成初除太子少保分司卒。」據此詩則知鏞大和六年時已再爲祕書監分司。又據白氏《墓誌》，皇甫鏞卒於開成元年七月，享年七十七。《墓誌》云：「公元娶博陵崔氏，後娶范陽盧氏，二夫人皆有淑德，先公而歿。」此詩原注云：「時皇甫監初喪耦。」所指必係盧氏之喪。

《和楊師皐傷小姬英英》詩（卷二六）云：「墳上少啼留取淚，明年寒食更沾衣。」按：「楊師皐」爲楊虞卿。《舊唐書》卷一七六本傳：「（大和）五年六月，拜諫議大夫、充弘文館學士、判院事。六年，轉給事中。七年，宗閔罷相，李德裕知政事，出爲常州刺史。」白氏作此詩時，楊方官給事中也。劉禹錫有《和楊師皐傷小姬英英》詩。《全唐詩》卷四八四有楊虞卿《過小妓英英墓》詩，卽此和詩之原作。

《答王尙書問履道池舊橋》詩（卷二七）云：「李郭小船何足問？待君乘過濟川舟。」按：「王尙書」爲王起。《舊唐書·文宗紀》：「（大和四年四月）庚申，以尙書左丞王起爲戶部尙書、判度支代崔元略。」又：「（大和六年七月己未），以戶部尙書、判度支王起檢校吏部尙書、充河中晉慈隰節度使。」《舊唐書》卷一六四本傳同。居易履道坊宅池中之橋築成會得王起之助力，其《題新居呈王尹兼簡府中三掾》詩（卷二三）云：「橋憑川守造，樹倩府寮栽。」《問江南物》詩（卷二七）云：「蘇州舫故龍頭暗，王尹橋傾雁齒斜。」

《和杜錄事題紅葉》詩（卷二七）：「寒山十月旦，霜葉一時新。似燒非因火，如花不待春。連行排絳帳，亂落剪紅巾。解駐籃輿看，風前唯兩人。」按：「杜錄事」，名未詳。時方修道於王屋山天壇峯。白氏《天壇峯下贈杜錄事》詩（卷二七）自注云：「時杜方鍊伏火砂汞。」劉禹錫有《洛中春來送杜錄事赴蘄州》詩云：「尊前花下長相見，明日忽爲千里人。君過午橋回首望，洛城猶自有殘春。」當即此人。據劉詩則杜必赴蘄州李播幕府者。考李播赴蘄州刺史任在開成三年春，見白氏《送蘄春李十九使君赴郡》詩（卷三四），則劉詩必爲是年在洛陽作。

《題崔常侍濟上別墅》詩（卷二七）云：「求榮爭寵任紛紛，脫棄金貂祇有君。」自注：「時常侍以長告罷歸，今故先報泉石。」按：「崔常侍」爲崔玄亮。白氏《崔玄亮墓誌銘》（卷七〇）云：「徑遵歸路，朝庭不得已，在途拜太子賓客，分司東都。公濟源有田，洛下有宅。」《新唐書》卷一六四本傳云：「頃之移疾歸東都，召爲虢州刺史，卒。」《舊傳》未載拜太子賓客分司東都事。據白氏此詩自注，則玄亮分司在大和六年，與《墓誌》及《新傳》正合。

《過溫尙書舊莊》詩（卷二七）：「白石淸泉抛濟口，碧幢紅旆照河陽。村人都不知時事，猶自呼爲處士莊。」按：「溫尙書」爲溫造。字簡輿，河內人。幼嗜學，不喜試吏，隱居王屋，以漁釣逍遙爲事。德宗愛其才，召至京師。大和五年七月，檢校戶部尙書、東都留守。九月，改授河陽、懷節度觀察等使。七年十一月，入爲御史大夫。見《舊唐書》卷一六五、《新唐書》卷九一本傳。白氏作此詩時，造方節度河陽，故詩云「碧幢紅旆照河陽」。劉禹錫有《美溫尙書鎭定興元以詩寄賀》詩，亦酬造之作。又按：「處士莊」在濟源縣王屋山附近。

《新唐書》卷九一《溫造傳》：「造字簡輿，不喜爲吏，隱王屋山，人號其處曰處士墅。」考《淸統志・河南府》謂溫造處士莊在孟津縣舊河淸縣，非是。

《洛下送牛相公出鎭淮南》詩（卷三一）：「北闕至東京，風光十六程。坐移丞相閣，春入廣陵城。紅旆擁雙節，白鬚無一莖。萬人開路看，百吏立班迎。閫外君彌重，樽前我亦榮。何須身自得，將相是門生。」按：「牛相公」爲牛僧孺。《舊唐書》卷一七二《牛僧孺傳》：「（大和六年）十二月，檢校左僕射兼平章事、揚州大都督府長史、淮南節度副大使、知節度事。」《舊唐書・文宗紀》：「（大和六年）十二月己未朔，乙丑（七日），以中書侍郎同平章事牛僧孺檢校右僕射同平章事、揚州大都督府長史、充淮南節度使。」《新唐書》卷六三《宰相表》同。白氏此詩云：「坐移丞相閣，春入廣陵城。」可知僧孺抵淮南時當已是大和七年正月。

大和七年癸丑（八三三），六十二歲。

爲河南尹。二月，以病乞五旬假。四月二十五日，以頭風病免河南尹，再授太子賓客分司東都。七月，崔玄亮卒，有哭詩。閏七月，太子賓客李紳除浙東觀察使，將發洛陽，有詩送行。冬，送舒元輿赴長安。（按：舒元輿與李訓、鄭注深相結納，自著作郎分司擢右司郎中兼侍御史，見《册府元龜》卷九四五。）同年正月，叔父白季康妻敬氏卒於下邽，從弟敏中服喪。有《詠興五首》、《再授賓客分司》、《把酒》、《首夏》、《代鶴》、《立秋夕有懷夢得》、《哭崔常侍晦叔》、

《新秋曉興》、《秋日與張賓客舒著作同遊龍門，醉中狂歌凡二百三十八字》、《履信池櫻桃島上醉後走筆，送別舒員外兼寄宗正李卿考功崔郎中》、《秋池獨汎》、《冬日早起閑詠》、《歲暮》、《七年元日對酒五首》、《七年春題府廳》、《早春醉吟寄太原令狐相公蘇州劉郎中》、《箏》、《洛中春遊呈諸親友》、《酬舒三員外見贈長句》、《將歸一絕》、《罷府歸舊居》、《睡覺偶吟》、《問支琴石》、《自喜》、《裴常侍以題薔薇架十八韻見示因廣爲三十韻以和之》、《感舊詩卷》、《酬李二十侍郎》、《和夢得》、《贈草堂宗密上人》、《喜照密閑實四上人見過》、《贈皇甫六張十五李二十三賓客》、《微之敦詩晦叔相次長逝，巋然自傷，因成二絕》、《池上閑詠》、《涼風歎》、《和高僕射罷節度，讓尙書授少保分司，喜遂遊山水之作》、《送考功崔郎中赴闕》、《送楊八給事赴常州》、《聞歌者唱微之詩》、《醉送李二十常侍赴鎭浙東》、《醉別程秀才》、《自詠》、《把酒思閑事二首》、《衰荷》、《池上送考功崔郎中兼別房竇二妓》、《自問》、《送陳許高僕射赴鎭》、《青氈帳二十韻》、《答夢得秋日書懷見寄》、《同諸客題于家公主舊宅》、《答夢得八月十五日夜玩月見寄》、《初冬早起寄夢得》、《秋夜聽高調涼州》、《香山寺二絕》、《送舒著作重授省郎赴闕》、《同諸客嘲雪中馬上妓》、《喜劉蘇州恩賜金紫遙想賀宴以詩慶之》、《藍田劉明府攜酎相過，與皇甫郎中卯時同飲，醉後贈之》、《劉蘇州以華亭一鶴遠寄以詩謝之》、《送姚杭州赴任因思舊遊二首》等詩。

劉禹錫在蘇州刺史任。

二月，李德裕同中書門下平章事。鄭注爲右神策判官。三月，張仲方爲太子賓客分司。二十九日，嚴休復除河南尹。楊虞卿自給事中出爲常州刺史。四月，楊汝士爲工部侍郎。六月，李宗閔罷爲山南西道節度使。高瑀爲太子少保分司。七月，楊嗣復爲劍南東川節度使。八月，高瑀爲忠武軍節度使。十二月，以給事中王質權知河南尹。又姚合爲杭州刺史約在本年，合有《寄東都分司白賓客》詩。

【箋證】

《詠興五首》詩序（卷二九）云：「七年四月，予罷河南府歸履道第。……」按：《舊唐書．文宗紀》：「（大和七年三月）丙辰（二十九日），以散騎常侍嚴休復爲河南尹。……（四月）壬子（二十五日，城按：沈本作壬午，是），以河南尹白居易爲太子賓客分司東都。」

《再授賓客分司》詩（卷二九）云：「優穩四皓官，清崇三品列。」按：居易大和三年三月除太子賓客分司東都，七年四月二十五日再授太子賓客分司。

《立秋夕有懷夢得》詩（卷二九）：「露簟荻竹青，風扇蒲葵輕。一與故人別，再見新蟬鳴。是夕涼飇起，閑境入幽情。迴燈見棲鶴，隔竹聞吹笙。夜茶一兩杓，秋吟三數聲。所思渺千里，雲水長洲城。」按：劉禹錫有《酬樂天七月一日夜即事見寄》詩云：「夜樹風韻清，天河雲彩輕。故花多露草，隔樹聞鶴鳴。搖落從此始，別離含遠情。聞君當是夕，倚瑟吟商聲。外物豈不足，中懷向誰傾？秋來念歸去，同聽嵩陽笙。」與白詩格韻皆同，可知必爲此詩之和作。又此詩有「再見新蟬鳴」之句，則必作於七年秋，蓋禹錫以大和五年冬與居易別，至是凡兩度逢秋也。

《哭崔常侍晦叔》詩（卷二九）云：「垂老忽相失，悲哉口語心。……吾道自此孤，我情安可任？唯將病眼淚，一灑秋風襟。」按：「崔常侍晦叔」爲崔玄亮。《舊唐書》卷一六五本傳：「（大和）七年，以疾求外任，宰相以弘農便其所請，乃授左散騎常侍、虢州刺史。是歲七月卒於任所。」白氏《唐故虢州刺史贈禮部尙書崔公墓誌銘》（卷七〇）：「大和七年七月十一日遇疾薨於虢州廨舍。」

《秋日與張賓客舒著作同遊龍門，醉中狂歌，凡二百三十八字》詩（卷二九）：「丈夫一生有二志，兼濟獨善難得并。不能救療生民病，即須先濯塵土纓。況吾頭白眼已暗，終日戚促何所成？不如展眉開口笑，龍門醉臥香山行。」按：「張賓客」爲張仲方。貞元中進士擢第。大和七年，李德裕輔政，出爲太子賓客分司。見《舊唐書》卷一七一本傳、白氏《唐故銀青光祿大夫祕書監曲江縣開國伯贈禮部尙書范陽張公墓誌銘》（卷七〇）。「舒著作」爲舒元輿。見前「箋證」。

《履信池櫻桃島上醉後走筆送別舒員外，兼寄宗正李卿考功崔郎中》詩（卷二九）云：「不論崔李上青雲，明日舒三亦抛我。」按：「舒員外」爲舒元輿。白氏有《酬舒三員外見贈長句》詩（卷三一）亦酬元輿之作。元輿乃甘露事變中之重要人物。《舊唐書》卷一六九《舒元輿傳》云：「時李訓丁母憂在洛，與元輿性俱詭激，乘險蹈利，相得甚歡。及訓爲文宗寵遇，復召爲尙書郎。九年，以右司郎中知臺雜。（《新唐書》卷一七九《舒元輿傳》謂「再遷左司郎中，御史大夫李固言表知雜事」。）七月，權知中丞事。九年（按：當作九月），拜御史中丞、兼判刑部侍郎。是月，以本官同平章事，與訓同知政事。」《册府元龜》卷九四五《總錄部》：「舒元輿爲著作郎分司東都，日與李訓深相結納。大和末訓居中用事，亟加遷擢，自右司郎中兼侍御史知雜事爲權知御史中丞。」《舊傳》、《新傳》、《册府元龜》俱未詳元輿召爲省郎之時間，然白氏《送舒著作重授省郎赴闕》（卷三一）、《履信池櫻桃島上醉後走筆送別舒員外兼寄宗正李卿考功崔郎中》（卷二九）二詩均作於大和七年，後詩云：「歲晚無花空有葉，風吹滿地乾重疊。踏葉悲秋復憶春，池邊樹下重殷勤。……不論崔李上青雲，明日舒三亦抛我。」則元輿赴長安必在是年秋末冬初之際。「宗正李卿」爲宗正卿李仍叔。《舊唐書·文宗紀》：「（大和八年七月）辛酉，定陵臺大雨，震東廊，廊下地裂一百三十尺。詔宗正卿李仍叔啓告修塞，……（十二月）己亥，以宗正卿李仍叔爲湖南觀察使。」《新唐書》卷七〇上《宗室世系表》蜀王房：「宗正卿仍叔，字周美。初名章甫。」《郎官考》卷九《考功郎中》有「李仍叔」名在趙宗儒後二人。白氏《開成二年三月三日河南尹李待價以人和歲稔將禊於洛濱》詩（卷三三）有「太子賓客李仍叔」名，據《舊唐書·文宗紀》，蘇州刺史盧周仁爲湖南觀察使（按：各本《舊唐書》均誤作「河南觀察使」，據吳廷燮《唐方鎭年表》改正）在大和九年八月，則仍叔罷歸爲太子賓客分司當在此時。「考功崔郎中」爲崔龜從。《舊唐書》卷一七六《崔龜從傳》：「大和二年，改太常博士。……累轉考功郎中、史館修撰。九年，轉司勳郎中，知制誥。」《郎官考》卷九《考功郎中》有崔龜從名，在盧簡辭後一人。白氏此詩作於大和七年秋末，與龜從爲考功郎中時間正合。又白氏《送考功崔郎中赴闕》（卷三一）、《池上送考功郎中兼別房竇二妓》（卷三一）兩詩中之「崔郎中」均指龜從。又按：甘露事變後，白氏自己編集，仍收酬元輿等人之詩，毫不爲諱，是固不怵於宦官之勢力者。

《七年元日對酒五首》詩（卷三一）之五云：「同歲崔何在？同年杜又無。」自注云：「余與吏部崔相公甲子同歲，與循州杜相公及第同年。秋冬二人俱逝。」按：「崔相公」指崔羣，卒於大和六年八月，年六十一歲，見《舊唐書》一五九本傳。白氏有《祭崔相公文》（卷七〇）。又《自覺》詩（卷十）云：「同歲崔舍人，容光方灼灼。」

「杜相公」指杜元穎，與居易貞元十六年同年進士及第。《舊唐書》卷一六三本傳：「（大和）六年卒於貶所。」卷十七《文宗紀》：「（大和六年十二月丁未），責授循州司馬杜元穎卒，贈湖州刺史。」「大和六年十二月己未朔，《舊紀》所載「丁未」有誤。據白氏此詩，元穎應卒於是年十一月間，蓋《唐實錄》書法於外臣之卒，率以報到日爲準，固因追書不便，尤與廢朝有關也。

《裴常侍以題薔薇架十八韻見示，因廣爲三十韻以和之》詩（卷三一）云：「東顧辭仁里，西歸入帝鄉。假如君愛殺，留著莫移將。」自注云：「裴君題詩之次而常侍詔到，唱和未竟而軒騎西歸，故云。」按：「裴常侍」爲裴潾。《舊唐書》卷一七一本傳：「大和四年，出爲汝州刺史，兼御史中丞，賜紫。坐違法杖殺人，貶左庶子分司東都。七年，遷左散騎常侍、充集賢殿學士。」與白氏此詩相證，時間叠合。此與白氏《江西裴常侍以優禮見待，又蒙贈詩，輒叙鄙誠，用伸感謝》（卷十七）、《初除官，蒙裴常侍贈鶻銜瑞草緋袍魚袋，因謝惠貺，兼抒離情》（卷十七）兩詩中之「裴常侍」顯非一人，蓋彼詩所指乃裴堪，卒於寶曆元年閏七月，見《舊唐書・敬宗紀》。花房英樹以爲一人，非是。

《酬李二十侍郎》詩（卷三一）云：「十年分手今同醉，醉未如泥莫道歸。」按：「李二十侍郎」爲李紳。紳大和七年正月自壽州刺史授太子賓客分司東都，見《全唐詩》卷四八〇李紳《發壽陽，分司敕到，又遇新正感懷書事》詩原注。蓋唐人多喜稱內職，據《舊唐書・穆宗紀》，長慶三年十月出紳爲江西觀察使，紳請留，改戶部侍郎。故此詩仍以侍郎相稱也。又按：紳於長慶四年二月自戶部侍郎貶端州司馬，故白詩云「十年分手今同醉」，蓋指其約數而言也。

《和夢得》詩（卷三一）：「綸閣沉沉無寵命，蘇臺籍籍有能聲。豈惟不得清文力？但恐空傳冗吏名。郎署迴翔何水部，江湖留滯謝宣城。所嗟非獨君如此，自古才難共命爭。」自注云：「夢得來詩云：『謾讀圖書四十車，年年爲郡老天涯。一生不得文章力，百口空爲飽煖家。」按：劉禹錫有《郡齋書懷寄河南白尹兼簡分司崔賓客》詩云：「謾讀圖書二十車，年年爲郡老天涯。一生不得文章力，百口空爲飽暖家。綺季衣冠稱鬢面，吳公政事副詞華。還思謝病今歸去，同醉城東桃李花。」即白詩題下自注所引之句，惟「四十」《劉禹錫集》作「二十」，又白氏《和集賢劉學士早朝作》詩（卷二六）云：「暫留春殿多稱屈，合入綸闈即可知。」參以此詩「綸閣沉沉無寵命」句，知當時物望皆以禹錫當入掖垣掌誥，集賢之命，蘇州之除，皆屈於不得已也。

《贈草堂宗密上人》詩（卷三一）云：「吾師道與佛相應，念念無爲法法能。」按：「草堂宗密上人」爲草堂寺僧宗密。又號圭峯禪師。草堂寺在長安終南山。張禮《遊城南記》：「圭峯、紫閣在（終南山）祠之西。圭峯下有草堂寺，唐僧宗密所居，因號圭峯禪師。紫閣之陰即漢陂，杜甫詩曰『紫閣峯陰入漢陂』是也。」又劉禹錫有《送宗密上人歸南山草堂寺因詣河南尹白侍郎》詩。

《贈皇甫六張十五李二十三賓客》詩（卷三一）云：「昨日三川新罷守，今年四皓盡分司。」按：此指居易及皇甫鏞、張仲方、李紳四人是年俱以太子賓客分司東都。《全唐詩》卷四八一李紳《七年初到洛陽，寓居宣教里，時已春暮，而四老俱在洛中分司》詩云：「青莎滿地無三徑，白髮緣頭忝四人。」亦指此四人也。

《和高僕射罷節度讓尙書授少保分司喜遂遊山水之作》詩（卷三一）云：「暫辭八座罷雙旌，便作登山臨水行。」按：「高僕射」爲高瑀。《舊唐書・文宗紀》：「（大和七年六月）甲戌，以刑部尙書高瑀爲太子少保分司。」見前「箋證」。《送楊八給事赴常州》詩(卷三二)：「無嗟別青瑣，且喜擁朱輪。五十得三品，百千無一人。須勤念黎庶，莫苦憶交親。此外無過醉，毗陵何限春。」按：「楊八給事」爲楊虞卿。《舊唐書》卷一七六本傳：「(大和)六年轉給事中。七年宗閔罷相，李德裕知政事，出爲常州刺史。八年宗閔復入相，尋召爲工部侍郎。」《舊唐書·文宗紀》：「(大和七年三月)庚戌，出給事中楊虞卿爲常州刺史。」參見白氏有《晚春閑居，楊工部寄詩，楊常州寄茶同到，因以長句答之》等詩。虞卿爲李宗閔之黨，楊嗣復之宗人，而李德裕之所惡。《新唐書》卷一七四《李宗閔傳》載虞卿貶常州之事云：「德裕爲相，與宗閔共當國。……帝(文宗)曰：『衆以楊虞卿、張元夫、蕭澣爲黨魁。』德裕因請皆出爲刺史，帝然之，即以虞卿爲常州，元夫爲汝州，澣爲鄭州。宗閔曰：『虞卿位給事中，州不容在元夫下，德裕居外久，其知黨人不如臣之詳。虞卿日見賓客於第，世號行中書，故臣未嘗與美官。』德裕質之曰：『給事中非美官云何！』宗閔大沮，不得對。」則虞卿結援怙勢，囂張自喜之情態可以概見。劉禹錫有《寄毗陵楊給事三首》詩，亦係此時酬虞卿之作。

《醉送李二十常侍赴鎮浙東》詩(卷三一)：「靖安客舍花枝下，共脫青衫典濁醪。今日洛橋還醉別，金杯翻汚麒麟袍。喧闐夙駕君脂轄，酩酊離筵我藉糟。好去商山紫芝伴，珊瑚鞭動馬頭高。」按：「李二十常侍」爲李紳。《舊唐書·文宗紀》：「(大和七年閏七月)癸未，以太子賓客李紳檢校左散騎常侍、兼越州刺史、充浙東觀察使代陸亘。」《舊唐書》一七三本傳作「七月」，誤。又《全唐文》卷六九四李紳《龍宮寺碑》云：「太(大)和癸丑歲，余自分命洛陽，承詔以檢校左騎省廉察於茲。」與《舊傳》、《紀》同。并參見《酬李二十侍郎》（卷三一）、《劉蘇州寄釀酒糯米，李浙東寄楊柳枝舞衫，偶因嘗酒試衫，輒成長句寄謝之》（卷三二）等詩。劉禹錫有《酬浙東李侍郎越州春晚即事長句》亦係酬紳之作。紳長慶初與元稹、李德裕同在翰林，時稱三俊，綜其一生仕歷，皆緣李德裕之故，與李逢吉、李宗閔輩爲死敵，其自太子賓客出爲浙東觀察使亦由李德裕作相之故。以元稹、李德裕與劉禹錫交情言之，紳與禹錫交情必亦不薄。

《送陳許高僕射赴鎭》詩（卷三二）云：「商皓老狂唯愛醉，時時能寄酒錢無？」按：「陳許高僕射」爲高瑀。《舊唐書·文宗紀》：「（大和七年八月戊申），以刑部尚書高瑀爲忠武軍節度使。」見前「箋證」。

《同諸客題于家公主舊宅》詩（卷三二）：「平陽舊宅少人遊，應是遊人到即愁。春榖鳥啼桃李院，絡絲蟲怨鳳凰樓。臺傾滑石猶殘砌，簾斷眞珠不滿鈎。聞道至今蕭史在，髭鬚雪白向明州。」按：「于家公主」爲憲宗長女永昌公主。《新唐書》卷八三《諸公主傳》：「梁國惠康公主，始封普寧，帝特愛之，下嫁于季友。元和中，徙永昌。薨，詔追封及謚。」「蕭史」指于季友，大和七年時爲明州刺史。《文苑英華》載此詩「明州」誤作「韶州」。《文苑英華辨證》卷九云：「白居易《題于家公主舊宅》詩：『……髭鬚皓白向韶州。』按：于家公主，憲宗之女永昌公主，下嫁于頔之子季友，……居易所題舊宅在洛中，……其後有《寄明州于駙馬使君》詩『留滯三年在浙東』，又有『近海饒風』、『海味腥鹹』之語，皆指明州也。檢唐史《于頔傳》，不書季友終於何官。而

《宰相世系表》，季友絳、宋等州刺史，不及明州，蓋省文也。今《文苑》乃作『韶州』，誤指季友爲于琮，遂改作『韶州』，不可不辨。」汪立名云：「《英華》作『韶』，是誤以于季友爲于琮也。琮尙宣宗廣德公主在大中十三年，居易沒已久。至貶韶州則在咸通十三年，相去更遠矣。」汪氏亦承《辨證》說，而彭叔夏誤引作周益公。岑仲勉《唐集質疑》于明州條亦云：「余按『皓』，《白集》作『雪』，白前詩收《白集》六四，後詩收六五，皆大和三年居易分司東都後所作，今《育王寺碑後記》末，題『大和七年十二月一日明州刺史于季友記』（《萃編》一〇八），時代正合，更足爲彭說之確證。《萃編》疑季友是否同人，《平津續記》言《新表》不載，則未知南宋人早經論定也。」岑氏說可補彭、汪之不足，然謂兩詩俱大和三年後作則仍有未諦，蓋前詩七年作，後詩則八年春作也。

《初冬早起寄夢得》詩（卷三一）：「起戴烏紗帽，行披白布裘。爐溫先煖酒，手冷未梳頭。早景烟霜白，初寒鳥雀愁。詩成遣誰和？還是寄蘇州。」按：劉禹錫有《酬樂天初冬早寒見寄》詩云：「乍起衣猶冷，微吟帽半欹。霜凝南屋瓦，雞唱後園枝。洛水碧雲曉，吳宮黃葉時。兩傳千里意，書札不如詩。」《全唐詩》亦收劉氏此詩於元稹卷中，然白詩明是寄劉，劉詩亦有「吳宮黃葉」之句，必係劉作無疑。

《送姚杭州赴任因思舊遊二首》詩（卷三二）之二云：「舍人雖健無多興，老校當時八九年。」按：「姚杭州」爲杭州刺史姚合。《舊唐書》卷九六、《新唐書》卷一二四《姚崇傳》均未載合爲杭州刺史。晁公武《郡齋讀書志》卷十八云：「右唐姚合也，崇曾孫（城按：據岑仲勉《唐集質疑》考證，合爲崇之曾姪孫），以詩聞。元和十一年李逢吉知舉進士，歷武功主簿，富平、萬年尉。寶曆中監察、殿中御史，戶部員外郎，出金、杭二州刺史，爲刑、戶二部郎中，諫議大夫，給事中，陝虢觀察使。開成末終祕書監，世號姚武功云。」辛文房《唐才子傳》卷六亦云：「寶應（城按：「應」爲「曆」之訛文）中除監察御史，遷戶部員外郎，出爲金、杭二州刺史。後召入，拜刑部郎中，諫議大夫，給事中。」勞格《讀書雜識》卷七《杭州刺史考》據以繫合刺杭州在寶曆間，誤也。據白氏此詩云：「舍人雖健無多病，老校當時八九年。」蓋居易長慶四年罷杭州刺史任，以詩意推算，則合之赴杭任約在大和六、七年間。考《全唐詩》卷五〇一有姚合《牧杭州謝李太尉德裕》詩，德裕守太尉在會昌四年八月，岑仲勉《唐集質疑》因疑合刺杭「似在會昌時代」，今據白詩考之，似不可能，疑合之詩題有誤也。

大和八年甲寅（八三四），六十三歲。

在洛陽。爲太子賓客分司。三月，裴度爲東都留守兼侍中至洛陽，於集賢里第築山穿池，居易頻與往來。又時與皇甫曙往還。七月，編集在洛所作詩而序之。十月，崔咸卒，有詩哭之。有《唐故溧水縣令太原白府君墓誌銘》、《大唐泗州開元寺臨壇律德徐泗濠三州僧正明遠大師塔碑銘》、《序洛詩》、《畫彌勒上生幀讚》及《南池早春有懷》、《古意》、《山遊示小妓》、《神照禪師同宿》、《張常侍相訪》、《早夏遊宴》、《感白蓮花》、《詠所樂》、《思舊》、《寄盧少卿》、《池上清晨候皇甫郎中》、《詠懷》、《北窗三友》、《吟四雖》、《洛陽有愚叟》、《飽食閑坐》、《閑居自題》、《風雪中作》、《雪中晏起偶詠所懷兼呈張常侍韋庶子皇甫郎中》、《和裴侍中南園靜興見示》、《菩提寺上方晚望香山寺寄舒員外》、《早春憶蘇州寄夢得》、《嘗新酒憶晦叔二首》、《負春》、《池上閑吟二首》、《早春招張賓客》、《營閑事》、《感春》、《春池上戲贈李郎中》、《玩半開花贈皇甫郎中》、《池邊》、《家釀新熟，每嘗輒醉，妻姪等勸令少飲，因成長句以諭之》、《送常秀才下第東歸》、《且遊》、《題王家莊臨水柳亭》、《題令狐家木蘭花》、《拜表迴閑遊》、《西街渠中種蓮疊石，頗有幽致，偶題小樓》、《晚春閑居，楊工部寄詩，楊常州寄茶同到，因以長句答之》、《玉泉寺南三里澗下多深紅躑躅，繁艷殊常，感惜題詩，以示遊者》、《早服雲母散》、《三月晦日晚聞鳥聲》、《早夏遊平原迴》、《宿天竺寺迴》、《侍中晉公欲到東洛，先蒙書問，期宿龍門，思往感今，輒獻長句》、《奉和晉公侍中，蒙除留守，行及洛師，感悅發中，斐然成詠》、《送劉五司馬赴任硤州兼寄崔使君》、《菩提寺上方晚眺》、《讀老子》、《讀莊子》、《讀禪經》、《問鶴》、《代鶴答》、《喜閑》、《詩酒琴人，例多薄命，予酷好三事，雅當此科，而所得已多，爲幸斯甚，偶成狂詠，聊寫愧懷》、《寄明州于駙馬使君三絕句》、《閑臥》、《春早秋初因時卽事兼寄浙東李侍郎》、《新秋喜涼》、《哭崔二十四常侍》、《奉酬侍中夏中雨後遊城南莊見示八韻》、《送兗州崔大夫駙馬赴鎭》、《少年問》、《問少年》、《代琵琶弟子謝女師曹供奉寄新調弄譜》、《代林園戲贈》、《戲答林園》、《重戲贈》、《重戲答》、《早秋登天宮寺閣贈諸客》、《曉上天津橋閑望偶逢盧郎中張員外攜酒同傾》、《八月十五日夜同諸客玩月》、《對晚開夜合花贈皇甫郎中》、《醉遊平泉》、《題贈平泉韋徵君拾遺》、《和韋庶子遠坊赴宴未夜先歸之作兼呈裴員外》、《酬皇甫郎中對新菊花見憶》、《夜宴醉後留獻裴侍中》、《集賢池答侍中問》、《楊柳枝二十韻》、《答皇甫十郎中秋深酒熟見憶》、《老去》、《送宗實上人遊江南》、《和同州楊侍郎誇柘枝見寄》、《冬初酒熟二首》、《冬日平泉路晚歸》、《劉蘇州寄釀酒糯米，李浙東寄楊柳枝舞衫，偶因嘗酒試衫輒成長句寄謝之》、《除夜言懷兼贈張常侍》、《初冬即事憶皇甫十》等詩。

七月，劉禹錫自蘇州刺史移任汝州刺史。

七月，楊汝士爲同州刺史。九月，鄭澣爲河南尹。十月，山南西道節度使李宗閔同平章事。罷李德裕爲山南西道節度使，改兵部尙書。十一月，出兵部尙書李德裕檢校右僕射、充鎭海軍節度使、浙江西道觀察等使。十二月，楊虞卿自常州刺史遷工部侍郎。張仲方爲左散騎常侍。裴潾爲華州鎭國軍防禦使。

【箋證】

《唐故溧水縣令太原白府君墓誌銘并序》（卷七〇）：「公諱季康，字某，太原人。……歷華州下邽尉、懷州河內丞、徐州彭城令、江州尋陽令、宿州虹縣令、宣州溧水令，歿於官舍。明年某月某日歸葬於華州下邽縣某鄉某原，享年若干。……公前夫人河東薛氏，先公若干年而歿。生二子一女，女號鑒虛，未笄出家。長子某，杭州於潛尉。次子某，睦州遂安尉。後夫人高陽敬氏，父諱某，某官。生一子二女，女皆早夭，子曰敏中，進士出身，前試大理評事，歷河東、鄭滑、邠寧三府掌記。……夫人以大和七年正月某日寢疾，終於下邽別墅，享年若干。……」按：《陳譜》大和八年甲寅：「是歲有《溧水令白君墓誌銘》。府君名季康，敏中之父。至今溧水城隍神相傳爲白君也。」《景定建康志》卷四九：「白季康，太原人，爲溧水令。溫恭誠信，爲官貞白嚴重，見知於郡守，流譽於朋僚。既歿，邑人祀之，至今不廢。從姪居易嘗誌其墓。宰相敏中，季康之子也。」又按：《文苑英華辨證》卷四：「白居易《溧水令白府君誌》：『歷泗州虹縣令。』『泗』，集作『宿』，按《唐志》，元和四年，始析泗州之虹置宿州。大和三年廢，七年復置。時白府君卒於大和八年，未審何時爲虹令也。」《墓誌》謂「夫人以大和七年正月某日寢疾，終於下邽別墅」，未詳季康之卒年，《辨證》謂卒於大和八年，誤。

《張常侍相訪》詩（卷二九）：「西亭晚寂寞，鶯散柳陰繁。水戶簾不卷，風牀席自翻。忽聞車馬客，來訪蓬蒿門。況是張常侍，安得不開樽。」按：「張常侍」爲張仲方。《舊唐書・文宗紀》：「（大和七年三月）壬辰，以左散騎常侍張仲方爲太子賓客分司。……（大和八年十二月）己丑，以太子賓客分司張仲方爲左散騎常侍。」則白氏作此詩時，仲方猶官太子賓客分司。

《思舊》詩（卷二九）云：「退之服流黃，一病訖不痊。微之鍊秋石，未老身溘然。杜子得丹訣，終日斷腥羶。崔君誇藥力，經冬不衣綿。或疾或暴夭，悉不過中年。」按：「退之服流黃，一病訖不痊」二句，歷來聚訟紛紜，或謂指韓愈，或謂指衞中立。謂昌黎服食硫黃之說始於陶穀《清異錄》卷一云：「昌黎公愈晚年頗親脂粉，故事：服食用硫黃末攪粥飯啖雞男，不使交，千日烹庖名火靈庫。公間日進一隻焉。始亦見功，終致絕命。」葛立方《韻語陽秋》卷六亦引白氏此詩，謂昌黎服食至死。謂服食硫黃係衞中立者，如清汪師韓《韓門綴學》卷五云：「《孔毅夫雜說》稱退之晚年有聲妓而服金石藥，引張文昌詩云：『爲出二侍女，合彈琵琶箏。』白香山詩云：『退之服硫黃，一病訖不痊。』謂退之嘗譏人不解文字飲，而自敗於女妓，作《李博士墓誌》戒人服金石藥而自餌硫黃。《陳后山詩話》亦同。俗人故援此爲口實也。嘗考韓公二妾號絳桃、柳枝者，僅見王讜《唐語林》及《邵氏聞見錄》（原注：《聞見錄》作「倩桃、風柳」），其引《韓集》詩云：『不見園花并巷柳，馬頭惟有月團團。』以爲寄意二姝之作。又云：『別來楊柳街頭樹，擺亂春風只欲飛。』并疑柳枝有踰垣追獲之事。竊謂絳桃、柳枝之名，亦由詩中有園花巷柳楊柳桃李之字（原注：因詩云「惟有小園桃李在」，遂以桃爲絳桃。）設爲之名，而文昌所指二侍女者，侍女而已矣，何必傳其名哉！文昌承韓公指教，相知最深，是以文酒之會，得見其侍女，於其沒也，敍交契之踰等至乎此，而豈攻詰其短歟？不然，博塞之戲，無實之談，文昌猶致書悻悻焉，何獨於聲妓隱而不言？至白傅《思舊》一詩，則呂汲公嘗明之云：衞中立，字退之，餌奇藥求不死而卒死。

樂天所指服硫黃而一病不痊者，乃中立也。《唐語林》又言：『韓愈病卒，召羣僚曰：吾不藥，今將死矣。汝詳視吾手足肢體，無誑人云。』夫韓公之行事，則新、舊《唐書》載之矣，其言則本集傳之矣，文人樂聞邪說，以誣謗前賢。」盧文弨《抱經堂文集》卷十一《書韓門綴學後》贊同汪說云：「其引呂汲公之言，謂白香山詩所云『退之服硫黃，一病訖不痊』，乃衞中立，其字與昌黎同耳。又引《唐語林》，言『文公病將卒，召羣僚曰：吾不藥，今將病死矣。汝詳視吾手足肢體，無誑人云』，此尤可爲確證，一洗《孔毅夫雜說》、《陳後山詩話》之誣。而絳桃、柳枝之名，謂皆出於傅會，其論甚快。」錢大昕《十駕齋養新錄》卷十六云：「白樂天詩：『退之服硫黃，一病訖不痊。』後人因以爲昌黎晚年惑金石藥之證。頃閱洪慶善《韓子年譜》，有方崧卿辯證一條云：《衞府君墓誌》：今本作衞之元，其實中立也。衞晏三子：長之元，字造微；次中立，字退之；次中行，字大受。誌首云兄弟三人，後只云與弟中行別，則其爲中立誌無疑。中立餌奇藥，求不死，而卒死。樂天詩謂『退之服硫黃』者，乃中立也。近世李季可謂公長慶三年作《李干墓誌》，力詆六七公皆以藥敗，明年則公卒，豈咫尺之間身試其禍哉！」徐經《雅歌堂甃坪詩話》卷二所論亦與汪氏、錢氏之說同。此爲昌黎辯護，均韓門衞道者腐論，是誠如胡震亨《唐詩談叢》（卷一）所云「退之亦文士雄耳，近被腐老生因其闢老釋硬推入孔家廡下，翻令一步挪動不得也。」考陳寅恪《元白詩箋證稿·附論·白樂天之思想行爲與佛道關係》云：「樂天之舊友至交，而見於此詩之諸人，如元稹、杜元穎、崔羣，皆當時宰相藩鎮大臣，且爲文學詞科之高選，所謂第一流人物也。若衞中立則既非由進士出身，位止邊帥幕寮之末職，復非當日文壇之健者，斷無與微之諸人並述之理。然則此詩中之退之，固舍昌黎莫屬矣。方崧卿、李季可，錢大昕諸人雖意在爲賢者辯護，然其說實不能成立也。考陶穀《清異錄》貳載昌黎以硫黃飼雞男食之，號曰『火靈庫』。陶爲五代時人，距元和、長慶時代不甚遠，其說當有所據。至昌黎何以如此言行相矛盾，則疑當時士大夫爲聲色所累，卽自號超脫，亦終不能免。」陳氏所論良是。然謂此詩「崔君誇藥力」句中之「崔君」卽崔羣仍有未諦。蓋此詩下句又云：「經冬不衣綿。」白氏《崔玄亮墓誌銘》（卷七〇）云：「公夙黃、老之術，齋心受籙，伏氣鍊形，暑不流汗，冬不挾纊。……」可知「崔君」乃崔玄亮也。又按：「杜子得丹訣，終日斷腥羶」二句，元穎大和三年十二月自劍南西川節度使貶爲循州司馬。六年卒於貶所。見《舊唐書》卷一六三、《新唐書》卷九六本傳、《舊唐書·文宗紀》。「崔君誇藥力，經冬不衣綿」二句，崔玄亮卒於大和七年七月十一日。見白氏《崔玄亮墓誌銘》（卷七〇）。又白氏《感事詩》（卷三三）云：「服氣崔常侍，燒丹鄭舍人。常期生羽翼，那忽化灰塵。」亦指玄亮。

《寄盧少卿》詩（卷二九）云：「寄問盧先生，此理當何如？」按：「盧少卿」疑爲盧貞。白居易與盧貞有唱和，或卽其人。《舊唐書·文宗紀》：「（開成四年正月）丙午，以大理卿盧貞爲福建觀察使。」盧貞任大理卿前之官職，史無明文，或卽大理少卿之類。白氏此詩作於大和末，與盧貞「少卿」身份正合。貞會昌初爲河南尹，卽白詩中之「盧尹中丞」是也。

《池上清晨候皇甫郎中》詩(卷二九)云:「何人擬相訪?嬴女從蕭郎。」按:「皇甫郎中」爲皇甫曙。字朗之,居易之親家翁。歷河南少尹、絳州刺史、澤州刺史等官。白氏《答皇甫十郎中秋深酒熟見憶》詩(卷三二)中之「皇甫十郎中」,《龍門送別皇甫澤州赴任韋山人南遊》詩(卷三二)中之「皇甫澤州」,《閑吟贈皇甫郎中親家翁》詩(卷三四)中之「皇甫郎中親家翁」,《詠懷寄皇甫朗之》詩(卷三四)中之「皇甫朗之」,劉禹錫《送河南皇甫少尹赴絳州》、《酬皇甫十少尹暮秋久雨喜晴有懷見示》詩中之「皇甫少尹」、「皇甫十少尹」,均指皇甫曙。

《雪中晏起偶詠所懷,兼呈張常侍韋庶子皇甫郎中》詩(卷三〇)云:「不知張韋與皇甫,私喚我作何如人?」按:「張常侍」爲張仲方。見前「箋證」。「韋庶子」爲韋縝。據白氏《二月一日作贈韋七庶子》詩(卷三十),可知「韋庶子」即「韋七」。又據白氏《韋七自太子賓客再除祕書監,以長句賀而餞之》詩(卷三二)及《舊唐書·文宗紀》:「(大和九年八月)戊寅,以祕書監鄭覃爲刑部尚書。……(開成元年正月)丁未,以祕書監韋縝爲工部尚書。」則知韋縝除祕書監乃鄭覃之後任。「皇甫郎中」爲皇甫曙。見前「箋證」。

《菩提寺上方晚望香山寺寄舒員外》詩(卷三〇)云:「曾憶舊遊無?香山明月夜。」按:「舒員外」爲舒元輿。元輿大和七年自洛陽赴京,據白氏此詩可知大和八年元輿已在長安。

《題令狐家木蘭花》詩(卷三一):「膩如玉指塗朱粉,光似金刀剪紫霞。從此時時春夢裏,應添一樹女郎花。」按:「令狐家」指洛陽令狐楚家。李商隱有《木蘭》及《木蘭花》兩詩(見馮浩《玉谿生詩箋注》卷二),均係寓意令狐之作，可與此詩參證。
《晚春閑居，楊工部寄詩，楊常州寄茶同到，因以長句答之》詩（卷三一）云：「兄弟東西官職冷，門前車馬向誰家？」按：「楊工部」爲楊汝士。《舊唐書·文宗紀》：「（大和七年四月）庚辰，以工部侍郎李固言爲右丞，中書舍人楊汝士爲工部侍郎。……（八年）秋七月庚戌朔，丙辰，以工部侍郎楊汝士爲同州刺史。」《舊傳》同。參見白氏《和楊同州寒食乾坑會後，聞楊工部欲到，知予與工部有宿酲》詩（卷三二）。「楊常州」爲楊虞卿。《咸淳毘陵志》卷七《秩官》：「楊虞卿，字師皋，弘農人。累遷給事中，出爲常州刺史。」未載刺常州之時間。《常州府志》卷十三《職官》謂虞卿寶曆時刺常州，蓋誤。

《侍中晉公欲到東洛，先蒙書問，期宿龍門，思往感今，輒獻長句》詩（卷三一）云：「聞說風情筋力在，只如初破蔡州時。」按：「侍中晉公」爲裴度。大和八年三月爲東都留守。

《送劉五司馬赴任硤州，兼寄崔使君》詩（卷三一）云：「位下才高多怨天，劉兄道勝獨恬然。」按：「劉五司馬」，名未詳。疑與卷十二《醉後走筆酬劉五主簿長句之贈兼簡張大賈二十四先輩昆季》詩中之「劉五主簿」爲同一人。

《寄明州于駙馬使君三絕句》詩之一（卷三二）云：「近海饒風春足雨，白鬚太守悶時多。」按：「明州于駙馬使君」爲明州刺史于季友。于頔第四子（《新唐書》卷一七二《于頔傳》作第二子），尚憲宗長女永昌公主。見

《舊唐書》卷一五六《于頔傳》。《新唐書》卷四一《地理志》江南道明州鄮縣：「西南四十里有仲夏堰，溉田數千頃，大和六年刺史于季友築。」《明統志》卷四六《寧波府》：「于季友，大和中明州刺史，於州城西南四十里築仲夏堰，溉田至數千頃。」

《春早秋初，因時卽事，兼寄浙東李侍郎》詩（卷三二）云：「四時新景何人別？遙憶多情李侍郎。」按：「浙東李侍郎」爲李紳。《舊唐書·文宗紀》：「（大和七年閏七月）癸未，以太子賓客李紳檢校左散騎常侍、兼越州刺史、充浙東觀察使代陸亘。……（九年）五月乙巳朔，丁未，以浙東觀察使李紳爲太子賓客分司東都。」《舊傳》作「七月」，誤。又《全唐文》卷六九四李紳《龍宮寺碑》云：「太（大）和癸丑歲，余自分命洛陽，承詔以檢校左騎省廉察於茲。」《全唐詩》卷四八二李紳《宿越州天王寺序》云：「大和八（按：「八」爲「九」字之訛）年，自浙東觀察使又除太子賓客分司東都。」則白氏此詩作於大和八年，時間正合。並參見白氏《酬李二十侍郎》（卷三一）、《新亭病後獨坐招李侍郎公垂》（卷三三）、《歎春風兼贈李二十侍郎》（卷三三）　看夢得題答李侍郎詩，詩中有文星之句，因戲和之》（卷三四）等詩。

《哭崔二十四常侍》詩（卷三二）云：「莫道高風無繼者，一千年內有崔君。」按：「崔二十四常侍」爲崔咸。字重易，卒於大和八年十月。《舊唐書》卷一九〇下本傳云：「入爲右散騎常侍，祕書監，大和八年十月卒。」《舊唐書·文宗紀》：「（大和八年十月）己丑，祕書監崔威卒。」（按：「威」爲「咸」字之訛文，《舊紀》誤。）白氏《祭崔常侍文》(卷七〇)云:「維大和九年歲次乙卯二月丙午(按:「丙午」爲「丙子」之訛)朔七日壬午,中大夫、守太子賓客分司東都、上柱國,賜紫金魚袋白居易,謹以淸酌庶羞之奠,敬祭於故祕書監贈禮部尙書崔公,……」此「崔常侍」卽指崔咸。又元和十一年作於江州之《惜落花贈崔二十四》詩(卷十六)亦係酬咸之作。

《送兗州崔大夫駙馬赴鎭》詩(卷三二):「咸里誇爲賢駙馬,儒家認作好詩人。魯侯不得辜風景,沂水年年有暮春。」按:「兗州崔大夫駙馬」爲崔杞。《舊唐書·文宗紀》:「(大和八年三月)丙子,以右丞李固言爲華州刺史代崔戎,以戎爲兗海觀察使。……(六月)庚子,兗海觀察使崔戎卒。……戊申,以將作監駙馬都尉崔杞爲兗海沂密觀察使。」可知崔杞卽崔戎之後任。馮浩《樊南文集詳注》誤以白氏此詩所指爲崔戎,張采田已辨其非是,其所撰之《玉谿生年譜會箋》卷一云:「杞以駙馬都尉代崔戎鎭兗海,香山所送者必卽此人。馮氏疑爲崔戎,蓋未見此《(舊)紀》文耳。」張氏所考亦與劉師培同,劉氏《左盦集》卷八《樊南文集詳注書後》云:「桐鄉馮浩《樊南文集詳注》於唐代史乘徵引靡遺,惟樊南《爲安平公謝除兗海觀察使表》注補云:『《白香山後集·送兗州崔大夫駙馬赴鎭》:咸里誇爲賢駙馬,儒家認作好詩人。魯侯不得辜風景,沂水年年有暮春。按此詩年時姓地皆可相合,則崔大夫頗疑卽是崔戎,但駙馬之稱,本集中不一敍及。《舊書》既無可徵,《新書·公主表》亦無此下嫁之主,白公只此一絕,更無他篇取證。』按:馮氏所疑非是。《舊唐書·本紀》:『太(大)和八年三月,以崔戎爲兗海觀察使。』沈氏《新唐書方鎭表考證》云:『太(大)和八年廢沂海節度使爲觀察使，崔戎拜，尋卒，崔杞代。」是崔戎、崔杞均鎮沂海，《李集》所言乃崔戎也，《白集》所言乃崔杞也。《新唐書．公主傳》云：「順宗女東陽公主始封信安郡主，下嫁崔杞。」此杞爲駙馬之證。《新唐書．宰相世系表》云：「崔戎，字可大，兗海觀察使，安平縣公。杞，駙馬都尉。」此崔戎封安平之證，惟《表》不載杞鎮沂海，則《新書》之疏。又考《世系表》崔姓世系，則杞、戎同出博陵，杞係二房，戎係大房，皆爲崔懿之後。以行輩推之，戎於杞爲族曾孫，特出鎮沂海則戎先而杞後，惜乎馮氏未諳也。」

《曉上天津橋閑望，偶逢盧郎中張員外，攜酒同傾》詩(卷三二)云：「此處相逢傾一盞，始知地上有神仙。」按：「盧郎中」爲盧簡求。白氏《送盧郎中赴河東裴令公幕》詩(卷三三)中所指當係同一人。簡求入裴度東都、大原幕時地均合。《舊唐書》卷一六三《盧簡辭傳》：「簡求字子臧，長慶元年登進士第，釋褐江西王仲舒從事。又從元稹爲浙東、江夏二府掌書記。裴度鎮襄陽，保釐洛都，皆辟爲賓佐，奏殿中侍御史，入朝拜監察。裴度鎮太原，復奏爲記室，入爲殿中，賜緋。牛僧孺鎮襄、漢，辟爲觀察判官，入爲水部、戶部二員外郎。」惟簡求在東都太原幕時，官非郎中，與此詩題不合，疑當時或帶有檢校郎中之銜也。「張員外」爲司封員外郎張可續。參見白氏《開成三年三月三日河南尹李待價以人和歲稔將禊於洛濱》詩(卷三三)及《郎官考》卷六《司封員外郎》。

《和同州楊侍郎誇柘枝見寄》詩(卷三二)：「細吟馮翊使君詩，憶作餘杭太守時。君有一般輸我事，《柘枝》

看校十年遲。」按：「同州楊侍郎」爲楊汝士。《舊唐書．文宗紀》：「(大和八年七月)丙辰，以工部侍郎楊汝士爲同州刺史。……(九年九月)辛亥，以太子賓客分司東都白居易爲同州刺史代楊汝士，以汝士爲駕部侍郎。」據《舊傳》，開成元年七月，汝士自戶部侍郎轉兵部侍郎。白氏《寄楊六侍郎》詩(卷三二)自注：「時楊初授戶部，予不赴同州。」則《舊紀》所云「駕部」當爲「戶部」之誤。

《劉蘇州寄釀酒糯米，李浙東寄楊柳枝舞衫，偶因嘗酒試衫，輒成長句寄謝之》詩(卷三一)：「《柳枝》慢踏試雙袖，桑落初香嘗一盃。金屑醅濃吳米釀，銀泥衫穩越娃裁。舞時已覺愁眉展，醉後仍教笑口開。慚愧故人憐寂寞，三千里外寄歡來。」按「劉蘇州」爲蘇州刺史劉禹錫。禹錫大和五年十月赴蘇州任，大和八年七月自蘇州轉汝州。「李浙東」爲李紳。《舊唐書．文宗紀》：「(大和七年閏七月)癸未，以太子賓客李紳檢校左散騎常侍、兼越州刺史、充浙東觀察使代陸亘。……(九年)五月乙巳朔，丁未，以浙東觀察使李紳爲太子賓客分司東都。」

大和九年乙卯(八三五)，六十四歲。

在洛陽，爲太子賓客分司。春，自洛陽西遊，過稠桑、壽安、同州，至下邽渭村小住，約三月末返洛陽。夏，旱熱，憶楊虞卿，有詩。(時楊虞卿自京兆尹貶虔州司馬，故《何處堪避暑》詩云：「如何三伏月，楊尹謫虔州。」)九月，代楊汝士爲同州刺史，辭疾不赴。十月，改授太子少傳分司東都，進封馮翊縣開國侯。（按：《舊唐書·白居易傳》及《汪譜》俱誤作開成元年。）十一月二十一日，甘露變起，感而賦詩。冬，女阿羅嫁談弘謩。是年，自編《白氏文集》六十卷，計詩文二千九百六十四篇，藏於廬山東林寺。有《唐故虢州刺史贈禮部尚書崔公墓誌銘》、《祭崔常侍文》、《磐石銘》、《東林寺白氏文集記》及《裴侍中晉公以集賢林亭即事詩二十六韻見贈，猥蒙徵和，才拙詞繁，輒廣爲五百言，以伸酬獻》、《晚歸香山寺因詠所懷》、《張常侍池涼夜閑讌贈諸公》、《和皇甫郎中秋曉同登天宮閣言懷六韻》、《送呂漳州》、《短歌行》、《詠懷》、《題裴晉公女几山刻石詩後》、《覽鏡喜老》、《對琴酒》、《春寒》、《二月一日作贈韋七庶子》、《犬鳶》、《夢劉二十八因詩問之》、《閑吟》、《西行》、《東歸》、《途中作》、《小臺》、《睡後茶興憶楊同州》、《題文集櫃》、《旱熱二首》、《偶作二首》、《池上作》、《何處堪避暑》、《詔下》、《七月一日作》、《開襟》、《自賓客遷太子少傅分司》、《自在》、《詠史》、《因夢有悟》、《閑臥有所思二首》、《初夏閑吟兼呈韋賓客》、《寄李相公》、《利仁北街作》、《洛陽堰閑行》、《過永寧》、《往年稠桑曾喪白馬，題詩廳壁，今來尚存，又復感懷，更題絕句》、《羅敷水》、《和楊同州寒食乾坑會後，聞楊工部欲到，知予與工部有宿酲》、《和楊同州寒食乾坑會後，聞楊工部欲到，予與工部有敷水之期，榮喜雖多，歡宴且阻，辱示長句，因而答之》、《和劉汝州酬侍中見寄長句，因書集賢坊勝事，戲而問之》、《池上二絶》、《白羽扇》、《五月齋戒，罷宴徹樂，聞韋賓客皇甫郎中飲會亦稀，又知欲攜酒饌出齋，先以長句呈謝》、《閑園獨賞》、《種柳三詠》、《偶吟》、《池上卽事》、《南塘暝興》、《小宅》、《諭親友》、《龍門送別皇甫澤州赴任韋山人南遊》、《詔授同州刺史，病不赴任，因詠所懷》、寄楊六侍郎》、《韋七自太子賓客再除祕書監以長句賀而餞之》、《酒熟憶皇甫十》、《九年十一月二十一日感事而作》、《卽事重題》、《將歸渭村先寄舍弟》、《看嵩洛有歎》、《詠懷》、《從同州刺史改授太子少傅分司》、《奉和裴令公新成午橋莊綠野堂卽事》、《喜見劉同州夢得》、《宿香山寺酬廣陵牛相公見寄》、《送張常侍西歸》、《和河南鄭尹新歲對雪》、《醉中見微之舊卷有感》、《西還壽安路西歇馬》、《壽安歇馬重吟》、《池畔閑坐兼呈侍中》、《別楊同州後却寄》、《狐泉店前作》、《贈盧績》、《與裴華州同過敷水戲贈》、《閑遊》等詩。

十月，劉禹錫自汝州刺史移任同州刺史，代白居易。

二月，庾敬休卒。四月，浙江西道觀察使賈餗爲中書侍郎、同中書門下平章事。工部侍郎楊虞卿爲京兆尹。浙西觀察使李德裕爲太子賓客分司東都，再貶袁州長史。五月，浙東觀察使李紳爲太子賓客分司東都。六月，貶李宗閔爲明州刺史。七月，以汝州刺史郭行餘爲大理卿。貶李宗閔黨楊虞卿爲虔州司馬，再貶虔州司戶。以右司郎中兼侍御史知雜事舒元輿爲御史中丞。八月，蘇州刺史盧周仁爲湖南觀察使。九月，楊汝士自同州刺史入爲戶部侍郎。（按《舊唐書·文宗紀》誤爲「駕部侍郎」。）舒元輿、李訓同中書門下平章事。十月，加裴度中書令。十一月二十一日，宰相李訓、舒元輿及鄭注等謀誅宦官，左神策軍中尉仇士良殺李訓、舒元輿、王涯、賈餗、鄭注、王璠、郭行餘、李孝本、羅立言、韓約等，史稱「甘露之變」。鄭覃、李石同中書門下平章事。是年歲暮，楊虞卿卒於虔州。（《陳譜》謂卒於開成元年，誤。此據張采田《玉谿生年譜會箋》。）

【箋證】

《祭崔常侍文》（卷七〇）：「維大和九年歲次乙卯，二月丙子朔七日壬午，中大夫、守太子賓客分司東都、上柱國、賜紫金魚袋白居易謹以淸酌庶羞之奠敬祭於祕書監、贈禮部尙書崔公……嗚呼重易！平生嗜酒，奠筵一酌，可得而歆乎？嗚呼哀哉，伏惟尙饗！」按：「崔常侍」爲崔咸。見前「箋證」。

《裴侍中晉公以集賢林亭即事詩二十六韻見贈，猥蒙徵和，才拙詞繁，輒廣爲五百言，以伸酬獻》詩（卷二九）云：「三江路萬里，五湖天一涯。何如集賢第，中有平津池？……」按「裴侍中晉公」爲裴度。大和八年三月，以本官判東都尙書省事、充東都留守。九年十月，進位中書令。見《舊唐書》卷一七〇本傳、《文宗紀》。又按：裴度集賢坊宅第在洛陽長夏門之東第三街。《舊唐書》卷一七〇《裴度傳》：「東都立第於集賢里，築山穿池，竹木叢萃，有風亭水榭，梯橋架閣，島嶼迴環，極都城之勝概。」《張常侍池涼夜閑讌贈諸公》詩（二九）云：「清涼屬吾徒，相逢勿辭醉。」按：「張常侍」爲張仲方。見前「箋證」。

《送呂漳州》詩（卷二九）云：「今朝一壺酒，言送漳州牧。」按：「呂漳州」，名未詳。《古今圖書集成》卷一一〇四《職方典・漳州府部・雜錄》云：「白居易《長慶集・送呂漳州》詩：『今朝一壺酒，言送漳州牧。……獨醉似無名，借君作題目。』詩意自豪，但遺其名。……唐事已如晨星，載以待考。」清《漳州府志》卷八《秩官志》一云：「呂某，失名。白居易《長慶集》有《送呂漳州牧》詩。」考元稹《酬哥舒大少府寄同年科第》詩注：「同年科第：宏詞呂二炅、王十一起，拔萃白二十二居易，平判李十一復禮、呂四頻（潁）、哥舒大烜、崔十八玄亮逮不肖八人，皆奉榮養。」呂漳州或卽呂炅、呂潁兄弟中之一人。

《夢劉二十八因詩問之》詩（卷三〇）云：「昨夜夢夢得，初覺思踟躕。忽忘來汝郡，猶疑在吳都。」按：「劉二十八」爲劉禹錫。禹錫大和八年自蘇州移汝州，大和九年十月又自汝州移刺同州，見劉禹錫《汝洛集引》及《舊唐書・文宗紀》，故此時仍在汝州任。

《西行》詩（卷三〇）云：「衣裘不單薄，車馬不羸弱。藹藹三月天，閑行亦不惡。」按：此詩作於自洛陽至下邽途中。是年春白氏作《將歸渭村先寄舍弟》詩（卷三二）云：「爲報阿連寒食下，與吾釀酒掃柴扉。」《東歸》詩（卷三〇）云：「殘春三百里，送我歸東都。」可知約在三月末自下邽返洛陽。

《何處堪避暑》詩(卷三〇)云:「如何三伏月,楊尹謫虔州。」按:「楊尹」即楊虞卿。《舊唐書·文宗紀》:「(大和九年四月)辛卯,以京兆尹賈餗爲浙西觀察使,以工部侍郎楊虞卿爲京兆尹。……秋七月甲申朔,貶京兆尹楊虞卿爲虔州司馬。」《舊唐書》卷一七六本傳云:「九年四月拜京兆尹。其年六月,京師訛言:鄭注爲上合金丹,須小兒心肝,密旨捕小兒無算,民間相告語,扃鎖小兒甚密,街肆恟恟。上聞之不悅,鄭注頗不自安。御史大夫李固言素嫉虞卿朋黨,乃奏曰:『臣昨窮問其由,此語出於京兆尹從人,因此扇於都下。』上怒,即令收虞卿下獄。虞卿弟漢公并男知進等八人自繫撾鼓訴寃。詔虞卿歸私第。翌日,貶虔州司馬,再貶虔州司戶。卒於貶所。」

《自賓客遷太子少傅分司》詩(卷三〇)云:「頭上漸無髮,耳間新有毫。形容逐日老,官秩隨年高。……」按:《舊唐書·文宗紀》:「(大和九年十月)乙未(二十三日),以新授同州刺史白居易爲太子少傅,以汝州刺史劉禹錫爲同州刺史。」又考劉禹錫有《彭陽唱和集後引》:「開成元年,公鎭南梁,予以太子賓客分司東都。」劉氏又有《汝洛集引》:「大和八年,予自姑蘇轉臨汝,樂天罷三川守,復以賓客分司東都。未幾有詔領馮翊,辭不拜職,授太子少傅分務,以遂其高。時予代居左馮。明年,予罷郡,以賓客入洛。」所敍與《舊紀》合。《汪譜》繫此詩於開成元年,蓋誤。

《詠史》詩(卷三〇):「秦磨利刀斬李斯,齊燒沸鼎烹酈其。可憐黃綺入商洛,閑臥白雲歌《紫芝》。彼爲葅醞機上盡，此作鸞鳳天外飛。去者逍遙來者死，乃知禍福非天爲。」自注：「九年十一月作。」按：此詩蓋爲大和九年十一月甘露之變而作。詳見《舊唐書》卷一六九《李訓傳》。

《寄李相公》詩(卷三二)：「漸老只謀歡，雖貧不要官。唯求造化力，試爲駐春看。」按：「李相公」爲李宗閔。《新唐書》卷六三《宰相表》下：「(大和八年)十月庚寅，李宗閔守中書侍郎、同平章事。」《舊紀》同。

《利仁北街作》詩(卷三二)：「草色斑斑春雨晴，利仁坊北面西行。踟蹰立馬緣何事？認得張家歌吹聲。」按：利仁北街在洛陽長夏門之東第五街利仁坊。詩云：「認得張家歌吹聲」，蓋指張擇家也。徐松《兩京城坊考》卷五：「居易《利仁北街》詩云：『草色斑斑春雨晴，利仁坊北面西行。踟蹰立馬緣何事？認得張家歌吹聲。』按：所謂張家者，疑卽擇之後人。擇終於天寶十三載，不與白傅同時。」徐氏之說良是。白氏《唐故通議大夫和州刺史吳郡張公(擇)神道碑銘》(卷四一)云：「終於東都利仁里私第。」可證。

《路逢青州王大夫赴鎭立馬贈別》詩(卷三二)云：「不欺前歲尹，駐節語依依。」自注：「前年春，予爲河南尹，王爲少尹。」按：「青州王大夫」爲王彥威。劉禹錫《唐故監察御史贈尙書右僕射王公(俊)神道碑銘》：「季子彥威，字子美。……以直諫出爲河南少尹，入爲少府監，司農卿，改淄青節度使。……出爲衞尉卿分司東都。尋起爲陳許節度使。……」《舊唐書》卷一五七本傳：「李宗閔重之，旣秉政，授青州刺史、兼御史大夫、充平盧軍節度、淄青等觀察使。」《舊唐書·文宗紀》：「(大和九年)二月丙子朔，甲申(九日)，以司農卿王彥威兼御史大夫、充平盧軍節度使。」則知彥威赴鎮必在是年二月末或三月初，中途與居易相遇也。

《和楊同州寒食乾坑會後，聞楊工部欲到，知予與工部有宿酲》詩（卷三二）云：「宿酲無興味，先是肺神知。」按：「楊同州」爲同州刺史楊汝士。見前「箋證」。「楊工部」爲楊虞卿。《舊唐書》卷一七六《楊虞卿傳》：「（大和）八年，宗閔復入相，尋招爲工部侍郎。」《舊唐書·文宗紀》：「（大和八年十二月）己丑（十三日），以太子賓客分司張仲方爲左散騎常侍，常州刺史楊虞卿爲工部侍郎。」故知虞卿至長安時必已爲九年春。又按：金澤文庫本卷六五載有白氏《和楊同州寒食乾坑會後，聞楊工部欲到，知予與工部有敷水之期，榮喜雖多，歡宴且阻，辱示長句，因而答之》詩云：「往來東道千餘騎，新舊西曹兩侍郎。（原注：去年兄自工部拜同州，今年弟從常州拜工部。）家占冬官傳印綬，路逢春日助恩光。停留五馬經寒食，指點三峯過故鄉。猶恨乾坑敷水會，差池歸雁不成行。」與此詩可互相參證。乾坑在同州西三十里，見《元和郡縣志》卷二《關內道》二。

《和劉汝州酬侍中見寄長句，因書集賢坊勝事戲而問之》詩（卷三二）云：「洛川汝海封畿接，履道集賢來往頻。」按：「劉汝州」爲汝州刺史劉禹錫。《舊唐書》卷一六〇、《新唐書》卷一六八《劉禹錫傳》、劉禹錫《子劉子自傳》均未載禹錫移汝年月。《姑蘇志·古今守令表上·唐刺史》謂劉禹錫大和八年移汝州，亦未詳何月。劉禹錫《汝洛集引》亦云「大和八年，予自姑蘇轉臨汝」。考禹錫《別蘇州二首》詩云：「三載爲吳郡，臨期祖帳開。」又云：「流水閶門外，秋風吹柳條。」劉禹錫《汝州刺史謝上表》云：「伏奉去年七月十四日詔書，授臣使持節汝州諸軍事、守汝州刺史。……」文中之「年」字當係傳刻之誤，則知禹錫大和八年七月離蘇去汝，與《別蘇州》詩季節正合。又《舊唐書・文宗紀》：「(大和九年十月)乙未，……以汝州刺史劉禹錫爲同州刺史。」則白氏此詩必作於是年春間。

《偶吟》詩(卷三二)云：「韋荆南去留春服，王侍中來乞酒錢。」按：「韋荆南」爲韋長。《舊唐書・文宗紀》：「(大和七年八月)戊申，以京兆尹韋長兼御史大夫。……(開成三年正月)丁丑，以前荆南節度使韋長爲河南尹。」吳廷燮《唐方鎮年表》據以繫韋長節度荆南在大和八年。又《舊唐書》卷一六九《賈餗傳》云：「(大和)八年十一月，遷京兆尹。」則賈餗當係韋長之後任。然據白氏此詩所云，則長之赴荆南似在九年春。「王侍中」爲王智興。大和初，以平李同捷有功，進位侍中。見《舊唐書》卷一五六、《新唐書》卷一七二本傳。又《舊唐書・文宗紀》：「(大和九年五月)癸酉，以河中節度使王智興爲宣武軍節度使，依前守太傅、兼侍中。」則白氏此詩必智興赴宣武任過洛時所作。

《龍門送別皇甫澤州赴任韋山人南遊》詩(卷三二)：「隼旗歸洛知何日？鶴駕還嵩莫過春。惆悵香山雲水冷，明朝便是獨遊人。」按：「皇甫澤州」爲澤州刺史皇甫曙。據白氏此詩，曙赴澤州任在大和九年秋。陸心源《唐文續拾》卷五錄皇甫曙《金剛經幢記》文後題曰：「開成元年歲次丙辰五月七日建，澤州刺史皇甫曙記」，與白詩時間相合。《唐詩紀事》云：「曙元和十一年，中書舍人李逢吉下登第。逢吉所擢多寒素，時有詩曰：『元和天子丙申年，三十三人同得仙。袍似爛銀文似錦，相將白日上青天。』是歲高湝第一人，劉端夫、李行方、周匡物、廖有方輩皆預選。寶曆間崔從鎮淮南，署爲行軍司馬。」《唐文續拾》小傳云：「曙元和十一年登第，寶曆間崔從鎮淮南，辟行軍司馬，開成間澤州刺史。」可知《唐文續拾》及《全唐詩》皇甫曙小傳均本之《唐詩紀事》。幷參見前「箋證」。「韋山人」爲韋楚。

《詔授同州刺史，病不赴任，因詠所懷》詩（卷三二）：「同州慵不去，此意復誰知？誠愛俸錢厚，其如身力衰。可憐病判案，何似醉吟詩！勞逸懸相遠，行藏決不疑。徒煩人勸諫，只合自尋思。白髮來無限，青山去有期。野心唯怕鬧，家口莫愁飢。賣却新昌宅，聊充送老資。」按：此詩《陳譜》繫於大和九年。《汪譜》繫於開成元年，非是。《舊唐書·文宗紀》：「（大和九年九月）辛亥，以太子賓客分司東都白居易爲同州刺史代楊汝士。……（十月）乙未，以新授同州刺史白居易爲太子少傅分司。以汝州刺史劉禹錫爲同州刺史。」可知居易除同州在大和九年，非開成元年。《汪譜》係承襲《舊唐書·白居易傳》「開成元年，除同州刺史」之誤。

《寄楊六侍郎》詩（卷三二）：「西戶最榮君好去，左馮雖穩我慵來。秋風一筯鱸魚鱠，張翰搖頭喚不迴。」自注：「時楊初授戶部，予不赴同州。」按：「楊六侍郎」爲楊汝士。見前「箋證」。《汪譜》繫此詩於開成元年，非是。《九年十一月二十一日感事而作》詩（卷三二）：「禍福茫茫不可期，大都早退似先知。當君白首同歸日，是我青山獨往時。顧索素琴應不暇，憶牽黃犬定難追。麒麟作脯龍爲醢，何似泥中曳尾龜？」自注：「其日獨遊香山寺。」按：此詩與《白集》同卷後一首《即事重題》及《詠史》（卷三〇）均爲感甘露之變而作。《東坡志林》：「樂天爲王涯所讒，謫江州司馬。甘露之禍，樂天在洛，適遊香山寺，有詩云：『當君白首同歸日，是我青山獨往時。』不知者以爲樂天幸之，樂天豈幸人之禍者哉！蓋悲之也。」《陳譜》大和九年乙卯：「又有《二十日獨遊香山感事》詩云：『當君白首同歸日，是我青山獨往時。』時新有甘露之禍。初江州之貶，王涯有力焉，說者因是謂公幸之，惟東坡蘇公云：『樂天豈幸人之禍者哉！蓋悲之也。』以愚觀之，其悲涯輩之禍，而幸己之不與者乎。鸞皇蓋自況也。公又嘗有詩云：『今日憐君嶺南去，當時笑我洛中來。』未知爲何人作，亦此意也。」明瞿佑《歸田詩話》卷上：「樂天晚年，優遊香山、綠野，近乎明哲保身者。甘露之禍，王涯、賈餗、舒元輿輩皆預焉。樂天有詩云：『當君白首同歸日，是我青山獨往時。』或謂樂天幸之，非也。樂天豈幸人之禍者哉！蓋悲之也。晉潘岳贈石崇有『白首同所歸』之句，及遭刑，俱赴東市。崇顧岳曰：『可謂白首同所歸矣。』樂天蓋用此事。」汪立名云：「按『白首同所歸』乃阮籍、石崇臨刑時語。太（大）和九年甘露事，李訓、鄭注、舒元輿、王涯、賈餗皆被害。味詩中同歸句，本就事而言，不專指王涯也。公自蘇州召還，秩位漸崇，見機引退，宦官之禍，固早計及者，何致追憾王涯。況公之還謫，本由宦官惡之，附宦官者成之，豈反以中人誅夷士大夫爲快？幸禍之說蓋出於章子厚，諺所謂以小人心度君子腹耳。」以上各家之說均本之東坡，其中尤以汪氏之說爲長，惟汪氏誤潘岳爲阮籍。胡震亨《唐音癸籤》責東坡爲白氏曲諱，其論似苛。又宋馬永卿《嬾眞子》卷四云：「『禍福茫茫不可期，……何似泥中曳尾龜？』」右白樂天《遊玉泉寺》詩。李訓、鄭注初用事，公知其必敗，輒自刑部侍郎乞分司而歸，時宰相王涯好琴，舒元輿好獵，故及之，而曳尾龜所以自喻也。龍醢事見《左氏》，麟脯事見《列仙傳》。」其說亦附會，況居易大和三年自刑部侍郎罷歸東都時，李訓等尚未用事，此詩係遊香山寺作，馬氏作「玉泉寺」，亦誤。

《從同州刺史改授太子少傅分司》詩（卷三三）云：「承華東署三分務，履道西池七過春。」按：居易大和三年春罷刑部侍郎歸洛，至大和九年十月授太子少傅分司，故曰「七過春」。《汪譜》繫此詩於開成元年，非是。

《宿香山寺酬廣陵牛相公見寄》詩（卷三三）云：「應須且爲蒼生住，猶去懸車十四年。」自注：「來詩云：『唯羨東都白居士，月明香積問禪師。』時牛相三表乞退，有詔不許。」又云：「牛相公今年五十七。」按：「廣陵牛相公」爲牛僧孺。大和六年十二月爲淮南節度使，開成二年五月自淮南遷東都留守。《舊唐書》卷一七二《牛僧孺傳》云：「開成初，搢紳道喪，閹寺弄權，僧孺嫌處重藩，求歸散地，累拜章不允。」

開成元年丙辰（八三六），六十五歲。

在洛陽。爲太子少傅分司。春初，遊少室山，三宿。晚春，楊汝士將葬楊虞卿，至洛陽，居易有詩。閏五月，自編《白氏文集》六十五卷，共詩文三千二百五十五篇，藏於東都聖善寺。六月，避暑於香山寺。七月，皇甫鏞歿於洛陽宣教里第，居易爲撰墓誌銘。是年，《劉白唱和集》

第四卷《汝洛集》編成。從弟敏中授右拾遺。有《聖善寺白氏文集記》、《唐銀青光祿大夫太子少保安定皇甫公墓誌銘》、《東都十律大德長聖善寺鉢塔院主智如和尚茶毗幢記》及《府西亭納涼歸》、《老熱》、《新秋喜涼因寄兵部楊侍郎》、《懶放二首呈劉夢得吳方之》、《春遊》、《題天竺南院贈閑元旻清四上人》、《哭師皐》、《隱几贈客》、《夏日作》、《晚涼偶詠》、《閑臥寄劉同州》、《殘酌晚飡》、《裴令公席上贈別夢得》、《尋春題諸家園林》、《又題一絕》、《家園三絕》、《老來生計》、《早春題少室東巖》、《早春即事》、《歎春風兼贈李二十侍郎二絕》、《春來頻與李二賓客郭外同遊因贈長句》、《二月二日》、《春和令公綠野堂種花》、《清明日登老君閣望洛城贈韓道士》、《三月三日》、《雨中聽琴者彈別鶴操》、《酬鄭二司錄與李六郎中寒食日相遇同宴見贈》、《喜與楊六侍御(郎)同宿》、《殘春詠懷贈楊慕巢侍郎》、《閑居春盡》、《春盡日天津橋醉吟偶呈李尹侍郎》、《池上逐涼二首》、《香山避暑二絕》、《老夫》、《香山下卜居》、《無長物》、《以詩代書寄戶部楊侍郎勸買東鄰王家宅》、《贈談客》、《題龍門堰西澗》、《秋霖中奉裴令公見招，早出赴會，馬上先寄六韻》、《嘗酒聽歌招客》、《八月三日夜作》、《病中贈南鄰覓酒》、《曉眠後寄楊戶部》、《秋雨夜眠》、《喜夢得自馮翊歸洛兼呈令公》、《齋戒滿夜戲招夢得》、《和令公問劉賓客歸來稱意無之作》、《酬夢得窮秋夜坐即事見寄》、《偶於維陽牛相公處覓得箏，箏未到先寄詩來，走筆戲答》、《答夢得秋庭獨坐見贈》、《長齋月滿，攜酒先與夢得對酌，醉中同赴令公之宴，戲贈夢得》、《奉酬淮南牛相公思黯見寄二十四韻》、《吳祕監每有美酒，獨酌獨醉，但蒙詩報，不以飲招，輒此戲酬，兼呈夢得》、《酬夢得霜夜對月見懷》、《初冬月夜得皇甫澤州手札并詩數篇，因遣報書，偶題長句》、《雪中酒熟欲攜訪吳監先寄此詩》、《酬令公雪中見贈訝不與夢得同相訪》、《題酒甕呈夢得》、《楊六尙書新授東川節度使，代妻戲賀兄嫂二絕》等詩。

秋，劉禹錫罷同州刺史，以太子賓客分司東都。

正月，改元。四月，李紳爲河南尹。李固言同中書門下平章事。六月，河南尹李紳除汴州刺史、宣武軍節度使。李珏爲河南尹。七月，滁州刺史李德裕爲太子賓客分司。十一月，太子賓客分司李德裕爲浙西觀察使。十二月，兵部侍郎楊汝士檢校禮部尙書，充劍南東川節度使。中書舍人崔龜從爲華州防禦使。

【箋證】

《聖善寺白氏文集記》（卷七〇）：「中大夫、守太子少傅、馮翊縣開國侯、上柱國、賜紫金魚袋太原白居易，字樂天，與東都聖善寺鉢塔院故長老如滿大師有齋戒之因，與今長老振大士爲香火之社。樂天曰：吾老矣。將尋前好，且結後緣。故以斯文寘於是院。其集七帙六十五卷，凡三千二百五十五首，題爲《白氏文集》，納於律疏庫樓。仍請不出院門，不借官客，有好事者任就觀之。開成元年閏五月十二日樂天記。」按：此爲東都聖善寺六十五卷本，編定於開成元年夏，比上年（即大和九年）夏所編定者增多五卷，文則多二九一篇。又按：如滿大師即佛光和尚。考如滿會昌初年九十餘猶存，見白氏會昌元年作《山下留別佛光和尚》詩（卷三五）。又據白氏《東都十律大德長聖善寺鉢塔院主智如和尚茶毗幢記》（卷六九），智如卒於大和八年十二月，疑「如滿」爲「智如」之訛文。

《唐銀青光祿大夫太子少保安定皇甫公墓誌銘并序》（卷七〇）：「公姓皇甫諱鏞，字餘卿。……以開成元年七月十日寢疾，薨於東都宣教里第，享年七十七。……當憲宗朝，公之仲居相位，操利權也，從而附離者有之，公獨超然，雖貴介之勢不能及。……」按：皇甫鏞，《舊唐書》卷一三五、《新唐書》卷一六七俱有傳。據白氏《墓誌》，則知鏞乃鎛之兄，《舊》、《新傳》俱誤爲鎛之弟。又據白氏《戲答皇甫監》詩（卷二六）云：「宵寒勸酒君須飲，君是孤眠七十身。」可知大和六年鏞已年逾七十，《舊傳》謂鏞「開成初除太子少保分司卒，年四十九」，大誤。

《新秋喜涼因寄兵部楊侍郎》詩（卷二九）云：「昨日聞慕巢，召對延英殿。」按：「兵部楊侍郎」爲楊汝士。《舊唐書》卷一七六本傳：「（大和）九年九月入爲戶部侍郎。開成元年七月轉兵部侍郎。其年十二月檢校禮部尙書、梓州刺史、劍南東川節度使。」《舊唐書·文宗紀》：「（開成元年十二月）癸丑，以兵部侍郎楊汝士檢校禮部尚書，充劍南東川節度使。」白氏此詩蓋作於汝士方轉兵部侍郎時。

《懶放二首呈劉夢得吳方之》詩（卷二九）之二云：「除却劉與吳，何人來問我？」按：「吳方之」爲吳士矩。開成元年爲祕書監。白氏《吳祕監每有美酒獨酌獨醉，但蒙詩報，不以飲招，輒此戲酬兼呈夢得》（卷三三）、《雪中酒熟欲攜訪吳監先寄此詩》（卷三三）兩詩中之「吳祕監」、「吳監」均指方之。劉禹錫有《吳方之見示獨酌小醉首篇，樂天續有酬答，皆含戲謔，極至風流，兩篇之中並蒙見屬，輒呈濫吹，益美來章》及《秋齋獨坐寄樂天兼呈吳方之大夫》兩詩中之「吳方之」亦指士矩。考《舊唐書·文宗紀》：「（大和七年四月）癸酉，以同州刺史吳士矩（城按：《舊紀》作「士智」，訛。）爲江西觀察使。」《册府元龜》卷五二〇下：「開成二年，貶前祕書監吳士矩爲蔡州別駕。士矩前爲江西觀察使，在任日應軍中諸色加給錢八萬八千貫，故貶之。」《新唐書》卷一五九本傳云：「開成初爲江西觀察使，饗宴侈縱，一日費凡十數萬。初至庫錢二十七萬緡，晚年纔九萬，軍用單匱，無所仰。事聞，中外共申解，得以親議，文宗弗窮治也。貶蔡州別駕。」故知士矩自江西觀察使遷祕書監在開成元年，居東都爲時甚暫，二年即貶官。又白氏《京使迴累得南省諸公書，因以長句詩寄謝蕭五劉二元八吳十一章大陸郎中，崔二十二牛二庾三十三李六李十楊三樊大楊十二員外》詩（卷十八），元稹《元和五年予官不了，罰俸西歸，三月六日至陝府與吳十一兄端公崔二十二院長思愴曩遊，因投五十韻》詩中之「吳十一」均指士矩也。又士矩後自蔡州別駕改流端州，劉禹錫有《酬端州吳大夫夜泊湘川見寄一絕》云：「夜泊湘川逐客心，月明猿苦血沾襟。湘妃舊竹痕猶淺，從此因君染更深。」語意極沈痛，蓋觸舊日身世之感也。

《哭師皐》詩（卷三〇）：「南康丹旐引魂迴，洛陽籃舁送葬來。北邙原邊尹村畔，月苦烟愁夜過半。妻孥兄弟號一聲，十二人腸一時斷。往者何人送者誰？樂天哭別師皐時。平生分義向人盡，今日哀冤唯我知。我知何益徒垂淚，籃輿迴竿馬迴轡。何日重聞《掃市歌》？誰家收得琵琶妓。蕭蕭風樹白楊影，蒼蒼露草青蒿氣。更就墳邊哭一聲，與君此別終天地。」按：「師皐」爲楊虞卿。《舊唐書》卷一七六、《新唐書》卷一七五有傳。白氏《與楊虞卿書》（卷四四）云：「師皐足下：自僕再來京師，足下守官鄠縣，吏職拘絆，相見甚稀。」又有《和楊師皐傷小姬英英》詩（卷二六）。據《舊唐書·文宗紀》，虞卿大和九年七月貶爲虔州司馬，再貶虔州司戶。考《舊唐書》、《新唐書》俱不詳虞卿卒於何年。張采田《玉谿生年譜會箋》卷一繫楊虞卿卒於大和九年云：「案：虞卿再貶虔州司戶，《舊書·傳》但云『卒於貶所』，不詳何年。《哭虔州楊侍郎》詩云：『甘心親垤蟻，旋踵戮城狐。』自注：『是冬舒、李伏刕（戮）。』則虞卿之卒當在甘露事變前後。詩有『莫憑牲玉請，便望救焦枯』句，《舊紀》：『開成二年七月乙亥，以久旱徙市、閉坊門。』其歸葬不妨稍遲，今據詩書此。」張氏據義山詩自注，考定虞卿卒於大和九年歲暮，其說甚是，且足以糾正《陳譜》繫於開成元年之謬。然據《舊紀》謂虞卿歸葬在開成二年，似亦太泥。今據白氏此詩編次，則虞卿似應歸葬於開成元年。

《閑臥寄劉同州》詩（卷三三）：「軟褥短屛風，昏昏醉臥翁。鼻香茶熟後，腰暖日陽中。伴老琴長在，迎春酒不空。可憐閑氣味，唯欠與君同。」按：「劉同州」爲劉禹錫。劉禹錫有《酬樂天閑臥見憶》詩云：「同年未同隱，緣欠買山錢。」緣居易謝病，故有禹錫同州之授，禹錫亦自慚不能早退也。

《春來頻與李二賓客郭外同遊因贈長句》詩（卷三三）：「風光引步酒開顏，送老銷春嵩洛間。朝踏落花相伴出，暮隨飛鳥一時還。我爲病叟誠宜退，君是才臣豈合閑？可惜濟時心力在，放教臨水復登山。」按：「李二」當爲「李二十」之奪文。李二十賓客爲李紳。李紳大和九年五月自浙東觀察使再爲太子賓客分司東都，開成元年四月六日除河南尹，是年春仍爲太子賓客分司，白氏此詩作於開成元年春，時間正合。岑仲勉《唐人行第錄》李二十仍叔條引此詩，謂「李二十賓客」爲李仍叔，疑非是。考李仍叔罷湖南觀察使爲太子賓客分司東都在大和九年末，此時雖有與居易同遊之可能，唯此詩云：「我爲病叟誠宜退，君是才臣豈合閑？」與同時其他贈仍叔之詩不甚相稱，故仍以指李紳爲是。

《喜與楊六侍御同宿》詩（卷三三）云：「眼看又上青雲去，更卜同衾一兩宵。」按：「楊六侍御」爲楊汝士。此詩作於開成元年，時汝士爲戶部侍郎，「侍御」當爲「侍郎」之誤。岑仲勉《唐人行第錄》楊六汝士條云：「《白集》六六《喜與楊六侍御同宿》，據今考定『侍御』實『侍郎』訛，因詩末聯云：『眼看又上青雲去，更卜同衾一兩宵。』其下一首即爲《殘春詠懷贈楊慕巢侍郎》，故得知之。」其說是也。又按：據《舊傳》，汝士開成元年七月自戶部侍郎轉兵部侍郎，則白氏開成元年春作《殘春詠懷贈楊慕巢侍郎》詩時，汝士仍官戶侍也。

《春盡日天津橋醉吟偶呈李尹侍郎》詩(卷三三)：「宿雨洗天津，無泥未有塵。初晴迎早夏，落照送殘春。興發詩隨口，狂來酒寄身。水邊行嵬峩，橋上立逡巡。疏傅心情老，吳公政化新。三川徒有主，風景屬閑人。」按：「李尹侍郎」爲李紳。《舊唐書・文宗紀》：「(開成元年)夏四月庚午朔，以河南尹鄭澣爲左丞，以太子賓客分司東都李紳爲河南尹。……六月戊戌朔，癸亥，以河南尹李紳檢校禮部尚書、汴州刺史、充宣武軍節度使。」《舊唐書》卷一七三本傳：「開成初，鄭覃輔政，起德裕爲浙西觀察使，紳爲河南尹。河南多惡少，或危帽散衣，擊大球，尸官道，車馬不敢前。紳治剛嚴，皆望風遁去。」《全唐詩》卷四八二李紳《拜三川守序》：「開成元年三月二十五日蒙恩除河南尹，四月六日詔下洛陽。」白氏此詩云：「初晴迎早夏，落照送殘春。」則必作於開成元年五月以前，李珏除河南尹在開成元年六月，必非此詩所指之「李尹」。

《以詩代書寄戶部楊侍郎，勸買東鄰王家宅》詩(卷三三)云：「勸君買取東鄰宅，與我衡門相並開。」按：「戶部楊侍郎」爲楊汝士，見前「箋證」。東鄰「王家宅」爲洛陽履道坊白居易宅東鄰王大理宅。白氏《聞樂感鄰》詩(卷二六)原注云：「東鄰王大理去冬云亡。」則知王大理卒於大和五年冬，即《贈東鄰王十三》詩(卷二五)中之「王十三」。

《贈談客》詩(卷三三)：「上客清談何亹亹，幽人閑思自寥寥。請君休說長安事，膝上風清琴正調。」按：「談客」疑爲居易之婿談弘謩。即《開成二年三月三日河南尹李待價以人和歲稔將禊於洛濱》詩(卷三三)中之

「四門博士談弘謩」。「客」，那波道圓本作「君」，視文義以「君」字較長。

《喜夢得自馮翊歸洛兼呈令公》詩(卷三三)云：「上客新從左輔迴，高陽興助洛陽才。」按：禹錫罷同州以太子賓客分司東都在開成元年秋。《舊唐書》卷一六〇本傳：「開成初，復爲太子賓客分司。俄授同州刺史。秩滿，檢校禮部尚書、太子賓客分司。」未詳爲賓客年月。劉禹錫《彭陽唱和集後引》：「開成元年，公鎭南梁，予以太子賓客分司東都。」令狐楚鎭興元在開成元年四月。又參以劉禹錫《謝恩賜粟麥表》及《謝分司東都表》，則知禹錫以太子賓客分司東都在開成元年秋。《舊傳》謂禹錫除同州刺史在開成時，蓋誤。又按：劉禹錫有《自左馮歸洛下酬樂天兼呈裴令公》詩云：「新恩通籍在龍樓，分務神都近舊丘。自有園公紫芝侶，仍追少傅赤松遊。華林霜葉紅霞晚，伊水晴光碧玉秋。更接東山文酒會，始知江左未風流。」可證禹錫自同州歸洛陽應在開成元年秋，而白詩有「三春風景」之句，未詳。

《偶於維陽牛相公處覓得箏，箏未到先寄詩來，走筆戲答》詩(卷三三)云：「會教魔女弄，不動是禪心。」按：「維陽牛相公」爲牛僧孺。《全唐詩》卷四六六有牛僧孺《贈白樂天箏》詩斷句云：「但愁封寄去，魔物或驚禪。」即據此詩白氏自注所錄。又按：「維陽」即揚州。《梁溪漫志》：「古今稱揚州爲惟揚，蓋取《禹貢》淮、海惟揚州之語。今則易惟爲維矣。」此詩題宋紹興本、那波道圓本、馬元調本、汪立名本俱作「維陽」，《全唐詩》及盧文弨校俱作「維揚」，「陽」、「揚」字通。

《楊六尙書新授東川節度使，代妻戲賀兄嫂二絕》詩（卷三三）：「劉綱與婦共昇仙，弄玉隨夫亦上天。何似沙哥領崔嫂，碧油幢引向東川。」「金花銀椀饒兄用，罨畫羅衣盡嫂裁。覓得黔婁爲妹壻，可能空寄蜀茶來！」按：「楊六尙書」爲楊汝士。《舊唐書·文宗紀》：「（開成元年十二月）癸丑，以兵部侍郎楊汝士檢校禮部尙書、充劍南東川節度使。」《舊唐書》卷一七六本傳略同。「沙哥」乃汝士小字。《唐摭言》卷十五：「開成中，戶部楊侍郎（原注：汝士）檢校尙書鎭東川，白樂天即尙書妹壻。時樂天以太子少傅分洛，戲代內子賀兄嫂曰：『劉綱與婦共昇仙，弄玉隨夫亦上天。何似沙哥（原注：沙哥，汝士小字）領崔嫂，碧油幢引向東川。』」

開成二年丁巳（八三七），六十六歲。

在洛陽。爲太子少傅分司。三月三日，與東都留守裴度、河南尹李珏、太子賓客分司劉禹錫等十餘人修禊於洛濱。十一月十七日，令狐楚卒於山南西道節度使任所，居易哀吟悲歎，寄情於詩。十一月二十二日，談氏外孫女引珠生。（《小歲日喜談氏外孫女孩滿月》詩云：「新年逢吉日，滿月乞名時。」按：是年冬至爲十一月十六日丙子，冬至後第三戌十二月二十一日庚戌臘，臘後一日小歲爲十二月二十二日辛亥。）是年，祕書監張仲方歿於長安新昌里第，居易爲撰墓誌銘。有《唐故銀青光祿大夫祕書監曲江縣開國伯贈禮部尙書范陽張公墓誌銘》、《齒落辭》、《蘇州南禪院千佛堂轉輪經藏石記》及《秋涼閑臥》、《酬思黯相公見過弊居戲贈》、《六十六》、《三適贈道友》、《洛陽春贈劉李二賓客》、《寒食》、《和裴令公一日日一年年雜言見贈》、《酬牛相公宮城早秋寓言見示兼呈夢得》、《小臺晚坐憶夢得》、《種桃歌》、《狂言示諸姪》、《偶以拙詩數首寄呈裴少尹侍郎，蒙以盛製四篇，一時酬和，重投長句，美而謝之》、《詠老贈夢得》、《迂叟》、《洛下閑居寄山南令狐相公》、《惜春贈李尹》、《對酒勸令公開春遊宴》、《與夢得偶同到敦詩宅感而題壁》、《閑遊卽事》、《六十六》、《池上早春卽事招夢得》、《因夢得題公垂所寄蠟燭因寄公垂》、《令公南莊花柳正盛，欲偷一賞，先寄二篇》、《春夜宴席上戲贈裴淄州》、《贈夢得》、《晚春欲攜酒尋沈四著作，先以六韻寄之》、《開成二年三月三日河南尹李待價以人和歲稔將禊於洛濱（略）》、《同夢得寄賀東西川二楊尚書》、《喜小樓西新柳抽條》、《晚春酒醒尋夢得》、《感事》、《和裴令公南莊一絕》、《宅西有流水，牆下搆小樓，臨翫之時，頗有幽趣，因命歌酒，聊以自娛，獨醉獨吟，偶題五絕》、《偶作》、《同夢得酬牛相公初到洛中小飲見贈》、《幽居早秋閑詠》、《和令狐僕射小飲聽阮咸》、《燒藥不成命酒獨醉》、《送盧郎中赴河東裴令公幕》、《送李滁州》、《長齋月滿寄思黯》、《冬夜對酒寄皇甫十》、《歲除夜對酒》、《司徒令公分守東洛移鎮北都，一心勤王，三月成政，形容盛德，實在歌詩，況辱知音，敢不先唱，輒奉五言四十韻，寄獻以抒下情》、《和東川楊慕巢尚書府中獨坐感戚在懷，見寄十四韻》、《分司洛中多暇，數與諸客宴遊，醉後狂吟，偶成十韻，因招夢得賓客，兼呈思黯奇章公》、《小歲日喜談氏外孫女孩滿月》《閑吟贈皇甫郎中親家翁》、《夢得臥病攜酒相尋先以此寄》、《酬思黯戲贈》、《又戲答絶句》、《令狐相公與夢得交情素深，眷予分亦不淺，一聞薨逝，相顧泫然，旋有使來，得前月未歿之前數日書及詩寄贈夢得，哀吟悲歎，寄情於詩，詩成示予，感而繼和》、《憑李睦州訪徐凝山人》、《立秋夕涼風忽至，炎暑稍消，卽事詠懷寄汴州節度使李二十尙書》、《開成二年夏聞新蟬贈夢得》、《題牛相公歸仁里宅新成小灘》等詩。

劉禹錫爲太子賓客分司。

春，皇甫曙罷澤州刺史歸洛陽。三月，裴潾爲河南尹。四月，陳夷行同中書門下平章事。五月，裴度自東都留守移太原尹、北都留守。牛僧孺自淮南節度使除東都留守。河南少尹李道樞除蘇州刺史。十月，李固言罷爲劍南西川節度使。是年，李商隱進士登第。

【箋證】

《唐故銀青光祿大夫祕書監曲江縣開國伯贈禮部尙書范陽張公墓誌銘幷序》（卷七〇）：「公諱仲方，字靖之，其先范陽人。……嶺南節度使、廣州刺史、殿中監諱九皋，公之王父也。……」按：張仲方，《舊唐書》卷九九、《新唐書》卷一二六俱附《張九齡傳》。又《舊唐書》卷一九一另有傳。白氏《常樂里閑居偶題十六韻兼寄劉十五公輿王十一起呂二炅呂四穎崔玄亮十八元九稹劉三十二敦質張十五仲元（城按：當作方）時爲校書郎》（卷五）、《秋日與張賓客舒著作同遊龍門醉中狂歌凡二百三十八字》（卷二九）、《贈皇甫六張十五李二十三賓客》（卷三一）、《早春招張賓客》（卷三一）等詩均係酬仲方之作，故《墓誌》云：「居易與公少同官，老同遊，結交慕德，久而彌篤。」又按：《舊唐書》卷九九《張九齡傳》云：「九皋曾孫仲方。」《新唐書》卷一二六《張九齡傳》云：「九齡弟九皋，亦有名，終嶺南節度使，其曾孫仲方。」《舊唐書》卷一七一《張仲方傳》云：「祖九皋，廣州刺史、殿中監、嶺南節度使。」《舊唐書·張仲方傳》蓋本之白氏《墓誌》，當以本傳爲正。又《寶刻叢編》卷十九引《集古錄目》云：「《唐張九皋碑》，唐工部尚書蕭昕撰，九皋孫曹州刺史仲方書。九皋，范陽人，仕至殿中監，以長慶三年立。」亦可證《張九齡傳》所敘之誤。又按：《册府元龜》卷六七五《牧守部·仁惠》：「張仲方，太（大）和末爲京兆尹，時將相以甘露事從杲者皆大戮，仲方密令識之。旋詔下許令收葬，得認遺骸，實仲方之力也。」仲方爲李德裕所惡，蓋依附李宗閔者，據白氏《秋日與張賓客舒著作同遊龍門醉中狂歌凡二百三十八字》詩，可知其與舒元輿亦相善。元輿死於甘露之變，據《册府元龜》所載，其間不無人事之脈絡可尋索，則仲方之舉動，亦非出於偶然也。

《蘇州南禪院千佛堂轉輪經藏石記》（卷七〇）：「千佛堂轉輪經藏者，先是郡太守居易發心，蜀沙門清閑、矢謨，吳僧常徽、弘正、神益等僝功，商主鄧子成、梁華等施財，院僧法弘、惠滿、契元、惠雅等藏事。大和二年秋作，開成元年春成……」按：《輿地紀勝》卷五《平江府・碑記》有《南禪院千佛堂轉輪經石記》。《吳郡志》卷三一：「南禪寺，唐有之，今不知所在。」乾隆《江南通志》卷四四《輿地志・寺觀》：「南禪寺在府城南，唐開成間建，有千佛堂轉輪經藏。白居易在郡嘗書《長慶集》留千佛堂。《吳郡志》云：『南禪寺，唐有之，今失所在。』按：今寺在郡學東，本名集雲，明洪武中寶曇和尚奏改爲南禪集雲寺。」

《酬思黯相公見過弊居戲贈》詩（卷二九）：「軒蓋光照地，行人爲徘徊。呼傳君子出，乃是故人來。……」按：「思黯相公」爲牛僧孺。《舊唐書》卷一七二本傳：「（長慶）三年三月以本官同平章事。……（大和六年）十二月，檢校左僕射、兼平章事、揚州大都督府長史、淮南節度副大使、知節度事。……凡在淮甸六年，開成二年五月，加檢校司空、食邑二千戶、判東都尚書省事、東都留守、東畿汝都防禦使。僧孺識量弘遠，心居事外，不以細故介懷。洛都築第於歸仁里，任淮南時，嘉木怪石，置之階廷，館宇清華，竹木幽邃。常與詩人白居易吟詠其間，無復進取之懷。」

《洛陽春贈劉李二賓客》詩（卷二九）云：「明日期何處？杏花遊趙村。」按：「劉賓客」爲劉禹錫。見前「箋證」。「李賓客」爲李仍叔。白氏《開成二年三月三日，河南尹李待價以人和歲稔將禊於洛濱》詩（卷三三）中有「太子賓客李仍叔」名。《舊唐書・文宗紀》：「（大和八年十二月己亥），以宗正卿李仍叔爲湖南觀察使代李翺。」又云：「（大和九年八月壬寅），以蘇州刺史盧周仁爲湖南（城按：《舊紀》原作河南，誤。見《舊紀》開成元年閏五月）觀察使。」則仍叔罷湖南觀察使爲太子賓客當在大和末。考劉禹錫罷同州刺史爲太子賓客分司在開成元年秋。李紳爲太子賓客在大和九年五月。開成元年六月李紳已自河南尹授宣武節度使。見《舊唐書・文宗紀》。故知此詩中之「李賓客」決非李紳。

《和裴令公一日日一年年雜言見贈》詩（卷二九）云：「前日魏王潭上宴連夜，今日午橋池頭遊拂晨。山客硯前吟待月，野人樽前醉送春。不敢與公閑中爭第一，亦應占得第二第三人。」按：「裴令公」爲裴度。《舊唐書》卷一七〇本傳：「（大和）八年三月以本官判東都尚書省事、充東都留守。九年十月進位中書令。……開成二年五月復以本官兼太原尹、北都留守、河東節度使。」《舊紀》同。則是年春度仍在東都。

《酬牛相公宮城早秋寓言見示兼呈夢得》詩（卷三〇）云：「疏受老慵出，劉楨疾未平。何人伴公醉？新月上宮城。」按：僧孺開成二年五月加檢校司空、判東都尚書省事、東都留守。三年九月徵拜左僕射入朝。見《舊唐書》卷一七二本傳、《文宗紀》。

《偶以拙詩數首寄呈裴少尹侍郎，蒙以盛製四篇一時酬和，重投長句，美而謝之》詩（卷三〇）云：「銀鈎金錯兩殊重，宜上屏風張座隅。」按：「裴少尹侍郎」爲河南尹裴潾。河東人，以門蔭入仕。開成元年，轉兵部侍郎。二年，加集賢院學士、判院事，尋出爲河南尹。入爲兵部侍郎。三年四月卒。見《舊唐書》卷一七一、《新唐書》卷一一八本傳。裴潾爲河南尹在開成三年三月。《舊唐書・文宗紀》：「（開成二年三月壬辰），以兵部侍郎裴潾爲河南尹。」《文饒別集》卷十潾《題平泉山居詩後》云：「開成二年，有（城按：《全唐詩》卷五〇七無「有」字，當係「春」字之誤），潾自兵部侍郎除河南尹，乃於河南廨中，自書於石，立於平泉之山居。開成二年九月二十五日，河南尹裴潾題。」據此則裴潾開成二年官河南尹，非少尹，題作「裴少尹」當係「裴尹」之衍文。又白氏《裴常侍以題薔薇架十八韻見示因廣爲三十韻以和之》（卷三一）、劉禹錫《裴侍郎大尹雪中遺酒一壺，兼示喜眼疾平一絕，有閑行把酒之句，斐然仰酬》詩中之「裴常侍」、「裴侍郎」均指裴潾。白氏又有《與裴華山同遇敷水戲贈》詩亦爲酬裴潾之作。

《洛下閑居寄山南令狐相公》詩（卷三三）云：「唯是相君未忘得，時思漢水夢巴山。」按：「山南令狐相公」爲令狐楚。《舊唐書·文宗紀》：「（開成元年四月甲午），以左僕射、諸道鹽鐵轉運使令狐楚檢校左僕射，爲山南西道節度使。……（二年十一月）丁丑，興元節度使令狐楚卒。」《舊》、《新傳》略同。

《惜春贈李尹》詩（卷三三）：「春色有時盡，公門終日忙。兩衙但不闕，一醉亦何妨？芳樹花團雪，衰翁鬢撲霜。知君倚年少，未苦惜風光。」按：「李尹」爲河南尹李珏。《舊唐書·文宗紀》：「（開成元年四月己卯），以江州刺史李珏爲太子賓客分司。」未載珏之除尹。《舊唐書》卷一七三本傳：「開成元年四月，以太子賓客分司東都，遷河南尹。」又《舊唐書·文宗紀》：「（開成二年三月）戊子，以河南尹李珏爲戶部侍郎。」考李紳自河南尹授宣武節度使在開成元年六月，則珏必爲紳之後任。幷參見白氏《開成二年三月三日河南尹李待價以人和歲稔將禊於洛濱》（卷三三）詩。待價，李珏之字也。又李珏爲牛僧孺、李宗閔之黨。《舊唐書》卷一七三本傳云：「大和五年，李宗閔、牛僧孺在相，與珏親厚，改度支郎中、知制誥，遂入翰林充學士。七年三月，正拜中書舍人。九年五月，轉戶部侍郎充職。七月，宗閔得罪，珏坐累，出爲江州刺史。開成元年四月，以太子賓客分司東都，遷河南尹。……三年，楊嗣復輔政，薦珏以本官同平章事。」武宗即位，以嗣復、珏黨於安王、陳王，俱貶。劉禹錫與李珏政見異趣，其集中有《奉送李戶部侍郎自河南尹再除本官歸闕》詩，似爲一般酬應之作。

《因夢得題公垂所寄蠟燭因寄公垂》詩（卷三三）：「照梁初日光相似，出水新蓮艷不如。却寄兩條君領取，明年雙引入中書。」自注：「宰相入朝擧雙燭，餘官各一。」按：「公垂」爲李紳。紳開成元年六月自河南尹除宣武節度使，五年九月爲淮南節度使代李德裕。見《舊唐書．文宗紀》、《武宗紀》。故是年紳仍在汴州任所。

《春夜宴席上戲贈裴淄州》詩（卷三三）云：「九十不衰眞地仙，六旬猶健亦天憐。」自注：「裴年九十不衰羸。」按：「裴淄州」爲裴洽。白氏《開成二年三月三日河南尹李待價以人和歲稔將禊於洛濱》詩（卷三三）中有「淄州刺史裴洽」，又《戲贈夢得兼呈思黯》詩（卷三四）「裴使君前作少年」句原注云：「裴洽使君，年九十餘。」

《晚春欲攜酒尋沈四著作，先以六韻寄之》詩（卷三三）云：「最憶《陽關》唱，眞珠一串歌。」自注：「沈有謳者善唱『西出陽關無故人』詞。」按：「沈四著作」爲沈述師。述師爲傳師之弟，見《元和姓纂》。《全唐詩》卷五二〇杜牧《張好好詩序》云：「牧太（大）和三年佐故吏部沈公江西幕，好好年十三，始以善歌來樂籍中。後一歲，公移鎭宣城，復置好好於宣城籍中。後二歲，爲沈著作述師以雙鬟納之。後二歲，於洛陽東城重覩好好，感舊傷懷，故題詩贈之。」沈傳師卒於大和九年，時代相當。但傳師行八，白氏《醉送李協律赴湖南辟命因寄沈八中丞》詩（卷二〇）中之「沈八中丞」即指傳師，與此行序不合，岑仲勉《唐人行第錄》謂「四」係「十四」之奪文，是也。

《同夢得寄賀東西川二楊尚書》詩（三三）云：「應憐洛下分司伴，冷宴閑遊老看花。」按：「東西川二楊尚書」爲楊汝士及楊嗣復。《舊唐書・文宗紀》：「（開成元年十二月）癸丑，以兵部侍郎楊汝士檢校禮部尚書，充劍南東川節度使。」同書又云：「（大和九年三月）庚申，以劍南東川節度楊嗣復檢校戶部尚書，兼成都尹、西川節度使。」《舊傳》同。

《感事》詩（卷三三）云：「服氣崔常侍，燒丹鄭舍人。」按：「崔常侍」爲崔玄亮。見前「箋證」。「鄭舍人」爲鄭居中。《舊唐書》、《新唐書》俱無傳。寶曆初嘗官御史分司東臺，《舊唐書》卷一六八《獨孤朗傳》：「寶曆元年十一月拜御史中丞。二年六月賜金紫之服。侍御史李道樞乘醉謁朗，朗劾之，左授司議郎。憲府故事，三院御史由大夫、中丞自辟，請命於朝。時崔晃、鄭居中不由憲長而除，皆丞相之僚舊也。勑命雖行，朗拒而不納，晃竟改太常博士，居中分司東臺。」又《太平廣記》卷五五引《逸史》云：「鄭舍人居中，高雅之士，好道術。……居襄、漢間，除中書舍人，不就。開成二年春，往東洛嵩岳，攜家僮三四人，與僧登歷，無所不到，數月淹止。日晚至一處，林泉秀潔，愛甚忘返。會院僧不在，張燭爇火將宿，遣僕者求之，兼取筆，似欲爲詩者。操筆之次，燈滅火盡，一僮在側，聞鄭公仆地之聲，……遽吹薪照之，已不救矣。」則居中係除中書舍人未就者，故此詩稱之謂「前中書舍人」，《太平廣記》所云「開成二年春往東洛嵩岳」，亦必在是年三月三日修禊洛濱之後。白氏此詩作於開成二年，與《太平廣記》所載時間亦合。并參見白氏《開成二年三月三日河南尹李待價以人和歲稔將禊於洛濱》詩（卷三三）

《送盧郎中赴河東裴令公幕》詩（卷三三）：「別時暮雨洛橋岸，到日涼風汾水波。荀令見君應問我，爲言秋草閉門多。」按：「盧郎中」爲盧簡求。與《晚上天津橋閑望偶逢盧郎中張員外攜酒同傾》詩（卷三三）中之「盧郎中」同爲一人。見前「箋證」。顧肇倉、周汝昌《白居易年譜簡編》謂「盧郎中」係盧言，非是，蓋白氏作《開成二年三月三日河南尹李待價以人和歲稔將禊於洛濱》詩（卷三三）時，言猶是駕部員外郎也。「河東裴令公」爲裴度。大和九年十月進位中書令。開成二年五月復以本官兼太原尹、北都留守、河東節度使。見《舊唐書》卷一七〇本傳。

《送李滁州》詩（卷三三）云：「誰道三年千里別，兩心同在道場中。」按：「李滁州」，名未詳。李紳大和二年由江州長史遷滁州刺史，見熊祖詒《滁州志》卷四之二。此時居易爲刑部侍郎在長安，絕無送行之可能。李德裕開成元年三月由袁州長史遷滁州刺史，見《舊唐書．文宗紀》。此時居易爲太子少傅在洛陽，亦無送別之可能。故此詩中之「李滁州」，顯非李紳或李德裕。又細味詩意，亦未言其道德、政事、文章，僅云信佛而已，且此詩結語云：「誰道三年千里別，兩心同在道場中。」則此人既非名流，亦非白之密友，不過晚年禪友之一耳。

《小歲日喜談氏外孫女孩滿月》詩（卷三四）：「今旦夫妻喜，他人豈得知？自嗟生女晚，敢訝見孫遲。物以稀爲貴，情因老更慈。新年逢吉日，滿月乞名時。桂燎熏花果，蘭湯洗玉肌。懷中有可抱，何必是男兒。」按：「談氏外孫女」爲談弘謩之女引珠。白氏《談氏外孫生三日，喜是男，偶吟成篇，兼戲呈夢得》詩（卷三五）「應須酬賽引雛詩」原注云：「前年談氏外孫女初生，夢得有賀詩云：『從此引鴛雛。』今幸是男，前言似有徵，故云。」又按：過臘一日謂之小歲。見《荊楚歲時記》注引《四民月令》。冬至後三戌謂之臘。考開成二年丁巳十一月十六日（丙子）冬至，冬至後第三戌，十二月二十一日（庚戌）臘，臘後一日小歲爲十二月二十二日（辛亥，據陳垣《中西回史日曆》推算）。花房英樹《白居易研究》（世界思想社一九七一年版）第一章《白居易年譜》謂開成二年小歲日爲十一月二十六日，並繫談氏外孫女引珠生於是年十月二十七日，俱誤。據此則引珠當生於開成二年十一月二十二日。

《閑吟贈皇甫郎中親家翁》詩（卷三四）云：「最喜兩家婚嫁畢，一時抽得尙平身。」按：「皇甫郎中」爲皇甫曙。見前「箋證」。「親家翁」之稱，唐以前已有之。清汪師韓《談書錄》：「親家公之稱則見《隋書》李穆弟渾傳：『宇文述召李敏妻宇文氏口自傳授，令敏妻寫表奏李家反狀，煬帝覽之泣曰：吾宗社幾傾，賴親家公而獲全耳。於是誅渾、敏等宗族三十二人。』又《房陵王勇傳》：『高祖曰：劉金驎，諂佞也，呼雲定興作親家翁，定興愚人受其此語，我前解金驎者爲其此事。』」此詩自注云：「新與皇甫結姻。」居易無子，當爲行簡之子龜郎與皇甫曙之女結婚。

《令狐相公與夢得交情素深，眷予分亦不淺，一聞薨逝，相顧泫然，旋有使來，得前月未歿之前數日書及詩寄贈夢得，哀吟悲歎，寄情於詩，詩成示予，感而繼和》詩（卷三四）：「緘題重疊語殷勤，存歿交親自此分。前月使來猶理命，今朝詩到是遺文。銀鈎見晚書無報，玉樹埋深哭不聞。最感一行絕筆字，尙言千萬樂天君。」按：「令狐相公」爲令狐楚。《舊唐書・文宗紀》：「（開成二年十一月辛酉朔），丁丑（十七日），興元節度使令狐楚卒。」考劉禹錫《令狐楚集紀》云：「開成二年十二月十二日薨於漢中官舍，享年七十。」與《舊紀》異。張采田《玉谿生年譜會箋》卷一云：「《紀》書十一月辛酉朔，則丁丑非十二日，疑誤，俟考。」張氏所考甚疏，岑仲勉《玉谿生年譜會箋平質》云：「按：此不誤也。唐實錄書法，於外臣之卒，率以報到日爲準，固因追書不便，尤與廢朝有關。據《通典》一七五，興元去西京，取駱谷道六百五十二里，快行五日可達。丁丑，十七日也。」

岑氏所考良是，則令狐楚之卒日，亦應以《劉集》所記爲正。又劉禹錫有《令狐僕射與予投分素深，縱山川阻修，然音問相繼，今年十一月僕射疾不起，聞，予已承訃書，寢門長慟，後日有使者兩輩持書并詩，計其日時已是臥疾，手筆盈幅，翰墨尙新，律詞一篇，音韻彌切，收淚握管，以成報章，雖廣陵之絃於今絕矣，而蓋泉之感猶庶聞焉，焚之繐帳之前，附於舊編之末》詩。

《憑李睦州訪徐凝山人》詩（卷三四）：「郡守輕詩客，鄉人薄釣翁。解憐徐處士，唯有李郎中。」按：「李睦州」爲睦州刺史李善白。宋陳公亮《嚴州圖經》卷一：「李善白，大和九年十月□日自（下缺）」又云：「鄭仁弼，開成二年八月七日自衞尉少卿拜。」據此則善白必爲鄭仁弼之前任，開成三年已不在睦州。故白氏此詩當作於開成二年，花房英樹繫於開成三年，疑誤。又按：《唐才子傳》卷六：「凝，睦州人。元和間有詩名，方干師事之。與施肩吾同里閈，日親聲調，無進取之意，交眷悉激勉，始遊長安。不忍自衒鬻，竟不成名。將歸，以詩辭韓吏部云：『一生所遇惟元白，天下無人重布衣。欲別朱門淚先盡，白頭遊子白身歸。』知者憐之。遂歸舊隱，潛心詩酒，人間榮耀，徐山人不復貯齒頰中也。老病且貧，意泊無惱，優悠自終。集一卷，今傳。」又後人記居易與徐凝事，惟《雲溪友議》一則較詳云：「白居易初爲杭州刺史，令訪牡丹花。獨開元寺僧惠澄近於京師得之，始植於庭，闌圍甚密，他處未之有也。時春景方深，惠澄設油幕以覆其上，牡丹自此東越分而種之矣。會稽徐凝自富春來，未識白公，而先題詩曰：『此花南地知難種，慚愧僧門用意栽。海燕解憐頻睥睨，胡蜂未識更徘徊。虛生芍藥徒勞妬，羞殺玫瑰不敢開。唯有數苞紅幞在，含芳只待舍人來。』白尋到寺看花，乃命徐生同醉而歸。時張祜榜舟而至，甚若疏誕，然張、徐二生未之習稔，各希首薦焉。白曰：『二君論文，若廉、白之鬭鼠穴，勝負在於一戰也。』遂試《長劍倚天外賦》、《餘霞散成綺詩》，試訖解送，以凝爲元，祜次之。……白又以祜《宮詞》四句之中皆數對，何足奇乎！不如徐生云：『今古長如白練飛，一條界破青山色。』祜歎曰：『榮辱糾紛，亦何常也。』遂行歌而邁，凝亦鼓枻而歸。自是二生終生偃仰，不隨鄉試矣。」《唐詩紀事》及《詩話總龜·志氣門》錄《古今詩話》一則亦略同。又按：白氏有《期宿客不至》（卷二七）詩，作於大和四年，卽贈徐凝之作。《全唐詩》卷四七四徐凝《和侍郎邀宿不至》、《和夜題玉泉寺》、《和秋遊洛陽》、《侍郎宅泛池》、《自鄂渚至河南將歸江外留辭侍郎》等詩，俱爲凝大和間在洛陽與居易交遊之證。據白氏此詩，則徐凝復自洛陽歸其鄉里睦州。又《全唐詩》卷四七四載徐凝《自鄂渚至河南將歸江外留辭侍郎》詩云：「一生所遇唯元白，天下無人重布衣。欲別朱門淚先盡，白頭遊子白身歸。」「侍郎」卽指居易。考凝此詩亦作於大和間，時韓愈已卒（卒於長慶四年十二月），《唐才子傳》謂凝以此詩「辭韓吏部」，蓋誤。《全唐詩》卷四七四又有徐凝《奉酬元相公上元》詩云：「出擁樓船千萬人，入爲臺輔九霄身。如何更羨看燈夜，曾見宮花拂面春。」可證其亦受元稹之知遇也。

開成三年戊午（八三八），六十七歲。

在洛陽。爲太子少傅分司。春，裴度贈馬，居易酬之以詩。三月，遊龍門香山寺。是年作《醉吟先生傳》，自云：「性嗜酒，耽琴，淫詩，凡酒徒、琴侶、詩客多與之遊。遊之外棲心釋氏，通學小中大乘法。與嵩山僧如滿爲空門友，平泉客韋楚爲山水友，彭城劉夢得爲詩友，安定皇甫朗之爲酒友。每一相見，欣然忘歸。……」乃居易暮年生活之寫照。是年，從弟敏中爲殿中侍御史分司東都。有《洛下雪中頻與劉李二賓客宴集因寄汴州李尙書》、《看夢得題答李侍郎詩，詩中有文星之句，因戲和之》、《閑適》、《戲答思黯》、《酬裴令公贈馬相戲》、《新歲贈夢得》、《早春持齋答皇甫十見贈》、《戲贈夢得兼呈思黯》、《早春憶遊思黯南莊因寄長句》、《酬皇甫十早春對雪見贈》、《奉和思黯自題南莊見示兼呈夢得》、《送蘄春李十九使君赴郡》、《自題酒庫》、《寒食日寄楊東川》、《醉後聽唱桂華曲》、《酬夢得以予五月長齋延僧徒絕賓友見戲十韻》、《奉和裴令公三月上巳日遊太原龍泉憶去歲禊洛見示之作》、《又和令公新開龍泉晉水二池》、《早夏曉興贈夢得》、《春日題乾元寺上方最高峯亭》、《奉和思黯相公以李蘇州所寄太湖石奇狀絕倫，因題二十韻見示，兼呈夢得》、《奉和思黯相公雨後林園四韻見示》、《晚夏閑居，絕無賓客，欲尋夢得，先寄此詩》、《寄李蘄州》、《憶江南詞三首》、《酬思黯相公晚夏雨後感秋見贈》、《久雨閑悶對酒偶吟》、《雨後秋涼》、《酬夢得早秋夜對月見寄》、《題謝公東山障子》、《謝楊東川寄衣服》、《詠懷寄皇甫朗之》、《東城晚歸》、《與夢得沽酒閑飲且約後期》、《與牛家妓樂雨夜合宴》、《和楊六尚書喜兩弟漢公轉吳興魯士賜章服，命賓開宴，用慶恩榮，賦長句見示》、《自詠》、《夢得相過，援琴命酒，因彈秋思，偶詠所懷，兼寄繼之待價二相府》、《九月八日酬皇甫十見贈》、《慕巢尚書書云，室人欲爲買置一歌者，非所安也，以詩相報，因而和之》、《杪秋獨夜》、《蘇州故吏》、《得楊湖州書，頗誇撫民接賓縱酒題詩，因以絕句戲之》、《天宮閣秋晴晚望》、《酬夢得暮秋晴夜對月相憶》、《同夢得和思黯見贈來詩中，先敍三人同讌之歡，次有歎鬢髮漸衰嫌孫子催老之意，因酬妍唱，兼吟鄙懷》、《聽歌》、《三年冬，隨事鋪設，小堂寢處稍似穩暖，因念衰病，偶吟所懷》、《初冬卽事呈夢得》、《自罷河南，已換七尹，每一入府，悵然舊遊，因宿內廳，偶題西壁，兼呈韋尹常侍》、《天寒晚起，引酌詠懷，寄許州王尚書汝州李常侍》、《遊平泉宴浥澗宿香山石樓贈座客》、《池上幽境》、《夏日閑放》、《和思黯居守獨飲偶醉見示六韻，時夢得和篇先成，頗爲麗絕，因添兩韻，繼而美之》、《和夢得洛中早春見贈七韻》、《櫻桃花下有感而作》、《洗竹》、《新沐浴》、《三年除夜》、《自題小園》等詩。

劉禹錫爲太子賓客分司東都。

正月，楊嗣復、李珏同中書門下平章事。韋長爲河南尹。二月，衡州司馬李宗閔爲杭州刺史。四月，兵部侍郎裴潾卒。五月，前江西觀察使吳士矩坐贓長流端州。七月，王彥威爲忠武軍節度使。九月，東都留守牛僧孺爲左僕射。十月，崔琯爲東都留守。冬，裴度乞歸洛陽。

【箋證】

《洛下雪中，頻與劉李二賓客宴集，因寄汴州李尙書》詩（卷三四）云：「今日鄒枚俱在洛，梁園置酒召何人？」按：「劉李二賓客」爲劉禹錫及李仍叔。「汴州李尙書」爲李紳。見前「箋證」。

《看夢得題答李侍郎詩詩中有文星之句因戲和之》詩（卷三四）：「看題錦繡報瓊瓌，俱是人天第一才。好遣文星守躔次，亦須防有客星來。」按：「李侍郎」爲李紳。劉禹錫有《病臥李侍郎見惠藥物謔以文星之句》詩。考居易作此詩時，李紳已除宣武節度使、檢校禮部尙書，而夢得題答詩時必在開成元年六月紳任宣武之前。

《戲答思黯》詩（卷三四）：「何時得見十三絃，待取無雲有月天。願得金波明似鏡，鏡中照出月中仙。」按：「思黯」爲牛僧孺。僧孺開成三年九月徵拜左僕射入朝，此時仍在洛陽。

《酬裴令公贈馬相戲》詩（卷三四）：「安石風流無奈何！欲將赤驥換青娥。不辭便送東山去，臨老何人與唱歌？」按：「裴令公」爲裴度。度開成二年五月除北都留守，三年冬乞還東都養病，四年正月詔許還京，拜中書令，此時仍在太原。劉禹錫有《裴令公見示樂天寄奴買馬絕句斐然仰和且戲樂天》詩。

《新歲贈夢得》詩（卷三四）：「暮齒忽將及，同心私自憐。漸衰宜減食，已喜更加年。紫綬行聯袂，籃輿出比肩。與君同甲子，歲酒合誰先？」按：劉禹錫有《元日樂天見過因舉酒爲賀》詩。《容齋續筆》卷二歲且飲酒條云：「今人元日飲屠酥酒自小者起，相傳已久，然固有來處。後漢李膺、杜密以黨人同繫獄，值元日，於獄中飲酒，曰正且從小起。《時鏡新書》：『董勛云：正且飲酒先從小者，何也。勛曰：俗以小者得歲，故先酒賀之，老者失時，故後飲酒。』《初學記》載《四民月令》云：『正且進酒次第，當從小起，以年少者起先。』唐劉夢得白樂天元日舉酒賦詩。劉云：『與君同甲子，壽酒讓先杯。』白云：『與君同甲子，歲酒合誰先？』白又有《歲假內命酒》一篇云：『歲酒先拈辭不得，被君推作少年人。』」考居易生於大曆七年正月二十日，據此禹錫當亦生於是年同月早若干日，故劉詩云「壽酒讓先杯」也。

《戲贈夢得兼呈思黯》詩(卷三四)云：「陳郎中處爲高戶，裴使君前作少年。」自注：「陳商郎中酒戶滴滴，裴洽使君年九十餘。」按：陳商，字述聖，元和九年進士。見《新唐書·藝文志》及韓愈《答陳商書》《五百家音注》引《集注》。又《唐方鎮年表》卷四《陝虢》大中二年：「陳商，《金石萃編》：《華岳題名》：司門郎中、史館修撰陳商。會昌元年七月二十五日，商祗召赴闕。後六年，商自禮部侍郎出鎮陝。」「裴使君」爲裴洽。見前「箋證」。

《送蘄春李十九使君赴郡》詩(卷三四)：「可憐官職好文詞，五十專城未是遲。曉日鏡前無白髮，春風門外有紅旗。郡中何處堪攜酒？席上誰人解和詩？唯共交親開口笑，知君不及洛陽時。」按：「蘄春李十九使君」

爲蘄州刺史李播。岑仲勉《唐人行第錄》李十九條云：「名待考。……《語林》二有吳郡守李穠，不知是此人否？」所考非是。考《唐詩紀事》卷四七李播條云：「登元和進士第，以郎中典蘄州。」《全唐詩話》卷三：「播以郎中典蘄州，有李生攜詩謁之，播曰：『此吾未第時行卷也。』」《全唐文》卷七七二有李商隱《爲汝南（按：錢振倫《補編》云應作濮陽）公與蘄州李郎中狀》，張采田《玉谿生年譜會箋》卷二繫於開成五年庚申，可知李播赴蘄州任在開成五年之前，與白氏此詩時間相合。錢大昕《十駕齋養新錄》卷十二云：「元和間詩人李播，起家進士，官郎中，蘄州刺史，見《唐詩紀事》。」亦未考及此即白詩中之「李十九使君」。白氏《寄李蘄州》（卷三四）、《對酒有懷寄李十九郎中》（卷三四）及劉禹錫《送蘄州李郎中赴任》詩中之「李蘄州」、「李十九郎中」、「蘄州李郎中」均指播也。又杜牧《樊川文集》卷九《進士龔軺墓誌》：「會昌五年十二月，某自秋浦守桐廬，路由錢塘，……時刺史趙郡李播曰：……」同集卷一〇《杭州新造南亭記》：「趙郡李子烈播，立朝名人也，自尚書比部郎中出爲錢塘。」則播字子烈，系出趙郡，會昌五年（據勞格《杭州刺史考》）爲杭州刺史。又《樊川外集》有《寄李播評事》、《許秀才至，辱李蘄州絕句，問斷酒之情，因寄》詩均係酬播之作。蘄春即蘄州，舊爲蘄春郡，故名。

《寒食日寄楊東川》詩（卷三四）云：「不知楊六逢寒食，作底歡娛過此辰？」按：「楊東川」爲楊汝士。見前「箋證」。

《奉和思黯相公以李蘇州所寄太湖石奇狀絶倫，因題二十韻見示兼呈夢得》詩（卷三四）云：「共嗟無此分，虛管太湖來。」按：「李蘇州」爲蘇州刺史李道樞。《舊唐書・文宗紀》：「（開成四年閏正月）甲申朔，以蘇州刺史李道樞爲浙東觀察使。……（三月）癸酉，浙東觀察使李道樞卒。」又據《會稽掇英總集》卷十八《唐太守題名記》，李道樞，開成四年正月三十日，自蘇州刺史拜。《嘉泰會稽志》同。《會稽掇英總集》所記道樞除浙東時間與《舊紀》異，各書均未載其刺蘇年月，惟王鏊《姑蘇志》卷二《古今守令表》上云：「李道樞，開成二年除，兼御史中丞。四年閏正月遷浙東觀察使。三月卒。」所記遷浙東在閏正月，與《舊紀》同。又據《姑蘇志》，盧商開成二年五月遷浙西觀察使，則道樞必爲商之後任。

《寄李蘄州》詩（卷三四）云：「下車書奏龔黃課，動筆詩傳鮑謝風。」按：「李蘄州」爲李播。見前「箋證」。

《和楊六尚書喜兩弟漢公轉吳興，魯士賜章服，命賓開宴，用慶恩榮賦長句見示》詩（卷三四）云：「感羨料應知我意，今生此事不如君。」按：「楊六尚書」爲楊汝士，見前「箋證」。「漢公」爲楊汝士弟。開成三年三月自舒州移刺湖州。見《新唐書》卷一七五本傳、《嘉泰吳興志》卷十四、《湖州府志》卷五。並參見白氏《得楊湖州書，頗誇撫民，接賓縱酒題詩，因以絶句戲之》詩及《白蘋洲五亭記》。「魯士」爲楊汝士弟。參見白氏《開成二年三月三日河南尹李待價以人和歲稔將禊於洛濱》詩（卷三三）。

《得楊湖州書，頗誇撫民，接賓縱酒題詩，因以絶句戲之》詩（卷三四）：「豈獨愛民兼愛客？不唯能飲又能文。白蘋洲上春傳語，柳使君輸楊使君。」按：「楊湖州」爲湖州刺史楊漢公。《新唐書》卷一七五本傳：「漢公字用乂，……累遷戶部郎中、史館修撰。轉司封郎中。坐虞卿，下除舒州刺史，徙湖、亳、蘇三州。」考漢公乃虞卿弟，《新傳》以爲虞卿子，大誤。其自舒州移刺湖州在開成三年三月。《嘉泰吳興志》卷十四：「楊漢公，開成三年三月二十日自舒州刺史拜，遷亳州刺史。」《湖州府志》卷五：「字用乂，華州弘農（按：華州爲虢州之誤）人，開成三年三月自舒州移刺湖州，充本道團練使。」白氏《白蘋洲五亭記》（卷七一）云：「至開成三年，弘農楊君爲刺史，……楊君前牧舒，舒人治；今牧湖，湖人康。……君名漢公，字用乂，恐年祀久遠，來者不知，故名而字之。時開成四年十月十五日記。」

《自罷河南，已換七尹，每一入府，悵然舊遊，因宿內廳，偶題西壁，兼呈韋尹常侍》詩（卷三四）云：「每入河南府，依然似到家。」按：「換七尹」者，大和七年四月居易罷河南尹以後事也。七尹姓名見《舊唐書·文宗紀》：（一）嚴休復，《舊唐書·文宗紀》下：「（大和七年三月）丙辰，以散騎常侍嚴休復爲河南尹。」又：「（四月）壬子（沈本作壬午，是），以河南尹白居易爲太子賓客分司東都。」（二）王質，《舊唐書·文宗紀》下：「（大和七年十二月）戊申，以給事中王質權知河南尹。」（三）鄭澣，《舊唐書·文宗紀》下：「（大和八年九月）癸亥，以尙書吏部侍郎鄭澣爲河南尹。」（四）李紳，《舊唐書·文宗紀》下：「（開成元年四月庚午朔），以太子賓客分司東都李紳爲河南尹。……（六月）癸亥，以河南尹李紳檢校禮部尙書、汴州刺史、充宣武軍節度使。」自始除至遷方三月。（五）李珏，《舊唐書》卷一七三本傳：「（開成元年四月）以太子賓客分司東都。」《舊唐書·文宗紀》下：「（開成元年四月庚午朔），以江州刺史李珏爲太子賓客分司。」又據白氏《開成二年三月三日河南尹李待價以人和歲稔將禊於洛濱》詩（卷三三），則珏繼紳當在開成元年六月之後。（六）裴潾，《舊唐書·文宗紀》下：「（開成二年三月壬辰），以兵部侍郎裴潾爲河南尹。」（七）韋長，《舊唐書·文宗紀》下：「（開成三年正月）丁丑，以前荆南節度使韋長爲河南尹。」

《天寒晚起，引酌詠懷，寄許州王尙書汝州李常侍》詩（卷三四）云：「相思莫忘櫻桃會，一放狂歌一破顔。」按：「許州王尙書」爲王彥威。《舊唐書》卷一五七本傳：「（開成）三年七月，檢校禮部尙書代殷侑爲許州刺史，充忠武軍節度，陳許溵觀察等使。」《舊唐書·文宗紀》同。白氏《路逢青州王大夫赴鎭立馬贈別》詩（卷三二）亦係酬彥威之作。又劉禹錫《唐故監察御史贈尙書右僕射王公神道碑銘》：「季子彥威，字子美。……出爲衞尉卿分司東都，尋起爲陳許節度使，檢校禮部尙書，充汴宋亳等州節度觀察處置高使。」白氏此詩原注云：「櫻桃花時，數與許汝二君歡會甚樂。」可證是年七月前彥威爲衞尉卿分司東都。彥威自分司官起爲忠武軍節度使時，楊嗣復、李珏方爲相，嗣復、珏皆李宗閔之黨，則彥威必附宗閔黨者。

《憶江南詞三首》（卷三四）：「江南好，風景舊曾諳。日出江花紅勝火，春來江水綠如藍。能不憶江南？」「江南憶，最憶是杭州。山寺月中尋桂子，郡亭枕上看潮頭。何日更重遊？」「江南憶，其次憶吳宮。吳酒一杯春竹葉，吳娃雙舞醉芙蓉。早晚復相逢！」按：此詞據《白集》之編次當作於開成三年。劉禹錫有《和樂天春詞依〈憶江南〉曲拍爲句》詞。王國維《觀堂集林》卷二一《史林》十三《唐寫本春秋後語背記跋》繫白氏此詞於大和八、九年間作云：「白詞名《憶江南》，見《長慶後集》卷三，乃太（大）和八、九年間所作。劉詞有『多謝洛陽人』語，必居洛陽時作，殆與白詞同時作。」王氏所考非是。蓋大和末白氏雖在洛陽，而禹錫則在蘇州或汝州刺史任，不在洛陽也。任二北《敦煌曲初探》第五章《雜考與臆說》據王說繫劉、白《望江南詞》於大和八年，亦誤。

《櫻桃花下有感而作》詩（卷三六）云：「藹藹美周宅，櫻繁春日斜。」題下自注：「開成三年春季，美周賓客南池者。」按：「美周」當作「周美」，卽李仍叔，各本《白集》俱誤。劉禹錫《和樂天讌李周美中丞宅池中賞櫻桃花》詩，《新唐書》卷七〇上《宗室世系表》蜀王房：「宗正卿仍叔，字周美，初名章甫。」陸心源《唐文續拾》卷五李仍叔小傳：「仍叔字周美，初名章甫，系出蜀王房，元和五年登第。歷官右補闕，水部郎中，宗正卿，湖南觀察使，太子賓客。」均與劉詩合，《全唐詩》亦誤作「美周」，應以《劉集》作「周美」爲正。又此詩自注云：「開成三年春季，美周賓客南池者。」參以《舊唐書·文宗紀》及白氏《開成二年三月三日河南尹李待價以人和歲稔將禊於洛濱》詩（卷三三），其自湖南觀察使罷爲太子賓客分司當在大和末。

開成四年己未（八三九），六十八歲。

在洛陽。爲太子少傅分司。二月，以《白氏文集》六十七卷，凡詩文三千四百八十七篇，藏於蘇州南禪院。十月六日（甲寅）旦，始得風痺之疾，乃放妓賣馬（見《病中詩十五首》）。八月，從弟敏中自殿中侍御史分司出爲邠寧節度副使。歲暮，猶患足疾。有《蘇州南禪院白氏文集記》、《白蘋洲五亭記》、《不能忘情吟》及《四年春》、《白髮》、《追歡偶作》、《公垂尚書以白馬見寄，光潔穩善，以詩謝之》、《西樓獨立》、《書事詠懷》、《酬夢得比萱草見贈》、《問皇甫十》、《早春獨登天宮閣》、《送蘇州李使君赴郡二絶句》、《長洲曲新詞》、《病中詩十五首》、《歲暮病懷贈夢得》、《雪後過集賢裴令公舊宅有感》、《酬夢得貧居詠懷見贈》、《酬夢得見喜疾瘳》、《夜聞筝中彈瀟湘送神曲感舊》、《感蘇州舊舫》、《感舊石上字》、《見敏中初到邠寧秋日登城樓詩，詩中頗多鄉思，因以寄和》、《齋戒》、《戲禮經老僧》、《近見慕巢尚書詩中，屢有歎老思退之意，又於洛下新置郊居，然寵寄方深，歸心太速，因以長句戲而諭之》、《對鏡偶吟贈張道士抱元》、《春日閑居三首》、《病中宴坐》、《戒藥》等詩。

劉禹錫爲太子賓客分司東都，是年加尚書銜。十二月，改祕書監分司東都。

閏正月，蘇州刺史李道樞除浙東觀察使。三月，裴度卒，年七十五。李道樞卒。戶部侍郎崔龜從爲宣歙觀察使。六月，苻澈爲邠寧節度使。七月，刑部侍郎高鍇爲河南尹。八月，給事中姚合爲陝虢觀察使。牛僧孺爲山南東道節度使。九月，劍南東川節度使楊汝士爲吏部侍郎。蘇州刺史李穎爲江西觀察使。十月，陳王成美立爲皇太子。十二月，杭州刺史李宗閔爲太子賓客分司東都。

【箋證】

《白蘋洲五亭記》（卷七一）：「……至開成三年，弘農楊君爲刺史，乃疏四渠，濬二池，樹三園、五亭。卉木荷竹，舟橋廊室，泊遊宴息宿之具，靡不備焉。……時予守官在洛，楊君緘書賚圖，請予爲記。……」按：《金石錄》卷十第一千八百三十八：「唐《白蘋洲五亭記》，白居易撰，馬纘正書，開成四年十月。」《寶刻叢編》卷十四《湖州》引《金石錄》此條同。

《公垂尙書以白馬見寄，光潔穩善，以詩謝之》詩（卷三四）云：「不蹶不驚行步穩，最宜山簡醉中騎。」按：「公垂尙書」爲李紳。是年仍在宣武節度使任所。

《送蘇州李使君赴郡二絕句》詩（卷三四）之一：「憶抛印綬辭吳郡，衰病當時已有餘。今日賀君兼自喜，八迴看換舊銅魚。」自注：「予自罷蘇州及玆換八刺史也。」按：「蘇州李使君」爲蘇州刺史李穎。《舊唐書·文宗紀》：「（開成四年閏正月甲申朔），以蘇州刺史李道樞爲浙東觀察使。……（九月辛丑），以蘇州刺史李穎爲江西觀察使。」據《白集》之編次，此詩當作於開成四年春，則此「蘇州李使君」必非李道樞。又《姑蘇志》卷二《古今守令表》上：「李嶷，由諫議大夫任，開成四年九月遷洪州。」嶷「李嶷」係「李穎」之誤，俟考。

《病中詩十五首》（卷三五）之十四《歲暮呈思黯相公皇甫朗之及夢得尙書》：「歲暮皤然一老夫，十分流輩九分無。莫嫌身病人扶侍，猶勝無身可遣扶。」按：「思黯相公」爲牛僧孺。開成四年八月檢校司空、兼平章事、襄州刺史、山南東道節度使。見《舊唐書》卷一七二本傳、《舊唐書．文宗紀》。白氏作此詩時僧孺當已赴襄州任所。「皇甫朗之」爲皇甫曙。見前「箋證」。「夢得尙書」爲劉禹錫。劉禹錫《子劉子自傳》：「後被足疾，改太子賓客分司東都。又改祕書監分司。一年，加檢校禮部尙書、兼太子賓客。」據禹錫《自傳》，加檢校禮部尙書當在會昌元年，然白氏此詩作於開成四年，蓋初爲賓客分司時或已加檢校尙書（非禮部）銜也。又按：劉禹錫《秋霖卽事聯句三十韻》，是開成五年秋王起爲東都留守時作，猶稱禹錫爲中丞大監。次首《喜晴聯句》則已稱禹錫爲尙書。禹錫又有《酬宣州崔大夫見寄》詩云：「白衣曾拜漢尙書，今日恩光到敝廬。再入龍樓稱綺季，應緣狗監說相如。……」崔大夫爲崔龜從。龜從開成四年三月代崔鄲爲宣歙觀察使。則此詩當爲會昌元年春所作。與禹錫《自傳》加檢校禮部尙書、兼太子賓客之時間亦合。白氏有《感舊詩序》（卷三六）、《哭劉尙書夢得》（卷三六）等詩。

《雪後過集賢裴令公舊宅》詩（卷三五）：「梁王捐館後，枚叟過門時。有淚人還泣，無情雪不知。臺亭留盡在，賓客散何之？唯有蕭條雁，時來下故池。」按：裴度卒於開成四年三月四日，見《舊唐書》卷一七〇本傳。

《舊唐書・文宗紀》謂卒於三月丙申(十四日),與《舊傳》異。《新唐書・宰相表》與《舊傳》同。居易作此詩時,裴度已逝,故詩云「梁王捐館後」。

《酬夢得貧居詠懷見贈》詩(卷三五)云:「日望揮金賀新命,俸錢依舊又如何?」按:卞孝萱《劉禹錫年譜》第二三〇頁云:「白居易《酬夢得貧居詠懷見贈》注云:『時夢得罷賓客,除祕監。』……知禹錫『除祕監』爲開成五年十二月底。」考白氏此詩作於開成四年,劉禹錫有《秋霖卽事聯句三十韻》作於開成五年秋,已稱禹錫爲中丞大監,《卞譜》之「五年」當爲「四年」之誤。

《感舊石上字》詩(卷三五):「閑撥船行尋舊池,幽情往事復誰知?太湖石上鐫三字,十五年前陳結之。」按:「陳結之」爲居易之姬人桃葉。其《結之》詩(卷二六)云:「歡愛今何在?悲啼亦是空。同爲一夜夢,共過十年中。」《對酒有懷寄李十九郎中》詩(卷三五)「往年江外抛桃葉」句原注:「結之也。」又周密《浩然齋雅談》卷下:「樂天有《感舊石上字》詩云:『太湖石上鐫三字,十五年前陳結之。』蓋其妾桃葉也。自昔未有以家妓字鐫石者。」又白氏《馬墜強出贈同座》詩(卷二四)云:「坐依桃葉妓,行呷地黃杯。」亦同指一人。

《見敏中初到邠寧秋日登城樓詩,詩中頗多鄉思,因以寄和》詩(卷三五):「想爾到邊頭,蕭條正值秋。二年貧御史,八月古邠州。絲管聞雖樂,風沙見亦愁。望鄉心若苦,不用數登樓。」題下自注云:「從殿中侍御史出副邠寧。」按:「敏中」爲白敏中。《新唐書》卷一一九本傳:「遷右拾遺,改殿中侍御史,爲符澈邠寧副使。

澈卒，以能政聞，御史中丞高元裕薦爲侍御史，再轉左司員外郎。」《舊唐書》卷一六六本傳：「會昌初，爲殿中侍御史分司東都，尋除戶部員外郎還京。」《新傳》「苻澈」誤作「符澈」。澈開成四年六月除邠寧節度使。見《舊唐書·文宗紀》。敏中出副邠寧當亦在是年六月之後，白氏此詩云：「想爾到邊頭，蕭條正值秋。二年貧御史，八月古邠州。」時間正合。又據白氏此詩自注云：「從殿中侍御史出副邠寧。」則敏中爲殿中侍御史在開成二、三年間，《舊傳》謂「會昌初爲殿中侍御史分司東都」，白氏《和敏中洛下即事》詩（卷三六）自注謂「時敏中爲殿中分司」，疑俱係「侍御史分司」之誤，似應以《新傳》所記爲正。又考《重修承旨學士壁記》云：「白敏中，會昌二年九月十三日自右司員外郎充。」白氏會昌元年作《送敏中新授戶部員外郎西歸》詩（卷三六）云：「千里歸程三伏天，官新身健馬翩翩。」可證敏中除戶部員外郎在右司員外郎之前，《新傳》所稱「左司員外郎」亦係「右司員外郎」之誤，《郎官考》卷二已辨之。

開成五年庚申（八四〇），六十九歲。

在洛陽。爲太子少傅分司。春，風疾稍瘳。三月末，出妓樊素。（《春盡日宴罷感事獨吟》云：「五年三月今朝盡，客散筵空獨掩扉。病共樂天相伴住，春隨樊子一時歸。」又會昌元年作《對酒有懷寄李十九郎中》云：「往年江外拋桃葉，去歲樓中別柳枝。」桃葉謂陳結之。柳枝謂樊素。）夏，談氏外孫玉童生，喜而作詩。（按：玉童，《白氏集後記》作閣童。）十一月，自編《洛中集》十卷，共格律詩八百首，藏於香山寺。是年冬，以病請百日假。有《畫西方幀記》、《畫彌勒上生幀記》、《香山寺新修經藏堂記》、《香山寺白氏洛中集記》、《唐東都奉國寺禪德大師照公塔銘幷序》及《病入新正》、《臥疾來早晚》、《強起迎春戲寄思黯》、《夢得前所酬篇有鍊盡美少年之句，因思往事，兼詠今懷，重以長句答之》、《病後寒食》、《老病相仍以詩自解》、《皇甫郎中親家翁赴任絳州，宴送出城贈別》、《春暖》、《殘春晚起伴客笑談》、《送唐州崔使君侍親赴任》、《春晚詠懷贈皇甫朗之》、《春盡日宴罷感事獨吟》、《病中辱崔宣城長句見寄，兼有觥綺之贈，因以四韻總而酬之》、《前有別楊柳枝絕句，夢得繼和云，春盡絮飛留不得，隨風好去落誰家，又復戲答》、《池上早夏》、《談氏外孫生三日，喜是男，偶吟成篇，兼戲呈夢得》、《開成大行皇帝挽歌詞四首奉勅撰進》、《時熱少見客因詠所懷》、《宣州崔大夫閣老忽以近詩數十首見示，吟諷之下，竊有所喜，因成長句寄贈郡齋》、《足疾》、《晚池汎舟遇景成詠贈呂處士》、《夢微之》、《感秋詠意》、《老病幽獨偶吟所懷》、《和楊尚書罷相後夏日遊永安水亭，兼招本曹楊侍郎同行》、《在家出家》、《夜涼》、《繼之尚書自余病來，寄遺非一，又蒙覽醉吟先生傳，題詩以美之，今以此篇，用伸酬謝》、《五年秋病後獨宿香山寺三絕句》、《題香山新經堂招僧》、《偶題鄧公》、《早入皇城贈王留守僕射》、《寄題廬山舊草堂兼呈二林寺道侶》、《改業》、《山中五絕句》、

《自戲三絕句》、《閑題家池寄王屋張道士》、《閑居》、《喜老自嘲》、《秋霖即事聯句三十韻》、《喜晴聯句》等詩。

劉禹錫爲祕書監分司。

正月，文宗卒。中尉仇士良、魚弘志以兵迎立太弟瀍（武宗），殺太子成美。春，皇甫曙爲絳州刺史。八月，楊嗣復罷爲湖南觀察使，李珏罷爲桂管觀察使，裴夷直出爲杭州刺史，皆坐劉弘逸、薛季稜黨故也。九月，淮南節度使李德裕同中書門下平章事。宣武軍節度使李紳代德裕鎮淮南。秋，王起爲東都留守。武宗召道士趙歸眞等八十一人入禁中，帝幸三殿，於九天壇親受法籙。冬，楊嗣復貶爲潮州刺史，李珏貶爲昭州刺史。

【箋證】

《香山寺白氏洛中集記》（卷七一）：「《白氏洛中集》者，樂天在洛所著書也。大和三年春，樂天始以太子賓客分司東都，及茲十有二年矣。其間賦格律詩凡八百首，合爲十卷。今納於龍門香山寺經藏堂。……」按：白氏《序洛詩》（卷七〇）云：「自（大和）三年春至八年夏，在洛凡五周歲，作詩四百三十二首。」此文云：「大和三年春，樂天始以太子賓客分司東都，及茲十有二年矣。其間賦格律詩凡八百首，合爲十卷。」則知大和八年所序之洛詩，不過一時之編集，至開成五年十一月，又較前增詩三六八首，此集今亦失傳。

《唐東都奉國寺禪德大師照公塔銘幷序》(卷七一)：「大師號神照，姓張氏，蜀州青城人也。始出家於智凝法師，受具戒於惠萼律師，學心法於惟忠禪師。忠一名南印，卽第六祖之法會孫也。大師祖達摩，宗神會，而父事印。……」按：《集古錄目》卷五《唐照公塔碑》條下云：「太子少傅分司東都白居易撰，劉禹錫爲祕書監分司東都時書。……碑以開成三年立。」又《寶刻類編》卷五劉禹錫條下云：「《照公塔銘》，白居易撰，開成五年，洛。」禹錫開成四年十二月始自太子賓客分司改祕書監分司，且白氏此文之前三篇亦均撰於開成五年，故當以《類編》爲可信，《集古錄目》作「三年」當係「五年」之誤。又岑仲勉《論白氏長慶集源流幷評東洋本白集》謂此文作於開成四年，失考。又按：居易乃如滿弟子，爲禪宗南嶽下第三世法嗣，見《五燈會元》卷三。可知神照與居易同爲禪宗弟子。又神照亦嘗居廬山東林寺，白氏《遊大林寺序》(卷四三)：「余與河南元集虛、范陽張允中、南陽張深之、廣平宋郁、安定梁必復、范陽張特、東林寺沙門法演、智滿、士堅、利辯、道深、道建、神照、雲皐、息慈、寂然凡十七人。……」

《臥疾來早晚》詩(卷三五)云：「臥疾來早晚，懸懸將十旬。」按：白氏《病中詩十五首序》云：「開成己未歲，余蒲柳之年六十有八。冬十月甲寅(初六日)且始得風痺之疾。」至五年正月已過九十日，故云「將十旬」。

《強起迎春戲寄思黯》詩(卷三五)：「杖策人扶廢病身，晴和強起一迎春。他時蹇跛縱行得，笑殺平原樓上人。」按：牛僧孺開成四年八月除山南東道節度使，見《舊唐書》卷一七二本傳。故此時僧孺在襄州任所，居易寄之以詩。

《皇甫郎中親家翁赴任絳州，宴送出城贈別》詩（卷三五）：「慕賢入室交先定，結援通家好復成。新婦不嫌貧活計，嬌孫同慰老心情。洛橋歌酒今朝散，絳路風煙幾日行？欲識離羣相戀意，爲君扶病出都城。」按：「皇甫郎中親家翁」爲皇甫曙。白氏有《龍門送別皇甫澤州赴任韋山人南遊》詩（卷三一），則知曙大和九年赴澤州刺史任。又據《閑吟贈皇甫郎中親家翁》（卷三四）、《早春持齋答皇甫十見贈》（卷三四）等詩及劉禹錫《送河南皇甫少尹赴絳州》詩，則曙開成二年左右自澤州刺史遷河南少尹，開成五年春又自河南少尹遷絳州刺史。

《送唐州崔使君侍親赴任》詩（卷三五）云：「連持使節歷專城，獨賀崔侯最慶榮。」按：「唐州崔使君」名未詳。劉禹錫有《洛中送崔司業使君扶持赴唐州》詩云：「綠野方城路，殘春柳絮飛。」當卽其人，送行時爲暮春時節。

《病中辱崔宣城長句見寄，兼有觥綺之贈，因以四韻總而酬之》詩（卷三五）云：「科第門生滿霄漢，歲寒少得似君心。」按：「崔宣城」爲崔龜從。字玄告，清河人。開成四年三月自戶部侍郎出爲宣歙觀察使，代崔鄲。見《舊唐書》卷一七六本傳及《文宗紀》。此詩原注云：「昔予考制策，崔君登科也。」崔龜從長慶元年賢良方正能直言極諫科登科，時居易爲制策考官。見徐松《登科記考》卷十九、岑仲勉《登科記考訂補》。並參見《宣州崔大夫閣老忽以近詩數十首見示，吟諷之下，竊有所喜，因成長句寄題郡齋》詩（卷三五）。又白氏《送考功崔郎中赴闕》（卷三一）、《池上送考功崔郎中兼別房竇二妓》（卷三一）詩中之「考功崔郎中」均指龜從。又劉禹錫有《酬宣州崔大夫見寄》詩云：「白衣曾拜漢尚書，今日恩光到敝廬。再入龍樓稱綺季，應緣狗監說相如。中郎南鎮權方重，內史高齋興有餘。遙想敬亭春欲暮，百花飛盡柳花初。」作於開成四年再為太子賓客時，亦係酬龜從之作。

《談氏外孫生三日，喜是男，偶吟成篇，兼戲呈夢得》詩（卷三五）云：「明日貧翁具雞黍，應須酬賽引雛詩。」自注云：「前年談氏外孫女初生，夢得有賀詩云：『從此引鴛雛』，今幸是男，前言似有徵，故云。」按：「談氏外孫」為談弘謩之子玉童。白氏《病中看經贈諸道侶》詩（卷三六）「月上新歸伴病翁」句自注云：「時適談氏女子自太原初歸，維摩詰有女名月上也。」又《談氏小外孫玉童》詩（卷三六）「東床空後且嬌憐」句自注云：「談氏初逝。」又云：「外翁七十孫三歲。」此兩詩均作於會昌二年。則知談弘謩卒於是年，玉童時為三歲，當生於開成五年。並參見《小歲日喜談氏外孫女孩滿月》詩（卷三四）。

《宣州崔大夫閣老忽以近詩數十首見示，吟諷之下，竊有所喜，因成長句寄贈郡齋》詩（卷三五）云：「再喜宣城章句動，飛觴遙賀敬亭山。」按：「宣州崔大夫」為宣歙觀察使崔龜從。見前「箋證」。

《夢微之》詩（卷三五）云：「阿衞韓郎相次去，夜臺茫昧得知不？」按：此詩原注云：「阿衞，微之小男。韓郎，微之愛婿。」白氏《元稹墓誌銘》(卷七〇)云:「今夫人河東裴氏,賢明知禮,……生三女:曰小迎,未笄;道衞、道扶,齠齔。一子曰道護,三歲。」則阿衞亦即道衞,注中「小男」或爲「小女」之訛文。又韓郎疑爲韓泰之子。

《和楊尙書罷相後夏日遊永安水亭兼招本曹楊侍郎同行》詩(卷三五)云:「遙愛翩翩雙紫鳳,入同官署出同遊。」按:「楊尙書」爲楊嗣復。《舊唐書·武宗紀》:「(開成五年八月十七日),門下侍郎、同平章事楊嗣復檢校吏部尙書、潭州刺史、充湖南都團練觀察使。」據此詩則嗣復是年夏已罷相。「楊侍郎」爲楊汝士。開成四年自東川節度使入爲吏部侍郎。見《舊唐書》卷一七六本傳。因楊嗣復開成五年二月兼吏部尙書、同平章事,見《新唐書》卷六三《宰相表》下,故曰「本曹楊侍郎」。

《繼之尙書自余病來,寄遺非一,又蒙覽醉吟先生傳,題詩以美之,今以此篇,用伸酬謝》詩(卷三五)云:「《醉傳》狂言人盡笑,獨知我者是尙書。」按:「繼之尙書」爲楊嗣復。時已赴湖南觀察使任。

《早入皇城贈王留守僕射》詩(卷三五):「津橋殘月曉沈沈,風露凄淸禁署深。城柳宮槐謾搖落,悲愁不到貴人心。」按:「王留守僕射」爲王起。《舊唐書》卷一六四本傳:「武宗卽位,八月充山陵鹵簿使,……尋檢校左僕射、東都留守、判東都尙書省事。會昌元年徵拜吏部尙書、判太常卿事。」《新唐書》卷一六七本傳:「武宗立,爲章陵鹵簿使,東都留守,召爲吏部尙書、判太常卿。」均未詳爲東都留守之時間,據白氏此詩,則知在開成五年秋。

武宗會昌元年辛酉（八四一），七十歲。

春，與劉禹錫慶會飲。百日長告滿，停少傅官。（《陳譜》會昌元年云：「有《百日假滿少傅官停自喜言懷》詩。除刑部尚書致仕時，李德裕初用事也。」《汪譜》會昌二年云：「公年七十一，罷太子少傅，以刑部尚書致仕。《紀事》作元年致仕。按：公詩有『七年爲少傅』。又《香山居士寫眞詩序》：『會昌二年，罷太子少傅，爲白衣居士。』……以年考之，自是會昌二年。」按：居易除太子少傅分司在大和九年十月，其《官俸初罷親故見憂以詩諭之》云：「七年爲少傅，品高俸不薄。乘軒已多慚，況是一病鶴。又及懸車歲，筋力轉衰弱。……今春始病免，纓組初擺落。」《達哉樂天行》詩云：「七旬纔滿冠已挂，半祿未及車先懸。」均謂七十歲罷少傅，未致仕請到半俸前已先停官。大和九年至會昌元年亦正合七年之數。唐制，致仕可得半俸，見《唐會要》卷六七「致仕官」條下。居易未致仕，故罷少傅後亦停俸。又《香山居士寫眞詩序》云：「會昌二年，罷太子少傅爲白衣居士，又寫眞於香山寺藏經堂，時年七十一。」蓋謂會昌二年已罷少傅官，尚未致仕，非謂是年始罷也。《陳譜》謂居易以刑部尚書致仕在會昌元年，世界思想社一九七一年版花房英樹《白居易研究》據《汪譜》謂居易罷太子少傅在會昌二年，俱非是。）秋，東都留守李程過居易宅，有感作詩。是年夏，從弟敏中自侍御史分司除戶部員外郎赴長安。居易送行贈詩。（卷三六《送敏中新授戶部員外郎西歸》云：「千里歸程三伏天，官新身健馬翩翩。」按：此詩《陳譜》誤繫於會昌二年。）有《淮南節度使檢校尚書右僕射趙郡李公家廟碑銘》、《六贊偈》及《感秋詠意》、《山下留别佛光和尚》、《會昌元年春五絕句》、《過裴令公宅二首》、《百日假滿少傅官停自喜言懷》、《旱熱》、《題崔少尹上林坊新居》、《新澗亭》、《對酒有懷寄李十九郎中》、《楊六尚書頻寄新詩，詩中多有思閑相就之志，因書鄙意，報而諭之》、《偶吟自慰兼呈夢得》、《寄潮州繼之》、《雪暮偶與夢得同致仕裴賓客王尚書飲》、《雪朝乘興欲詣李司徒留守，先以五韻戲之》、《贈思黯》、《逸老》、《遇物感興因示子弟》、《首夏南池獨酌》、《官俸初罷，親故見憂，以詩諭之》、《春池閑汎》、《池上寓興二絕》、《和敏中洛下即事》、《送敏中新授戶部員外郎西歸》、《南侍御以石相贈，助成水聲，因以絕句謝之》、《李留守相公見過池上，汎舟舉酒，話及翰林舊事，因成四韻以獻之》、《閏九月九日獨飲》、《覽盧子蒙侍御舊詩，多與微之唱和，感今傷昔，因贈子蒙，題於卷後》、《寒亭留客》、《新小灘》、《和李中丞與李給事山居雪夜同宿小酌》、《偶吟》、《雪夜小飲贈夢得》、《病中數會張道士見譏以此答之》、《卯飲》、《寄題餘杭郡樓兼呈裴使君》、《楊六尚書留太湖石在洛下，借置庭中，因對舉杯寄贈絕句》、《昨日復今辰》、《會昌春連宴即事》、《僕射來示有三春向晚四者難并之說，誠哉是言，輒引起題，重爲聯句，疲兵再戰，勁敵難降，下筆之時颯然自哂，走呈僕射兼簡尙書》等詩。

劉禹錫加檢校禮部尙書，兼太子賓客。

三月，楊嗣復自潮州刺史再貶爲潮州司馬，李珏自昭州刺史再貶爲端州司馬，杭州刺史裴夷直爲驩州司戶。六月，李程爲東都留守。

【箋證】

《淮南節度使檢校尙書右僕射趙郡李公家廟碑銘并序》(卷七一)：「維開成某年某月某日，宣武軍節度使、檢校尙書右僕射、汴州刺史、上柱國、賜紫金魚袋趙郡李公，齋沐祗慄拜章上言，請立先廟以奉常祀。於是得請於天子，承式於有司。是歲某月某日，經始於東都，明年某月某日，有事於新廟。……三獻百順，神禮其成。其友居易以李氏宗祖世家名爵與僕射志行官業書於麗牲之碑。……鄆縣暨晉陵府君咸善積於躬，道屈於位。儲祉流慶而僕射生焉。僕射名紳，字公垂。……」按：李紳，《舊唐書》卷一七三、《新唐書》卷一八一有傳。《全唐文》卷七三八沈亞之《李紳傳》：「李紳者，本趙人。」晁公武《郡齋讀書志》卷四及《唐才子傳》卷六均謂李紳爲亳州人，蓋趙郡乃李氏之郡望，後移家亳州。考《新唐書》卷七二上《宰相世系表》趙郡李氏，晉以後分成三支，即「東祖」、「西祖」、「南祖」。南祖之後有善權，後魏譙郡太守，徙居譙，生延觀，徐、梁二州刺史。卽李紳之八代祖。後紳父晤，歷金壇、烏程、晉陵三縣令，因寓家無錫。沈亞之《李紳傳》云：「徙家吳中。」

李紳《過梅里七首詩序》云：「家於無錫四十載。」《舊傳》云：「潤州無錫人。」《新傳》云：「世宦南方，客潤州。」考兩《唐書》《地理志》及《元和郡縣志》均以無錫屬常州，《舊傳》、《新傳》以無錫屬潤州，誤。又按：今人卞孝萱《李紳年譜》據李紳《墨詔持經大德神異碑銘》，謂紳生於大曆七年。據此則紳與居易亦爲同歲。

《山下留別佛光和尙》詩（卷三五）：「勞師送我下山行，此別何人識此情？我已七旬師九十，當知後會在他生。」按：「佛光和尙」爲佛光寺僧如滿。《五燈會元》卷三：「洛京佛光如滿禪師，曾住五臺山金閣寺。」白氏《醉吟先生傳》（卷七〇）：「與嵩山僧如滿爲空門友。」康駢《劇談錄》卷下：「白尙書爲少傅，分務洛師，情興高逸，每有雲泉勝境，靡不追遊。常以詩酒爲娛，因著《醉吟先生傳》以敍。盧尙書簡辭有別墅，近枕伊水，亭榭淸峻。方冬，與羣從子姪同遊，倚欄眺翫嵩、洛。俄而霰雪微下，情興益高，因話廉察金陵，常記江南煙水，每見居人以葉舟浮泛，就食菰米鱸魚，近來思之，如在心目。良久，忽見二人衣簑笠，循岸而來，牽引水鄉蓬艇，船頭覆靑幕，中有白衣人，與衲僧偶坐。船後有小竈，安桐甑而炊，丱角僕煮茗，泝流過於檻前。聞舟中吟嘯方甚，盧撫掌驚歎，莫知誰氏。使人從而問之，乃曰白傅與僧佛光同自建春門往香山精舍。」考居易乃如滿弟子，爲禪宗南嶽下第三世法嗣。見《五燈會元》卷三。又白氏會昌二年所作《佛光和尙眞贊》（卷七一）云：「師年幾何？九十一春。會昌壬戌，我師尙存。」則會昌元年，如滿已九十歲，與此詩「我已七旬師九十」之句正合。

《會昌元年春五絕句》詩（卷三五）之二《贈舉之僕射》云：「二月三迴寒食會，春光應不負今年。」按：「舉之僕射」爲王起。據此詩，則起會昌元年春猶爲東都留守。幷見前「箋證」。

《會昌元年春五絕句》詩（卷三五）之三《盧尹賀夢得會中作》：「病聞川守賀筵開，起伴尙書飲一杯。任意少年長笑我，老人自覓老人來。」按：「盧尹」爲河南尹盧貞。張采田《玉谿生年譜會箋》卷三會昌四年甲子七月：「（陳直齋）又曰：『盧貞爲尹在會昌四年七月。』當有所據，故編是年，容再詳考。《唐詩紀事》：『貞字子蒙，會昌五年爲河南尹。』本集《賀上尊號表》在五年正月，而云：『臣幸丁昌運，方守洛京。』則貞尹河南必在前，陳說似可據。香山七老會又有一盧眞，字亦作『貞』，前侍御史內供奉官，年八十三，與此盧貞非一人也。」今本直齋《白文公年譜》無「盧貞爲尹在會昌四年七月」語，張氏謂貞尹河南，必在會昌五年前，所考亦疏，蓋未引證白氏此作。據此詩，則貞會昌元年已爲河南尹。白氏又有《宴後題府中水堂贈盧尹中丞》詩（卷三六）云：「從我到君十一尹」，十一尹者，《陳譜》會昌二年壬戌云：「前已見七尹外，有高銖、孫簡、盧貞幷公爲十一人。」考《舊唐書·文宗紀》：「（開成四年七月）壬寅，以河南尹韋長爲平盧軍節度使，以刑部侍郎高錯（按：據《舊傳》錯當作銖）爲河南尹。」孫簡除河南尹之年月，不見《舊紀》，唯《新唐書》卷二〇二《孫逖傳》云：「（簡）會昌初遷尙書左丞。」今以白詩考之，盧貞當爲孫簡之後任，簡自河南尹遷尙書左丞，亦在會昌元年春，與《新傳》所敍時間正相合。並參見白氏《歲暮夜長病中燈下聞盧尹夜宴以詩戲之且爲來日張本也》（卷三六）、

《李盧二中丞各創山居俱誇勝絕，然去城稍遠來往頗勞，弊居新泉實在宇下，偶題十五韻聊戲二君》（卷三六）等詩。又按：《新唐書》卷一六八《劉禹錫傳》云：「會昌時加檢校禮部尚書。」《劉集》外九《子劉子自傳》云：「改祕書監分司。一年，加檢校禮部尚書兼太子賓客。」均未詳年月。據白氏此詩，題云賀者，殆賀禹錫新加檢校禮部尚書，與《子劉子自傳》相合。

《百日假滿，少傅官停，自喜言懷》詩（卷三五）云：「人言世事何時了？我是人間事了人。」按：居易除太子少傅分司在大和九年十月，其《官俸初罷親故見憂以詩諭之》詩（卷三六）云：「七年爲少傅」，又云：「今春始病免」，則停少傅官在會昌元年暮春時，蓋大和九年至會昌元年適爲七年也。又其《香山居士寫眞詩序》（卷三六）云：「會昌二年罷太子少傅爲白衣居士，又寫眞於香山寺藏經堂，時年七十一。」蓋有謂會昌二年已罷少傅官，尚未致仕，非謂是年始罷也。《陳譜》謂居易會昌元年以刑部尚書致仕，《汪譜》謂罷少傅官在會昌二年，均非是。又顧學頡《白居易年譜簡編》會昌二年壬戌（八四二）：「罷太子少傅，以刑部尚書致仕。」亦誤。

《楊六尚書頻寄新詩，詩中多有思閑相就之志，因書鄙意，報而諭之》詩（卷三五）云：「進退是非俱是夢，丘中闕下亦何殊。」按：「楊六尚書」爲楊汝士。《舊唐書》卷一七六本傳：「（開成）四年九月入爲吏部侍郎，位至尚書，卒。」《新唐書》卷一七五本傳：「終刑部尚書。」據此詩，則汝士會昌元年或已遷刑部尚書。

《寄潮州繼之》詩（卷三五）：「相府潮陽俱夢中，夢中何者是窮通？他時事過方應悟，不獨榮空辱亦空。」

按：「潮州繼之」爲楊嗣復。字繼之，於陵子。《舊唐書》卷一七六、《新唐書》卷一七四有傳。《舊唐書·武宗紀》：「（會昌元年）三月，貶湖南觀察使楊嗣復湖州司馬，桂管觀察使李珏端州司馬。」張采田《玉谿生年譜會箋》卷二開成五年庚申八月：「嗣復之貶，既與李珏同事，則參之《傳》、《紀》，當是李珏先貶昭州刺史，再貶瑞州（城按：當作端州）司馬；嗣復先貶潮州刺史，再貶湖州司馬也。其貶潮州刺史，證以《舊傳》所載劉弘逸、薛季稜事，必在本年之冬甫到湖南任時。」張氏所考甚是，惟云嗣復「再貶湖州司馬」，則係未察《舊紀》之誤。岑仲勉《玉谿生年譜會箋平質》云：「楊嗣復貶湖州司馬，《箋》二據《舊紀》。按沈本『湖』作『潮』。《東觀奏記》謂五相擠嶺外，湖非嶺外，亦非遠竄之所。《舊》、《新》本傳均作『潮』，近是。」又考白氏《得潮州楊相公繼之書并詩以寄之》詩（卷三七）云：「鳳池隔絕三千里，蝸舍沈冥十五春。」此詩約作於會昌三、四年間。又《六年立春日人日作》詩（卷三七）云：「試作循潮封眼想，何由得見洛陽春。」俱可爲嗣復是時猶在潮州之證。又《舊唐書》卷一七六《楊嗣復傳》亦云：「大中二年自潮陽還，至岳州病，一日而卒。」可知嗣復始終未離潮陽，與白詩所記時間亦合，岑氏所考是也。

《雪暮偶與夢得同致仕裴賓客王尚書》詩（卷三五）云：「四箇老人三百歲，人間此會亦應稀。」按：「裴賓客」爲裴洽。白氏《春夜宴席上戲贈裴淄州》詩（卷三三）云：「九十不衰眞地仙」，又《開成二年三月三日河南尹李待價以人和歲稔將禊於洛濱》詩（卷三三）中有「淄州刺史裴洽」，同爲一人。「王尚書」爲王起。《舊唐書》

一六四本傳：「武宗卽位……尋檢校東都留守、判東都尙書省事。會昌元年徵拜吏部尙書、判太常卿事。」白氏有《早入皇城贈王留守僕射》、《贈舉之僕射》詩（卷三五）。會昌元年，王起八十二歲。

《雪朝乘興欲詣李司徒留守先以五韻戲之》詩（卷三五）云：「梁園應有興，何不召鄒生。」按：「李司徒留守」爲李程。《新唐書》卷一三一本傳：「武宗立，爲東都留守，卒。」白氏有《和李相公留守題漕上新橋六韻》詩（卷三七）卽酬程之作。《舊唐書·武宗紀》：「（會昌元年二月）賜仇士良紀功碑，詔右僕射李程爲其文。」則知程之出爲東都留守，當在此後，亦與白詩之時間相合也。又據白氏《早入皇城贈王留守僕射》、《贈舉之僕射》等詩，並參之《舊唐書》卷一六四《王起傳》，起自東都留守徵拜吏部尙書、判太常卿事，約在元年春後，李程當卽起之後任。又《舊唐書》卷一六七《李程傳》謂程「（開成）二年三月檢校司徒，出爲襄州刺史、山南東道節度使，卒。」大誤。

《贈思黯》詩（卷三五）云：「若道歸仁灘更好，主人何故別三年？」按：「思黯」爲牛僧孺。會昌元年仍在山南東道節度使任。見《舊唐書》卷一七二本傳。又按：牛僧孺大和四年八月出爲山南東道節度使，至會昌元年適爲三年，故詩云「主人何故別三年」。

《官俸初罷，親故見憂，以詩諭之》詩（卷三六）云：「七年爲少傅，品高俸不薄。乘軒已多慚，況是一病鶴！又及懸車歲，筋力轉衰弱。……」按：居易除太子少傅分司在大和九年十月，至會昌元年適爲七年，此詩云：

「七年爲少傅」，時間正合。此詩又云：「又及懸車歲，筋力轉衰弱。」又《達哉樂天行》詩（卷三六）云：「七旬纔滿冠已挂，半祿未及車先懸。」均謂七十歲罷少傅，未謂請到半俸前已先停官。唐制，致仕可得半俸，見《唐會要》卷六七「致仕官」條下。居易未致仕，故罷少傅后亦停俸。《汪譜》繫此詩於會昌二年，非是。花房英樹亦沿襲《汪譜》之誤。又顧學頡《白居易年譜簡編》繫此詩於會昌二年，亦非。參見白氏《百日假滿少傅官停自喜言懷》詩（卷三五）。

《閑居偶吟招鄭庶子皇甫郎中》詩（卷三六）云：「能來小澗上，一聽潺湲無？」按：「鄭庶子」爲鄭俞。即白氏《同王十七庶子李六員外鄭二侍御同年四人遊龍門有感而作》詩（卷二八）中之「鄭二侍御」，《早春雪後贈洛陽李長官長水鄭明府二同年》詩（卷二八）中之「鄭明府」，《酬鄭二司錄與李六郎中寒食日相遇同宴見贈》詩（卷三三）中之「鄭二司錄」。「皇甫郎中」爲皇甫曙。見前「箋證」。

《李盧二中丞各創山居，俱誇勝絕，然去城稍遠，來往頗勞，弊居新泉，實在宇下，偶題十五韻，聊戲二君》詩（卷三六）云：「願以潺湲聲，洗君塵土耳。」按：「李中丞」爲李仍叔。「盧中丞」爲河南尹盧貞。見前「箋證」。

《和敏中洛下卽事》詩（卷三六）云：「洛中佳境應無限，若欲諳知問老兄。」按：「敏中」爲白敏中。會昌初爲侍御史分司東都。參見白氏《見敏中初到邠寧秋日登城樓詩詩中頗多鄉思因以寄和》詩（卷三五）及前「箋證」。

《送敏中新授戶部員外郎西歸》詩（卷三六）云：「千里歸程三伏天，官新身健馬翩翩。」按：「敏中」爲白敏中。《郎官石柱題名·戶外》有敏中名。《册府元龜》卷五五〇謂敏中「開成末爲戶部員外郎」，非是。白詩云：「千里歸程三伏天」，則敏中除此職必在會昌元年夏。見前「箋證」。

《南侍御以石相贈，助成水聲，因以絕句謝之》詩（卷三六）：「泉石磷磷聲似琴，閑眠靜聽洗塵心。莫輕兩片靑苔石，一夜潺湲直萬金。」按：「南侍御」爲南卓。據卓自撰《羯鼓錄》云：「會昌元年卓因爲洛陽令，數陪劉賓客、白少傅宴遊。」唐人喜以內職相稱，則此時卓當已自侍御改官洛陽令。南卓之祖父巨川，給事中。父纘，漢州刺史。姊適陳商。今人張鈁《千唐誌齋藏石目錄》有卓撰之《唐故潁川陳君夫人魯郡南氏墓誌銘并序》，述其家世頗詳。又據陸心源《唐文拾遺》卷二九《南卓題劉蕡蘭表後》、《新唐書·藝文志》、《唐大詔令集》、《唐詩紀事》、《雲溪友議》、《太平廣記》卷二五一引《盧氏雜說》、《玉壺清話》、《郡齋讀書志》、《直齋書錄解題》、《寶刻叢編》、《寶刻類編》等書所載，卓字昭嗣，元和十年應進士試，大和二年賢良方正能直言極諫科登第。初爲拾遺，大和四年以諫謫松滋令。會昌元年自侍御史除洛陽令。後遷郎中。會昌末至大中四年，先後爲商、蔡、婺等州刺史。大中八年卒於黔南觀察使任。詳見今人卞孝萱《南卓考》（《中華文史論叢》第四輯）。并參見白氏《酬南洛陽早春見贈》（卷三六）、《每見呂南二郎中新文，輒竊有所歎惜，因成長句，以詠所懷》（卷三七）兩詩。

《李留守相公見過池上，汎舟舉酒，話及翰林舊事，因成四韻以獻之》詩（卷三六）云：「同時六學士，五相一漁翁。」按：「李留守相公」爲李程。見前「箋證」。《容齋隨筆》卷二：「白樂天分司東都，有詩上李留守相公，其序言：『公見過池上，汎舟舉酒，話及翰林舊事，因成四韻。』後兩聯云：『白首故情在，青雲往事空。同時六學士，五相一漁翁。』此詩蓋與李絳者，其詞正記元和二年至六年事。予以其時考之，所謂五相者：裴垍、王涯、杜元穎、崔羣及絳也。」洪氏所考蓋誤。詩云「同時六學士」，非指二年至六年，乃居易初入院之時也。五相者無杜元穎，乃李程、王涯、裴垍、李絳、崔羣。留守相公非李絳，乃李程，蓋李絳爲東都留守在長慶時，時間不合。詳見岑仲勉《唐集質疑》。又按：《陳譜》會昌元年云：「五相謂李吉、裴垍、崔羣及程也。」宋長白《柳亭詩話》卷一謂指裴度、崔羣、裴垍、王播、李絳，俱誤。

《覽盧子蒙侍御舊詩，多與微之唱和，感今傷昔，因贈子蒙，題於卷後》詩（卷三六）：「早聞元九詠君詩，恨與盧君相識遲。今日逢君開舊卷，卷中多道贈微之。相看掩淚情難說，別有傷心事豈知？聞道咸陽墳上樹，已抽三丈白楊枝。」按：「盧子蒙侍御」爲盧貞。即白氏《七老會詩》（卷三七）中所記之「前侍御史內供奉盧貞，今年八十三。」此盧貞，元稹集中如《初寒夜寄盧子蒙》及《城外回謝子蒙見諭》等詩屢及之，與「河南尹盧貞」並非一人。《唐詩紀事》卷四九盧貞條云：「字子蒙，會昌五年爲河南尹。」大誤。《全唐詩》卷四六三盧貞小傳亦誤兩盧貞爲一人。

《寄題餘杭郡樓兼呈裴使君》詩（卷三六）：「官歷二十政，宦遊三十秋。江山與風月，最憶是杭州。北郭沙堤尾，西湖石岸頭。綠觴春送客，紅燭夜迴舟。不敢言遺愛，空知念舊遊。憑君吟此句，題向望濤樓。」按：「裴使君」爲杭州刺史裴夷直。《新唐書》卷一四八《張孝忠傳》：「夷直字禮卿，……第進士，歷右拾遺，累進中書舍人。武宗立，夷直視册牒，不肯署，乃出爲杭州刺史。斥驩州司戶參軍。」《舊唐書·武宗紀》：「（開成五年八月十七日），御史中丞裴夷直爲杭州刺史。……（會昌元年）三月，（貶）杭州刺史裴夷直驩州司戶。」《通鑑·唐紀》卷六二謂諫議大夫裴夷直出爲杭州刺史在開成五年十一月，與《舊紀》異。見勞格《讀書雜識·杭州刺史考》，則白氏此詩作於會昌元年春無疑。《舊唐書》一七三《李珏傳》云：「武宗卽位之年九月，與楊嗣復俱罷相，出爲桂州刺史、桂管觀察使。三年，長流驩州。」李珏先貶昭州刺史，後貶端州司馬，錢大昕《廿二史考異》卷六〇謂「其貶驩州者乃裴夷直，非李珏，且爲司戶非長流，《傳》殆誤矣。」所考是也。又按：顧學頡《白居易年譜簡編》會昌元年辛酉（八四一）：「李珏爲韶州刺史，再貶爲端州司馬。」「韶州」乃「昭州」之誤。

會昌二年壬戌（八四二），七十一歲。

在洛陽。以刑部尚書致仕，給半俸。三月，牛僧孺除東都留守至洛陽。居易屢贈詩。七月，劉禹錫卒，年七十一，贈戶部尚書。居易有哭詩。（《哭劉尚書夢得二首》，其一云：「四海齊名白與劉，百年交分兩綢繆。同貧同病退閑日，一死一生臨老頭。杯酒英雄君與操，文章微婉我知丘。賢豪雖歿精靈在，應共微之地下遊。」）時婿談弘謩亦歿，女阿羅自太原來歸，有詩。自編《後集》二十卷，納於廬山東林寺，至此《白氏文集》七十卷成。是年九月十三日，從弟敏中自右司員外郎充翰林學士。（見丁居晦《重修承旨學士壁記》，《舊傳》及《新傳》俱誤作左司員外郎，勞格《郎官石柱題名考》二已辨之。又《舊傳》云：「武宗皇帝素聞居易之名，及卽位，又徵用之，宰相李德裕言居易衰病不任朝謁，因言從弟敏中辭藝類居易，卽日知制誥，召入翰林充學士，遷中書舍人。」《通鑑》卷二四六會昌二年九月記此則云「甲辰，以敏中爲翰林學士」。考《重修承旨學士壁記》復云：「其月（九月）十五日，改兵部員外郎。十一月二十九日，加知制誥。」則與《通鑑》所記同，先充學士而後知制誥也。）有《佛光和尙眞贊》及《閑樂》、《北窗竹石》、《飲後戲示弟子》、《閑坐看書貽諸少年》、《夢上山》、《對酒閑吟贈同老者》、《晚起閑行》、《香山居士寫眞詩》、《二年三月五日齋畢開素當食偶吟贈妻弘農郡君》、《不出門》、《感舊》、《達哉樂天行》、《宴後題府中水堂贈盧尹中丞》、《履道西門二首》、《歲暮夜長，病中燈下，聞盧尹夜宴，以詩戲之，且爲來日張本也》、《喜入新年自詠》、《灘聲》、《老題石泉》、《出齋日喜皇甫十早訪》、《會昌二年春題池西小樓》、《酬南洛陽早春見贈》、《對新家醞玩自種花》、《攜酒往朗之莊居同飲》、《以詩代書酬慕巢尚書見寄》、《春盡日》、《招山僧》、《夏日與閑禪師林下避暑》、《題新澗亭兼酬寄朝中親故見贈》、《病中看經贈諸道侶》、《遊豐樂招提佛光三寺》、《醉中得上都親友書，以予停俸多時，憂問貧乏，偶乘酒興，詠而報之》、《池畔逐涼》、《談氏小外孫玉童》、《送後集往廬山東林寺兼寄雲皐上人》、《客有說》、《答客說》、《哭劉尚書夢得二首》、《刑部尚書致仕》、《戲問牛司徒》、《酬寄牛相公同宿話舊勸酒見贈》、《寄黔州馬常侍》等詩。

二月，淮南節度使李紳爲中書侍郎、同中書門下平章事。（此據《新紀》及《通鑑》卷二四六。按：王惲《玉堂嘉話》卷一載孔溫業《李紳拜相制》所敍爲「會昌二年二月十二日」，與《新紀》合。《舊紀》、《冊府元龜》卷七四《帝王部》七四《命相》、《舊傳》謂紳自淮南入相在會昌元年，俱誤。）春，牛僧孺繼李程爲東都留守。皇甫曙自絳州刺史罷歸洛陽。五月，宰相李德裕兼守司徒。

【箋證】

《宴後題府中水堂贈盧尹中丞》詩（卷三六）云：「從我到君十一尹，相看自置府來無。」按：「盧尹中丞」爲河南尹盧貞。十一尹者，白居易、嚴休復、王質、鄭澣、李紳、李珏、裴潾、韋長、高銖、孫簡、盧貞十一人也。

《歲暮夜長，病中燈下，聞盧尹夜宴，以詩戲之，且爲來日張本也》詩（卷三六）：「榮鬧興多嫌晝短，衰閑睡夜覺明遲。當君秉燭銜杯夜，是我停燈服藥時。枕上愁吟堪發病，府中歡笑勝尋醫。明朝強出須謀樂，不詎車公更詎誰？」按：「盧尹」爲河南尹盧貞。見前「箋證」。「停燈」即點燈之意。「停燈」爲唐人習用之語，六朝時已有之，徐陵《和王舍人送客未還閨中有望》詩云：「綺燈停不滅，高扉掩朱關。」唐朱慶餘《近試上張水部》詩云：「洞房昨夜停紅燭」，意與徐詩相同。白氏《衰病》詩（卷二〇）又云：「行多朝散藥，睡少夜停燈。」故「停」字不能作「停放」或「熄滅」解。任二北《敦煌曲初探》第五章《雜考與臆說》云：「停——有兩兩對稱之意。〔六二四〕：『停燭焚香告天地。』朱慶餘詩『洞房昨夜停紅燭。』」非是。又文同《織婦怨》云：「不敢輒下機，連宵停火燭。」錢鍾書《宋詩選》第四三頁釋此兩句詩引費昶《行路難》「貧窮夜紡無燈燭」句，謂係夜間無燈紡織，亦誤。

《酬南洛陽早春見贈》詩（卷三六）云：「久病長齋詩老退，爭禁年少洛陽才。」按：「南洛陽」爲南卓。見前「箋證」。

《夏日與閑禪師林下避暑》詩（卷三六）云：「每因毒暑悲親故，多在炎方瘴海中。」詩後自注云：「是歲潮、韶等郡，皆有親友謫居。」按：「閑禪師」爲僧淸閑。此詩自注蓋指楊嗣復李珏等之貶。據《舊唐書·武宗紀》、《楊嗣復傳》、《李珏傳》，李珏先貶昭州刺史，再貶瑞州（按：當作端州）司馬。嗣復先貶潮州刺史，再貶潮州司馬。白氏自注所云「韶州」，未知何指。疑當作「昭州」。《唐宋詩醇》卷二六引《稽古錄》云：「開成五年，楊嗣復貶潮州，李珏貶韶州」。參之《紀》、《傳》，則韶州非李珏貶所。疑《稽古錄》所記有誤。

《醉中得上都親友書，以予停俸多時，憂問貧乏，偶乘酒興，詠而報之》詩（卷三六）云：「煩君問生計，憂醒不憂貧。」按：居易罷少傅官在會昌元年春，猶未致仕，故無半俸可領，此詩題云「停俸多時」可證。又此詩後一首爲《池畔逐涼》（卷三六），則居易以刑部尚書致仕當在是年秋後。《陳譜》謂居易致仕在會昌元年，誤。

《談氏小外孫玉童》詩（卷三六）云：「外翁七十孫三歲，笑指琴書欲遣傳。」按：談玉童生於開成五年，此詩云：「外翁七十孫三歲」，故當作於會昌二年。《汪譜》繫於元年，非是。

《客有說》詩（卷三六）：「近有人從海上迴，海山深處見樓臺。中有仙龕虛一室，多傳此待樂天來。」題下自注云：「客即李浙東也，所說不能具錄其事。」按：「李浙東」爲浙東觀察使李師稷。《太平廣記》卷四八引《逸史》云：「唐會昌元年，李師稷中丞爲浙東觀察使，有商客遭風飄蕩，不知所止。月餘，至一大山，瑞雲奇花，白鶴異樹，盡非人間所覩。山側有人迎問曰：『安得至此？』具言之。令維舟上岸，云：『須謁天師。』遂引至一處，若大寺觀，通一道入，道士鬚眉悉白，侍衛數十，坐大殿上，與語曰：『汝中國人，茲地有緣，方得一到此蓬萊山也。既至，莫要看否？』遣左右引於宮內遊觀，玉臺翠樹，光彩奪目。院宇數十，皆有名號。至一院，扃鏁甚嚴，因窺之，衆花滿庭，堂有裀褥，焚香階下。客問之，答曰：『此是白樂天院，樂天在中國未來耳。』乃潛記之，遂別之歸。旬日至越，具白廉使。李公盡錄以報白公。先是白公平生唯修上坐業，及覽李公所報，乃自爲詩二首以記其事及答李浙東云：『近有人從海上回，海山深處見樓臺。中有仙龕開一室，皆言此待樂天來。』又曰：『吾學空門不學仙，恐君此語是虛傳。海山不是吾歸處，歸卽應歸兜率天。』然白公脫屣煙埃，投棄軒冕，與夫昧昧者固不同也。安知非謫仙哉？」盧肇《逸史》所記殊荒誕不經，故居易詩中亦詆云「虛傳」，蓋唐人多喜言居易仙去。考《太平廣記》卷三一一又引《唐年補錄》云：「會昌中，小黃門史遂因疾退於家。一日，忽召所親，自言初得疾時，見一黃衣人執文牒曰：『陰司錄君二魂對事，量留一魂主身。』不覺隨去。出通化門，東南入荒徑，渡灞、滻，陟藍田山，山上約行數十里，忽見一騎執黑幡，云：『太一登殿已久，罪人錄畢，爾何遲也。』督之而去，至一城，甲士翼門，直北至一宮，宮門守衞甚嚴，有赤衣吏引使者同入。肅屛間有一吏自內出曰：『受教，受教。』使者鞠躬受命，宣曰：『史遂前世括蒼山主錄大夫侍者，始則恭恪，中間廢墮，謫官黃門，冀其省悟，今大天復位，侍者宜還，付所司准法。』遂領就一院，見一人，白鬚鬢，紫衣，左右十數列侍，拜訖仰視，乃少傅白居易也。遂元和初爲翰林小吏，因問曰：『少傅何爲至此？』白怡然曰：『侍者憶前事耶？』俄如睡覺，神氣頓如舊，諸黃門聞其疾愈，競訪之。是夕，居易薨於洛中，臨終，謂所親曰：『昔自蓬萊，與帝（謂武宗也）有閻浮之因，帝於閻浮爲麟德之別。』言畢而逝，人莫曉也。較其日月，當捐館之時，乃上宴麟德殿也。」宋葉夢得《避暑錄話》卷上引盧肇《逸史》與《太平廣記》所引略異，「李浙東」作「李君稷」，非是。《郎官石柱題名》左司郎中、《嘉泰會稽志》、《金石續編》唐八《楚州石柱題名》均作「李師稷」，當以《太平廣記》爲正。惟《逸史》謂師稷爲浙東觀察使在會昌元年亦誤。考師稷除浙東在會昌二年二月，元年時浙東觀察使爲蕭俶，非李師稷。《會稽掇英總集》卷十八《唐太守題名記》：「蕭俶，開成四年三月自楚州團練使授，會昌二年七月除給事中。李師稷，會昌二年二月自楚州團練使兼淮南營田副使授。」吳廷燮《唐方鎭年表》卷五引《嘉泰會稽志》同，與白氏此詩所作時間正相合。

《哭劉尙書夢得二首》詩（卷三六）：「四海齊名白與劉，百年交分兩綢繆。同貧同病退閑日，一死一生臨老頭。杯酒英雄君與操，文章微婉我知丘。賢豪雖歿精靈在，應共微之地下遊。」「今日哭君吾道孤，寢門淚滿白髭鬚。不知箭折弓何用？兼恐脣亡齒亦枯。窅窅窮泉埋寶玉，駸駸落景掛桑榆。夜臺暮齒期非遠，但問前頭相見無？」按：劉禹錫卒於會昌二年，《舊唐書》卷一六〇本傳：「會昌二年七月卒，時年七十一。」與白詩合。《新唐書》卷一六八本傳：「會昌時加檢校禮部尙書，卒，年七十二。」非是。錢大昕《疑年錄》卷一：「劉夢得七十二：生大曆七年壬子，卒會昌二年壬戌。據《唐詩紀事》，夢得與樂天俱生壬子，劉以會昌二年卒，當爲七十一也。白樂天詩：『何事同生壬子歲，老於崔相及劉郎。』自注：『予與蘇州劉郎中同生壬子歲。』」余嘉錫《疑年錄稽疑》訂正錢氏之誤云：「此條卒年既從《舊書》，又據《唐詩紀事》及白樂天詩考得其生於壬子，則竟從《舊書》定爲七十一可也。乃復牽就《新書》，題作七十二，一條之內，自相差互，無乃進退失據乎？」余氏之說是，當以《舊傳》爲正。又按：劉、白二人共同之友，其達而在上者，若裴度、韋處厚、令狐楚、牛僧孺、崔羣、李絳、李紳、楊嗣復、李程、楊虞卿、崔玄亮、馮宿、吳士矩等，屢見於詩篇，然劉之摯友柳宗元爲白所不及知，李德裕厚於劉而與白不同臭味。惟元稹在兩人之間，交誼俱不淺，以詩篇往復而論，似與白尤殷勤。然劉所尤親厚者如柳宗元、呂溫、李景儉皆元之知交，似元、劉之契合更在元、白之上。此詩「文章微婉」一語，概括禹錫一生遭際與劉、白二人之契合，其旨甚深。末句以元、劉並論，不僅指私交，亦指元、劉抱負之相同也。又居易政治志趣雖與禹錫略殊，如居易與楊汝士弟兄有連，楊氏皆親李宗閔、牛僧孺，與禹錫之親李德裕異趣。然其早年曾揭發擁立憲宗之宦官俱文珍之劣迹，詞甚激切(見白氏《論太原事狀》文)，可知其政治立場必傾向於同情永貞事變之八司馬，所謂「文章微婉」者，蓋有無限難言者在也。

《初致仕後戲酬留守牛相公》詩(卷三七)云：「報君一語君應笑，兼亦無心羨保釐。」按：「留守牛相公」爲牛僧孺。僧孺再爲東都留守在會昌二年。杜牧《唐故太子少師奇章郡開國公贈太尉牛公墓誌銘并序》云：「會昌元年秋七月，漢水溢堤入郭，自漢陽王張柬之一百五十歲後水爲最大。李太尉德裕挾維州事，曰修利不至，罷爲太子少師。未幾，檢校司徒兼太子少保。明年，以檢校官兼太子太傅、留守東都。」《全唐文》卷七二〇李珏《故丞相太子少師贈太尉牛公神道碑銘并序》云：「俄又改太傅，再臨東郊。」《新唐書》卷一七四《牛僧孺傳》所記略同，蓋本之《墓誌》及《神道碑銘》。《舊唐書》卷一七二本傳僅云：「會昌二年，李德裕用事，罷僧孺兵權，徵爲太子少保。」未詳再爲東都留守事，殆漏書也。

《寄黔州馬常侍》詩（卷三七）云：「閑看雙節信爲貴，樂飲一杯誰與同？可惜風情與心力，五年拋擲在黔中。」按：「黔州馬常侍」爲馬植。《舊唐書》卷一七六本傳：「開成初，遷安南都護、御史中丞、安南招討使。……三年……以能政就加檢校左散騎常侍，加中散大夫，轉黔中觀察使。會昌中，入爲大理卿。」《新傳》略同。

會昌三年癸亥（八四三），七十二歲。

在洛陽。刑部尚書致仕。春，王卿除蘇州刺史，有詩送之。五月，爲牛僧孺作《太湖石記》。同月二十九日，從弟敏中轉職方郎中，依前充翰林學士。十二月七日，加承旨。有《送王卿使君赴任蘇州，因思花迎新使，感舊遊寄題郡中木蘭西院一別》。

二月，天德軍行營副使石雄與回鶻戰於殺胡山，大破之，烏介可汗遁走。雄迎太和公主歸。五月，李德裕言太子賓客分司李宗閔與劉從諫交通，不宜寘之東都，以李宗閔爲湖州刺史。六月，仇士良卒。九月，以石雄代李彥佐爲晉絳行營節度使。（據《通鑑》卷二四七）是年，賈島卒。

【箋證】

《太湖石記》：「古之達人，皆有所嗜：玄晏先生嗜書，嵇中散嗜琴，靖節先生嗜酒。今丞相奇章公嗜石。……」按：此文見《文苑英華》卷八二九、《唐文粹》卷七〇、《全唐文》卷六七六。白氏有《奉和思黯相公以李蘇州所寄太湖石奇狀絕倫因題二十韻見示兼呈夢得》（卷三四）、《太湖石》（卷二二）詩，牛僧孺有《李蘇州遺太湖石奇狀絕倫因題二十韻奉呈夢得樂天》詩（《英華》卷一六二）、劉禹錫有《和牛相公題姑蘇所寄太湖石兼寄李蘇州》詩，均可參看。《河南邵氏聞見後錄》卷二七云：「牛僧孺、李德裕相讎，不同國也。其所好則每同，今洛陽公卿園圃中石，刻奇章者僧孺故物，刻平泉者德裕故物，相半也。如李邦直歸仁園，乃僧孺故宅，埋石數冢，尙未發。平泉在鑿龍之右，其地僅可辨，求德裕所記花木，則易以禾黍矣。」《施注蘇詩》卷一引《太湖石記》云：「今丞相奇章公嗜石，於此物獨不謙讓，東第南墅，列而置之，以甲乙丙丁品之，各刻於石陰，曰：牛氏石，甲之上，丙之中，乙之下。」按：奇章公，牛僧孺也。

《送王卿使君赴任蘇州，因思花迎新使，感舊遊，寄題郡中木蘭西院一別》詩（卷三六）：「一別蘇州十八載，時光人事隨年改。不論竹馬盡成人，亦恐桑田半為海。鶯入故宮含意思，花迎新使生光彩。為報江山風月知，至今白使君猶在。」按：「王卿使君」名未詳。《姑蘇志》卷二《古今守令表》上有王搏，不著年月，疑非其人。

《得潮州楊相公繼之書并詩以此寄之》詩（卷三七）：「詩情書意兩殷勤，來自天南瘴海濱。初覩銀鉤還啓齒，細吟瓊什欲沾巾。鳳池隔絕三千里，蝸舍沉冥十五春。唯有新昌故園月，至今分照兩鄉人。」按：「潮州楊相公繼之」為楊嗣復。見前「箋證」。是時嗣復仍在潮州司馬任。又白氏《六年立春日人日》詩（卷三七）云：「試作循潮封眼看」，則知其六年仍在潮州也。

會昌四年甲子（八四四），七十三歲。

在洛陽。刑部尚書致仕。春，屢出遊。（《問諸親友》云：「七十人難到，過三更較稀。占花租野寺，定酒典朝衣。趁醉春多出，貪歡夜未歸。」《遊趙村杏花》云：「七十三人難再到，今春來是別花來。」按：趙村在洛陽城東，有杏花千株。見開成二年作《洛城春贈劉李二賓客》詩自注。）四月十五日，從弟敏中拜中書舍人，依前充。九月四日，遷戶部侍郎，知制誥，依前充。是年，施家財，開龍門八節石灘，以利舟楫。有《開龍門八節石灘詩二首》、《喜裴濤使君攜詩見訪醉中戲贈》、《狂吟七言十四韻》等詩。

閏七月，李紳罷爲淮南節度使。九月，以牛僧孺爲太子少保分司，李宗閔爲漳州刺史。再貶僧孺汀州刺史、宗閔漳州長史。十一月，復貶牛僧孺循州長史。李宗閔長流封州。十二月，以忠武軍節度使王宰爲河東節度使，河中節度使石雄爲河陽節度使。（按：此據《通鑑》卷二四八會昌四年。胡注：「《考異》曰：《實錄》：九月，盧鈞奏，十七日，石雄回軍赴孟州。按：雄於時未爲河陽節度使，《實錄》誤也。」）

【箋證】

《喜裴濤使君攜詩見訪醉中戲贈》詩（卷三七）：「忽聞扣戶醉吟聲，不覺停杯倒屣迎。共放詩狂同酒癖，與君別是一親情。」按：「裴濤使君」當作「裴儔使君」，各本均誤作「濤」。白氏《開成二年三月三日河南尹李待價以人和歲穩將禊於洛濱》詩（卷三三）中有「和州刺史裴儔」。《舊唐書》卷一七七《裴休傳》：「肅生三子：儔、休、俅皆登進士第。」《寶刻類編》卷五：「裴儔，滁州刺史，《重游瑯琊溪》詩，開成五年六月書。」則當自和州移刺滁州。《登科記考》卷二〇寶曆元年軍謀宏遠材任邊將科有裴儔。當爲同一人。

會昌五年乙丑（八四五），七十四歲。

在洛陽。刑部尚書致仕。三月二十一日，於洛陽履道里第爲「七老會」。（白氏詩云：「七人五百七十歲，拖紫紆朱垂白鬚。」七老者：胡杲、吉皎、鄭據、劉眞、盧貞，張渾及居易也。按：此詩汪立名本補遺卷下作「七人五百八十四。」）夏，又合僧如滿、李元爽寫爲「九老圖」，有詩。（《新唐書·白居易傳》云：「嘗與胡杲、吉旼、鄭據、劉眞、盧眞、張渾、狄兼謨、盧貞燕集，皆高年不事者，人慕之，繪爲『九老圖』。」《陳譜》：「祕書監狄兼謨、河南尹盧貞以年未七十，雖預會而不及列，故又稱『九老會』。是會蓋有兩盧貞也。」《汪譜》：「三月，於洛中爲七老會。夏，又合如滿僧、李元爽爲『九老圖』。」按：《陳譜》雖因襲《新唐書》本傳之誤，以狄兼謨、盧貞爲九老之數，而汪立名本復承《新唐書》之誤作「前侍御史內供奉范陽盧眞」。「眞」，據宋紹興本，那波道圓本，盧文弨校當作「貞」。此「范陽盧貞」即居易詩中之「盧子蒙侍御」，與河南尹盧貞非一人。《唐詩紀事》卷四九盧貞條及《全唐詩》卷四六三盧貞小傳亦誤二盧貞爲一人。又吉皎，《新唐書》本傳作「吉旼」。）五月一日，《白氏文集》七十五卷編成，凡詩文三千八百四十首。又《河陽石尙書破回鶻，迎貴主，過上黨，射鷺鷥，繪畫爲圖，猥蒙見示，稱歎不足，以詩美之》一詩，亦作於是年。（按：石雄爲河陽節度使在會昌四年十二月，見《通鑑》卷二四八。則此詩之作不得早於會昌五年初。）有《白氏集後記》及《宿府池西亭》、《閑眠》、《𦘕柳枝詞》、《齋居春久感事遺懷》、《胡吉鄭劉盧張等六賢皆多年壽，予亦次焉，偶於弊居合成尙齒之會，七老相顧既醉甚歡，靜而思之，此會稀有，因成七言六韻以紀之，傳好事者》、《九老圖詩》等詩。

正月，李石爲東都留守。七月，毀天下佛寺四萬餘所，僧尼二十六萬還俗。

【箋證】

《每見呂南二郎中新文，輒竊有所歎惜，因成長句，以詠所懷》詩（卷三七）云：「雙金百鍊少人知，縱我知君徒爾爲。」按：「呂郎中」爲呂食。《全唐詩》卷五四七朱景玄《題呂食新水閣兼寄南商州郎中》詩，亦以呂食、南卓並稱，故知白詩中之「呂郎中」卽呂食。「南郎中」爲南卓。見前「箋證」。又白氏此詩約作於會昌四、五年間。

《河陽石尙書破回鶻，迎貴主，過上黨，射鷺鷥，繪畫爲圖，猥蒙見示，稱歎不足，以詩美之》詩（卷三七）：

「塞北虜郊隨手破，山東賊壘掉鞭收。烏孫公主歸秦地，白馬將軍入潞州。劍拔青鱗蛇尾活，弦抨赤羽火星流。須知烏目猶難漏，縱有天狼豈足憂？畫角三聲刁斗曉，清商一部管絃秋。他時麟閣圖勳業，更合何人居上頭？」按：「河陽石尙書」爲河陽節度使石雄。《舊唐書》卷一六一《石雄傳》：「會昌初，迴鶻寇天德，詔命劉沔爲招撫迴鶻使。三年，迴鶻大掠雲、朔北邊，牙於五原。沔以太原之師屯於雲州。沔謂雄曰：『黠虜離散，不足驅除，國家以公主之故，不欲急攻。今觀其所爲，氣凌我輩，若稟朝旨，或恐依違，我輩捍邊，但能除患，專之可也。公可選驍健，乘其不意，徑趨虜帳，彼以疾雷之勢，不暇枝梧，必棄公主亡竄，事苟不捷，吾自繼進，亦無患也。』雄受教，自選勁騎，得沙陀李國昌三部落兼契苾、拓拔雜虜三千騎，月暗，夜發馬邑，徑趨烏介之牙。時虜帳逼振武，雄既入城，登堞視其衆寡，見氈車數十，從者皆衣朱碧，類華人服飾。雄令諜者訊之：『此何大人？』虜曰：『此公主帳也。』雄喩其人曰：『國家兵馬欲取可汗，公主至此，家國也。須謀歸路，俟兵合時不得動帳幕。』雄乃大率城內牛馬雜畜，及大鼓，夜穴城爲十餘門。遲明，城上立旗幟炬火，乃於諸門縱其牛畜，鼓譟從之，直犯烏介牙帳。炬火燭天，鼓譟動地，可汗惶駭莫測，率騎而奔。雄率勁騎追至殺胡山，急擊之，斬首萬級，生擒五千，羊馬車帳皆委之而去，遂迎公主還太原，以功加檢校左散騎常侍、豐州刺史、兼御史大夫、天德防禦等使。……俄而昭義劉從諫卒，其子稹擅主軍務，朝議問罪。令徐帥李彥佐爲潞府西南面招撫使，以晉州刺史李丕爲副。時王宰在萬善柵，劉沔在石會，相顧未進。雄受代之翌日，越烏嶺，破賊五砦，斬獲千計。武宗聞捷大悅，謂侍臣曰：『今之義而有勇，罕有雄之比者。』雄既率先破賊，不旬日，王宰收天井關，何弘敬、王元逵亦收磁、洺等郡。先是潞州狂人折腰於市，謂人曰：『雄七千人至矣。』劉從諫捕而誅之。及稹危蹙，大將郭誼密款請斬稹歸朝，軍中疑其詐。雄倡言曰：『賊稹之叛，郭誼爲謀主，今請斬稹，卽誼自謀，又何疑焉！』武宗亦以狂人之言，詔雄以七千兵受降，雄卽徑馳潞州降誼，盡擒其黨與。賊平，進加檢校司空。」《新唐書》卷一七一本傳略同。考雄充河陽節度在會昌四年十二月。《新唐書》卷一七一本傳：「雄以七千人經薄潞受誼降，進檢校兵部尚書，徙河陽。」《通鑑》卷二四八武宗會昌四年：「（十二月）河中節度使石雄爲河陽節度使。」則此詩必作於會昌五年。花房英樹《白氏文集の批判的研究》繫於會昌三年，後其所撰之世界思想社一九七一年版《白居易研究》附《白居易年譜》又繫此詩於會昌四年，俱非是。又顧學頡《白居易年譜簡編》繫此詩於會昌三年，亦誤。

會昌六年丙寅（八四六），七十五歲。

在洛陽。刑部尚書致仕。正月，賦詩憶牛僧孺等。（《六年立春日人日作》詩（卷三七）云：「試作循、潮、封眼想，何由得見洛陽春。」自注云：「循、潮、封三郡遷客。」按：會昌元年三月，楊嗣復貶爲潮州司馬。會昌四年十一月，牛僧孺貶爲循州長史。李宗閔長流封州。）春尚作詩。八月，卒於洛陽履道里第。贈尚書右僕射。（《汪譜》：「是年八月，公卒，年七十五。宣宗以詩弔之，贈尙書右僕射。」李商隱《墓碑銘》：「公以致仕刑部尙書，年七十五，會昌六年八月，薨東都，贈右僕射。」《新唐書・白居易傳》：「會昌初，以刑部尙書致仕。六年，卒，年七十五，贈尙書右僕射，宣宗以詩弔之。」《舊唐書・白居易傳》：「大中元年卒，時年七十有六。贈尙書右僕射。」按：《舊唐書》本傳誤，當以《墓碑銘》及《新唐書》本傳爲正。又「右僕射」，《陳譜》作「左僕射」，疑誤。）十一月，葬龍門香山如滿師塔之側。（李商隱《墓碑銘》：「十一月，遂葬龍門。」《舊唐書・白居易傳》：「遺命不歸下邽，可葬於香山如滿師塔之側，家人從命而葬焉。」《唐語林》：「河南尹盧貞刻《醉吟先生傳》於石，立於墓側。相傳洛陽士人及四方遊人過矚墓者，必奠以巵酒，故塚前方丈之土常成渥。」）是年五月，從弟敏中以兵部侍郎同中書門下平章事。（此據《新唐書・宣宗紀》、《新唐書》卷六三《宰相表》，《通鑑》卷二四八與《新紀》同。《舊唐書・宣宗紀》則云：「（會昌六年）四月辛未，……以兵部侍郎、翰林學士承旨白敏中守本官同中書門下平章事。」）大中三年，李商隱爲撰墓碑。同年十二月，敏中上疏請謚，曰文。（《新唐書》本傳：「敏中爲相，請謚，有司曰文。」汪立名云：「商隱碑文，未嘗稱謚，賜謚之說，恐未足據也。」按：《唐會要》卷七九謚法門云：「故太子少傅白居易，大中三年十二月，中書侍郎平章事白敏中上疏請行謚典，從之。下太常，謚曰文。」則《新傳》必另有所本。蓋商隱碑先成，後賜謚，汪說誤也。）又《唐摭言》載宣宗弔以詩云：「綴玉聯珠六十年，誰教冥路作詩仙？浮雲不繫名居易，造化無爲字樂天。童子解吟《長恨曲》，胡兒能唱《琵琶篇》。文章已滿行人耳，一度思卿一愴然。」可爲居易一生之概括。

三月，武宗卒。立皇太叔忱（宣宗）。宣宗惡李德裕，四月，罷爲荊南節度使。七月，李紳卒於淮南節度使任所。八月，以循州司馬牛僧孺爲衡州長史，封州流人李宗閔爲郴州司馬，恩州司馬崔珙爲安州長史，潮州刺史楊嗣復爲江州刺史，昭州刺史李珏爲郴州刺史。僧孺等五相皆武宗所貶逐，至是同日北遷。宗閔未離封州而卒。（據《通鑑》卷二四八）至大中元年七月，李德裕貶潮州司馬。（《新唐書·宣宗紀》謂在大中元年十二月）大中三年九月，復貶崖州司戶參軍，是年十二月卒於貶所。（此據《舊唐書·宣宗紀》。《舊唐書·李德裕傳》謂大中二年冬再貶崖州。）

【箋證】

《予與山南王僕射淮南李僕射事歷五朝，踰三紀，海內年輩，今唯三人，榮路雖殊，交情不替，聊題長句，寄舉之公垂二相公》詩（卷三七）：「故交海內只三人，二坐巖廊一臥雲。老愛詩書還似我，榮兼將相不如君。百年膠漆初心在，萬里煙霄中路分。阿閣鸞鳳野田鶴，何人信道舊同羣？」按：「山南王僕射」爲王起。會昌四年，正拜左僕射。其年秋，出爲興元尹、兼同平章事、充山南西道節度使。在鎭二年，大中元年卒於鎭，年八十八。見《舊唐書》卷一六四本傳。「淮南李僕射」爲李紳。紳罷相再爲淮南節度在會昌四年閏七月。會昌六年七月卒於任所。見《新唐書·宰相表下》、《通鑑》卷二四八《唐紀》六四。又《新唐書·武宗紀》：「（會昌二年）二月丁丑，淮南節度副大使李紳爲中書侍郎、同中書門下平章事。」王惲《玉堂嘉話》卷一載孔溫業《李紳拜相制》所載爲「會昌二年二月十二日」，與《新紀》合。《舊紀》、《册府元龜》卷七四《帝王部》七四《命相》、《舊傳》謂入相在會昌元年，俱誤。